云南社科普及系列丛书
云南省社会科学界联合会 编

微观经济学的理论与实践

任薇薇◎著

中国社会科学出版社

图书在版编目（CIP）数据

微观经济学的理论与实践／任薇薇著．—北京：中国社会科学出版社，2023.11

（云南社科普及系列丛书）

ISBN 978－7－5227－0362－6

Ⅰ.①微…　Ⅱ.①任…　Ⅲ.①微观经济学—研究　Ⅳ.①F016

中国版本图书馆 CIP 数据核字(2022)第 106471 号

出 版 人　赵剑英
策划编辑　周　佳
责任编辑　黄　丹
责任校对　韩天炜
责任印制　王　超

出　　版　中国社会科学出版社
社　　址　北京鼓楼西大街甲 158 号
邮　　编　100720
网　　址　http://www.csspw.cn
发 行 部　010－84083685
门 市 部　010－84029450
经　　销　新华书店及其他书店

印　　刷　北京明恒达印务有限公司
装　　订　廊坊市广阳区广增装订厂
版　　次　2023 年 11 月第 1 版
印　　次　2023 年 11 月第 1 次印刷

开　　本　710×1000　1/16
印　　张　18.5
插　　页　2
字　　数　286 千字
定　　价　98.00 元

凡购买中国社会科学出版社图书，如有质量问题请与本社营销中心联系调换
电话：010－84083683

序

经济学的英文名“economics”，是由两个希腊字“eco”和“nomos”合成的。前者的意思是“家”，后者的意思是“账目”，放在一起，用通俗的语言，就是居家过日子、管账、记账的意思。经过漫长的发展，现代经济学已经是一门涉及多分支的经济学学科。经济学家更是大量引进数学、统计工具，用于经济分析和研究。随之而来的结果是，经济学由“家庭记账”的平民身份，慢慢被经济学家搬进了象牙塔，披上了神秘的外衣，远离平民百姓生活中柴米油盐酱醋茶的现实。

20 世纪 90 年代初，我刚刚参加工作，在经济学系就职。当时西方大学的经济学类专业出现严重的生源危机，年轻的学子们远离经济学，觉得是一门太难、太枯燥的学科。一直以来，我都认为经济学——特别是经济学的启蒙教育，应该回归“家庭记账”的初衷，把经济学搬出象牙塔，让更多的人喜欢经济学。在任教授的《微观经济学的理论与实践》里，我看到我期待多年的愿望实现了。

《微观经济学的理论与实践》，基本上没有复杂的数学推导。任教授用简单的语言，很清晰地描述经济学概念、理论及其应用。初学者会发现，经济学并不是象牙塔里的学子才能学的，经济学离平民百姓很近。现实中也如此，澳大利亚和很多西方国家的经济学的启蒙教育从高中开始，很多中学的高中一年级就开设《经济学》课程。如此一来，高中毕业后，年轻人既可以选择去大学深造，也可以走上社会，很有信心地面对生活工作中的经济问题。当今中国，面对世界百年之变，经济是基础，国家决策者要治理好经济，平民百姓也需要管理好“家庭账户”、学会投资理财，这些都离不开经济学知识。

《微观经济学的理论与实践》的另外一个特色，就是使用了很多与中国经济有关的案例和统计分析，有的案例刚刚发生在我们身边，还停留在读者的记忆里。这样更有利于读者理解有关经济学。抽象的经济学概念变得形象化，深奥的经济学规律变得通俗易懂，这在经济学的教学中是难能可贵的。大家知道，第二次世界大战结束前，英国是世界经济超级大国，所以当时世界流行的经济学教科书里，使用的案例和统计分析都是基于英国经济。第二次世界大战以后，随着美国取代英国成为超级大国，世界各国学子们读的经济学教科书里，顺理成章地大量使用美国经济案例和统计分析，中国很多大学现在都在使用这些原版教材。中国作为世界第二大经济体，把中国的经济案例和统计分析引进经济学的教学课堂，把中国元素与现代经济学的基本概念、理论融合在一起，既能讲好中国故事，又能学习西方经济学的基本理论，任教授在《微观经济学的理论与实践》中做得非常成功。

《微观经济学的理论与实践》是一本适合所有初学者学习的入门课本。不管是经济学专业的学生，还是对经济学感兴趣的其他人。特别值得一提的是，任教授在书中使用了非常接地气的语言。“00后”大多开始走进大学校园，或者走向社会，在这本书的读者群里应该是主体。任教授在保持经济学理论的严谨性的同时，尽量使用“00后”熟悉的语言来讲解经济学的理论、概念，这也是《微观经济学的理论与实践》的另一个亮点。

以上为读《微观经济学的理论与实践》有感，是为序。最后，在恭喜任教授大作完成之时，作为经济学界同仁，感谢任教授多年的努力和创新，给业界带来一部新颖、独特的作品！

吴延瑞

2021年12月9日于珀斯

自　　序

和其他的书籍一样，本书的诞生也有它的起因。我撰写的《微观经济学的理论与实践》要面世了，当然要说一说写它的理由。

多年来，只要有人听说我的专业，总是会问经济学是否研究炒股和理财。事实上，经济学的研究并非只能用于金融行为，更多的是让人们利用经济学的思维去看待生活，对重要的决策做出更加理性的分析。经济学者薛兆丰说，“改造世界非经济学所长，改造世界观却是经济学的强项”，我想经济学研究的意义正是如此吧。

诺贝尔经济学奖得主萨缪尔森教授说过，学习经济学的一条重要理由是“在你的一生中，从摇篮到坟墓，你都会碰到无情的经济学”。不管是投资理财、炒股买房，还是下海经商、求职创业，甚至是选择伴侣、是否丁克，都与经济学息息相关。人的一生都在不停地选择，其根源在于世界上所有东西都是稀缺的。经济学就是一门选择的科学，帮助人们如何高效分配稀缺的资源，实现价值的最大化。所以，学习经济学不一定会让你更富有，但是一定能够让你在面临生活中重要的问题并做出选择时更加理性、更加合理。

三年前，有个朋友问我，能否推荐一本不太晦涩也不太厚的经济学书籍，我笑着说：“等我写出来送你!”平时我们用的教科书编排非常符合逻辑，具有完整的知识体系，但对于没有集中的时间、没有专业老师教学的朋友来说，经济学的学习着实让人头疼。另外一类经济学书籍有趣、短小，非常适合自学，往往又缺乏完整的经济学体系，所以我萌生了自己写一本经济学书籍的想法。

最近几年来，教学改革如火如荼。和每一位同仁一样，我常常在思考，如何进行有效的过程性改革，充分调动学生学习的积极性，培养他们的经济学思维。

十多年前，在西澳大利亚大学商学院攻读博士学位期间，我作为《微观经济学》本科课程的助教，对经济学的理论与实践有了全新的认识。这门课是商学院的传统课程，由于选课人数众多，每年能给学院带来上百万澳元的收益。因为学生体量太大，每次上课都不得不在可以容纳好几百人的礼堂里。至今我还记得当时的主讲教师 Paul Miller 教授站在礼堂中央风度翩翩、侃侃而谈，与学生积极互动，那样的气氛更像是讲座而不是课堂。通过案例或问题导入，把专业的理论知识与实际案例紧密结合起来，既增加了来自不同专业学生对课程的深厚兴趣，又将经济学理论知识很好地传授给学生。

回国之后，我一直在大学教授《微观经济学》课程，至今已逾十载。《微观经济学》作为经管类专业的一门核心课程，是学习其他经济学课程的基础，同时也是经管类专业学生研究生入学考试的必考科目。但在多年的国内教学实践中，我们一直都碰到这样的问题：第一，教学内容涵盖的知识点多、内容复杂。第二，传统单一的讲授方式不太适用。第三，国外的教材更注重实用性，但书中多为国外的案例，与我国经济的现实有一定差距。教育部经济学专业教职委副主任洪永淼教授指出，在未来，谁率先更新反映时代需求的课程设置，谁将能够在“新文科”建设中抢得先机，课程内容必须能够把握时代特点与历史发展趋势。因此，近年来，我一直致力于《微观经济学》课程的教学改革，力图把握现实社会的脉搏，优化课程教学内容，将基础的微观经济学知识融会贯通、学以致用，通过更多身边经济案例的导入和分析，培养学生理论联系实际、学以致用的能力。

自 2018 年以来，我花费了大量的时间和精力，收集和整理了各类资料和案例，结合历年教学改革的经验，陆续完成了在线开放课程《微观经济学的理论与实践》的录制。该线上课程通过更多实际问题的解决，很好地贯彻了问题导向式教学，更有利于培养学生的学习兴趣和经济学的思维。同时线上线下混合式的教学改革模式为线下课程节约了时间，为线下课程学生的参与提供更多机会。教学改革获得了学生很好的反馈，也得到了同行的认可。2019 年，我荣获第三届云南省高校教师教学大赛一等奖。2020 年，由我负责的《微观经济学》课程入选云南省首批一流本科课程。这一切成绩的取得让我更有动力将《微观经济学的理论与实践》在线开放课程的主要内容撰写成书，让更多的人学习和了解经济学。

本书与传统的微观经济学教材还是有比较大的差别的。首先，本书较为通俗易懂。我在写作中尽可能避免太多复杂的数学推导，使用大量真实接地气的身边案例，希望非经济学专业的读者和初次接触经济学的学生能够理解每一节所要表达的经济学概念、理论及其应用。其次，本书保持了传统微观经济学的框架，力求使读者读完本书，对微观经济学的基本理论框架有一个清晰的了解。因此，本书适合作为《微观经济学》专业学习的辅助教材，尤其是作为学生预习的书籍，也适合对经济学感兴趣的非专业人员。最后，我尽可能将不同的知识点作为独立的小节进行安排，让读者读起来相对轻松。更为重要的是，本书的学习在哔哩哔哩平台配备了相应的免费的网络课程，让读者随时随地利用碎片化时间学习知识。

读完这本书，虽然不能使你掌握“炒股”的秘籍，赚得盆满钵满，但是希望你能掌握经济学的基本概念和规律，培养经济学兴趣，形成经济学思维，将经济学知识体系内化于心、融会贯通，摆脱直觉、经验的控制，认识生活中的经济、社会现象。希望你能思考问题更加独立、看待事物更加理性、做出结论更加客观、表达观点更加风趣。这就是撰写本书的初衷。

任薇薇

2021 年 11 月 24 日于昆明

目　录

第 一 章

经济学的基本问题

第一节　为什么要学习经济学?

大家是否思考过一些有趣的问题：为什么火车票价格稳定而机票价格波动幅度很大？天下究竟有没有免费的午餐？结婚时为什么大部分都是男生买戒指？谈了很久的恋爱感情变淡了该怎么办？为什么要花高价参加电影的首映式？顶尖科技人才的收入为何大大低于明星的收入？中美经贸摩擦为何不可避免？为什么"买家秀"和"卖家秀"差别如此大？为什么可能存在"大数据"杀熟？广场舞的噪声可以消除吗？

这些有趣的问题都与经济学有关，就让我们通过学习《微观经济学的理论与实践》来探寻这些问题背后的经济学原理吧。

一　经济学无处不在

诺贝尔经济学奖获得者保罗·萨缪尔森（Paul A. Samuelson）说过，学习经济学的一条重要理由是"在你的一生中，从摇篮到坟墓，你都会碰到无情的经济学。作为一个选民，你要对政府赤字、税收、自由贸易、通货膨胀以及失业等问题作出判断，而这些问题只有在你掌握了经济学基本原理之后才能够理解"。[①] 英国经济学家琼·罗宾逊（Joan Robinson）则说过，学习经济学就是为了不上经济学家的当。[②]

---

① ［美］保罗·萨缪尔森、［美］威廉·诺德豪斯：《经济学》（第十八版），萧琛主译，人民邮电出版社 2008 年版，第 95 页。

② 罗宾逊 1969 年在巴塞尔的讲座中提出。

近年来，经济学的学习热潮越来越高。薛兆丰的付费课程《经济学讲义》，付费人数超过40万人，微博里“魔鬼经济学”超话粉丝超过264万人，小红书中“生活中的经济学”标签也已经超过700万人，“吴晓波频道”“泽平宏观”等经济类公众号也有众多的追随者。

如今越来越多的人都非常重视经济学，那么，究竟什么是经济学，它为何会产生，它又能帮助我们解决什么问题呢?

经济学其实是一门选择的科学。正如萨缪尔森所说，每一场充满戏剧的人生里，都是一个个选择所叠加起来的总和。父母决定我们在哪个医院出生、喝哪个品牌的奶粉、在哪里接受教育；高考前，我们需要决定学文科还是学理科；高考后，我们需要决定自己的专业和工作，决定选择什么样的伴侣，决定在哪里终老。人们一生都在选择，小到穿衣吃饭，大到生死难题，有的选择是时局下的无奈之举，有的却是生活状态的提升。常言道，选择什么样的生活状态，就选择了什么样的人生。而了解和学习经济学就能在一定程度上帮助大家做出正确的选择。

二 经济学产生的前提

我们的一生之所以在不停地选择，其根本原因在于稀缺性（Scarcity）。稀缺是一个基本事实，只要我们活在世界上，就必须面对稀缺，经济学就建立在“稀缺”这个前提上。何为稀缺性呢？放眼望去，在这个被网络包围的商品世界里，衣服、食品、汽车、手机等似乎到处都是，但它们仍是稀缺的，因为不是谁想要就能拥有。经济学家托马斯·索维尔（Thomas Sowell）说过，稀缺性意味着人们想要的东西比现有的多，从来不可能让每个人都满足，这就是稀缺的含义。[①] 说简单点，稀缺性是指资源的有限性与欲望的无穷性之间的矛盾。

（一）资源的有限性

资源是有限的吗？我们环顾四周，山川河流、林间山野、平地高楼，貌似宽广无垠。地球上广袤的土地并不是完全同质的，平坦富饶、气候宜人的土地聚集了更多的人口，发达城市的市中心土地价格高得令人咋

---

① ［美］托马斯·索维尔：《实用经济学》（第一版），张磊译，中信出版社2010年版，第35页。

舌。随着人类的过度使用，山川河流污染加重、生物减少，甚至洁净的空气也将变成稀有之物。

另外，机会、信任、才华、美貌、时间等无形资产也是稀缺的。北京大学、清华大学每年各自招收 3500 人左右，应考者近百万人。国家公务员考试竞争日趋白热化，整体录取比例大概在 50∶1，个别岗位竞争可达 1000∶1。所以，机会毫无疑问是有限的。青春易老，年华易逝，人人都想永久地拥有美貌。如果美貌不是稀缺的，那么会有谁愿意为之付出时间、金钱、精力，甚至忍受痛苦接受医美手术呢？

（二）欲望的无穷性

在资源有限的同时，我们的欲望又是无穷的，这主要取决于两个方面。一方面，你想要的东西别人也想要；另一方面，人的需求在不断变化，不断升级。说说你想要的东西别人也想要。你一定有这样的经历，在商店里寻找自己最喜欢的商品，要么发现该商品已经售罄，要么发现它的价格高不可攀。我曾经问我的一个女学生："你想找什么样的男朋友？"她毫不犹豫地回答"高富帅"。我接着问了她旁边的其他女同学，她们的回答也相同。这说明你喜欢的人或者商品，别人很可能也喜欢。有人说，只要把资源提供充足，让每个人的需求得到满足，就可以解决上述问题了，你觉得可能吗？

这就是稀缺的另一个原因：人的欲望是无穷的。一方面，在特定的条件下，资源是一定的，满足了这个需求，必然满足不了那个需求，就比如你不能同时选择清华和北大，即"鱼与熊掌不可得兼"。另一方面，即使某项需求得到了满足，新的需求会不断产生。当只有土豆的时候，人们想吃米饭；有了米饭，他们还要吃肉，还要喝酒。有了酒肉，人们还觉得不够，希望有诗和远方。人们具备一定的物质基础后，会牺牲一定的物质财富去供养作家、导演、歌唱家、运动员，丰富自己的精神生活。对生活的美好追求总是日益增长的。那么问题来了，那种物质极大丰富，人类欲望充分满足的日子，你觉得有可能实现吗？不可能。因此，我们说稀缺性就是资源的有限性与欲望的无穷性之间的矛盾。

三　为什么需要经济学？

正因为稀缺性的存在，我们才产生了经济学，才需要做出选择。所以说经济学的大厦是建立在稀缺性这个前提下。这也引出经济学的第一原理“人们面临权衡选择”。

既然时间是有限的，尤其对于单位时间内能够创造巨大财富的人来说，更要争分夺秒。他需要决定如何安排有限的时间才能实现最大收益。有人曾经做过研究，比尔·盖茨不应该去捡掉在路上的100美元钞票。原因何在？因为他每秒可以创造150美元的价值。我们普通人的时间虽然没有那么金贵，但是每个小时的时间安排也决定了是否能有效地创造价值。作为学生，我们的业余时间，可以休息、可以运动、可以游戏、可以参加社团等。每当我们多学习一个小时《微观经济学的理论与实践》，我们就必须放弃一个小时的休息或者娱乐的时间。

就个人而言，经济学教会我们如何做出更理性的决策。比如说，高中毕业时，你需要决定自己是否要去上大学，上哪所学校，选哪个专业；临近毕业时，你需要思考是继续读研还是开始工作，选择出国留学还是在国内深造；工作后，你要决定如何打理你的工资，多少用于消费，多少用于储蓄，怎么理财等。由于你的时间、资源、收入等条件的限制，你必须做出对自己最优的决策。另外，学习经济学有助于你理解周围的世界是怎样运转的，你会发现经济的运行机制源于市场，而政府的干预是解决市场失灵必不可少的手段。

对于家庭而言，父母需要将收入合理安排到衣食住行的花费中，还需要决定是否生二胎，决定谁送孩子上学、谁负责挣钱。正因为存在时间或金钱上的稀缺性，父母才需要权衡选择。

在社会中，一个常见的例子就是国家到底需要生产多少黄油，生产多少大炮。由于任何一个国家的资源都是有限的，如果要考虑花更多的钱用于国防（大炮），保护我们的领土，则用于提高国内生活水平的消费品（黄油）就少了。美国2020年的军费开支为7780亿美元，比2019年增加了200亿美元，约占美国GDP的3.4%，军费开支的扩大必然会挤占其他方面的开支。①

类似的，一个社会可能还面临经济的高速增长和环境保护的问题，

① 《7780亿美元“领跑”全球，世界军费排名出炉，美中俄数据瞩目》，2021年8月5日，腾讯网，https：//new.qq.com/omn/20210805/20210805A04RAQ00.html。

我们是需要更高的 GDP 还是更低的 PM2.5 指数。自 1978 年以来，我国一直以经济建设为中心，随着物质水平的提升，周围环境也不同程度恶化。近年来，中国对自然环境的保护高度重视，生态文明建设取得显著成效。在 2021 年《生物多样性公约》第十五次缔约方大会领导人峰会上，习近平主席指出中国坚定不移贯彻创新、协调、绿色、开放、共享的新发展理念，建设美丽中国。习近平主席宣布，中国将率先出资 15 亿元人民币，成立昆明生物多样性基金，支持发展中国家生物多样性保护事业。为推动实现碳达峰、碳中和目标，中国将陆续发布重点领域和行业碳达峰实施方案和一系列支撑保障措施，构建起碳达峰、碳中和“1 + N”政策体系。中国将持续推进产业结构和能源结构调整，大力发展可再生能源。①

社会还将面临效率与公平的权衡选择。如果我们希望社会追求快速发展，就是允许有才能、有财富的人获得更高的回报，也就是效率问题，这同时带来贫富差距扩大的问题。如果我们希望社会更加公平，我们就会增加对富人的税收，用补贴的形式来增加穷人的收入。这样的结果，必然减少富人工作的积极性，从而可能降低了社会的效率。所以说，效率和公平也是一种选择。

总而言之，正是由于稀缺性，我们才面临权衡选择。

四 经济学的概念

截至目前，我们仅认识到资源的稀缺性导致人们必然需要做出权衡选择，但具体需要怎么选择，就需要经济学来告诉我们。所以，经济学就是研究稀缺资源在各种可供选择的用途中如何进行配置的科学，也就是说经济学是帮助人们进行选择的科学，从而帮助消费者实现效用最大化，企业实现利润最大化，国家实现福利最大化。

诺贝尔经济学奖获得者保罗·萨缪尔森说，“经济学的精髓在于承认稀缺的现实存在，并研究一个社会如何进行组织，以便最有效地利用资

① 习近平：《共同构建地球生命共同体——在〈生物多样性公约〉第十五次缔约方大会领导人峰会上的主旨讲话》，外文出版社 2022 年版。

源。这一点是经济学独特的贡献”。[①]

五 小结

本节介绍了经济学产生的前提是稀缺性。稀缺这个基本事实的存在，源于资源的有限与欲望的无穷之间的矛盾。稀缺性要求人们做出权衡选择，这是经济学十大原理之首。因此，经济学是研究稀缺资源在各种可供选择的用途中如何进行配置的科学。

第二节 经济学的三大基本问题和价格机制

前文我们说到经济学是解决稀缺资源在各种可供选择的用途中如何进行配置的科学，接下来我们看看经济学是如何解决这个问题的。

一 价格机制的奥秘

西方语言中“经济”（economy）最早是大约公元前400年由色诺芬提出，它源于古希腊文，其原意为“家庭管理”，看上去二者并无太大关联，事实上，二者有着密切的联系。

一个家庭面临很多问题：第一，买什么样的商品，衣食住行如何依次满足？第二，谁外出挣钱，是进行体力劳动还是脑力劳动？谁又来做家务？第三，谁率先得到食物，谁决定看什么电视节目？类似的，经济学也集中解决这三大问题。从经济资源稀缺性事实出发解决的基本问题是生产什么，如何生产，为谁生产，那么经济学是如何解决这三个问题的呢？

让我们先看一篇著名的文章《铅笔的故事》，[②] 铅笔的制作过程很复杂：第一，铅笔的原料非常复杂。笔杆的材料、笔杆的油漆、笔帽、笔芯、橡皮，原料来自世界各地。第二，铅笔的制造工艺也非常复杂。比

---

① ［美］保罗·萨缪尔森、［美］威廉·诺德豪斯：《经济学》（第十八版），萧琛主译，人民邮电出版社2008年版，第101页。

② Leonard E. Read, “I, Pencil: My Family Tree as Told to Leonard E. Read”, The Freeman, 1958.

如，笔芯中石墨和黏土的比例、温度、硬度等。铅笔的制作涉及来自世界各地的成千上万人。它的神奇之处在于：首先，世界上是没有哪个人完全掌握了制造铅笔所需要的全部知识；其次，每个人都做自己的事儿，甚至他们根本不知道自己在做什么，也从不需要铅笔；最后，生产铅笔的人，生活在世界的各个角落，互不相识，但他们能够相互合作，源源不断地供应铅笔。一支铅笔积累了很多人的努力，我们却能以低廉的价格购买它。虽然说现在制造一支铅笔已经不需要如此麻烦，但是我们现实生活中仍然有大量的商品，其生产流程很复杂，生产部件来自世界各地。除此之外，你会发现，我们所使用的各种商品，几乎都来自我们不认识的制造商，到底是什么神奇的力量导致这个事情发生的？那就是“看不见的手”——价格。这篇文章用最简明扼要的方式有力地阐明了亚当·斯密“看不见的手”是如何带来合作的可能。

亚当·斯密在《国富论》中总结，“我们的晚餐并非来自屠宰商、酿酒师和面包师的恩惠，而是来自人们对自身利益的关切。但人类追求私利的行为，客观上却可以促成他人利益的顺利实现，进而增进公共利益，每个人都力图利用好他的资本，来使其产品能得到最大的价值。一般来说，他并不企图增进公共福利，也不知道他所增进的公共福利是多少。他所追求的仅仅是他个人的安乐，仅仅是他个人的利益。在这样做时，有一只“看不见的手”引导他去促进一种目标。由于追逐他自己的利益，他经常促进了社会利益，其效果要比他真正想促进社会利益时所得到的效果大”。①

具体来看，经济学中的这三大问题其实如图 1－2－1 所示。在市场经济中，第一，生产什么是由消费者的货币选票决定的。由于资源的稀缺性，我们不能利用有限的资源完成所有商品的生产，用于生产某种产品的资源多一些，则用于生产另一种产品的资源就少一些。那么谁来决定哪种东西多生产，哪种产品少生产呢？是生产厂商吗？不是。其实，生产什么是由消费者的货币选票决定的。几乎所有的生产厂商最初都是从消费者目的出发解决“生产什么”的问题，比如，大家都在手洗衣服的

---

① ［英］亚当·斯密：《国富论》（第十六版），谢宗林、李华夏译，中央编译出版社 2010 年版，第 252 页。

时候，有人想要更简单的方法洗干净衣服，既节约时间，又节约人力，所以便有洗衣机被生产出来。最初的产品生产出来都是供自己消费的，直到被其他人发现，原来大家都需要洗衣机，从此便逐渐形成了一条完整的洗衣机产业链。另外消费者喜欢什么商品，就使这个商品的价格提升，自然吸引商家多生产。消费者都喜欢洗衣机，省心省力的同时还节约时间，在大家都需要的情况下自然要多生产，那么曾经用来生产三轮车的资源就被用去生产洗衣机了。

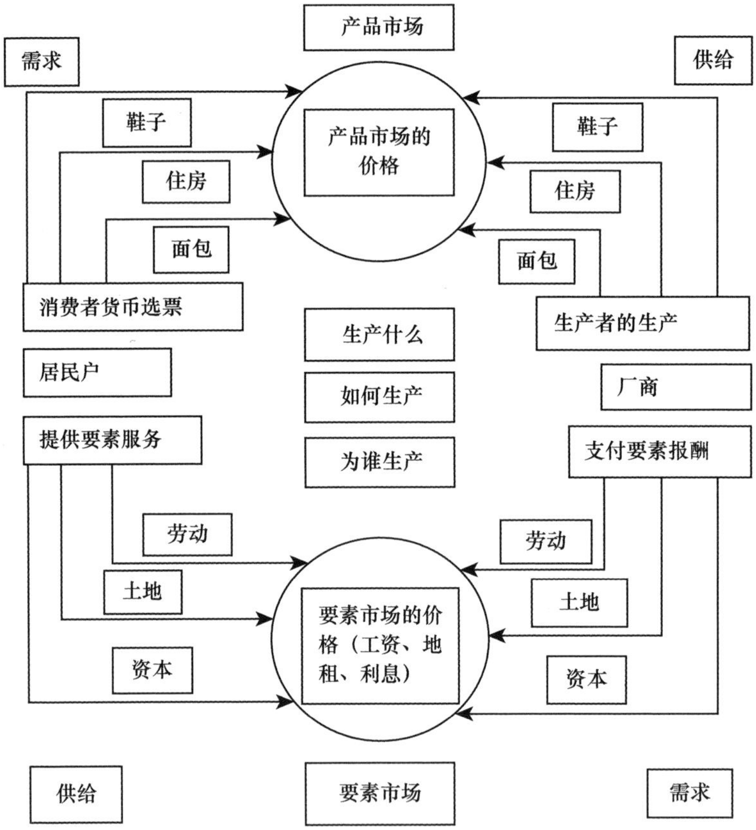

图1-2-1　经济学的三大基本问题

第二，如何生产是由成本最低的生产方式决定的。如何生产，就是在确定了“生产什么”的条件下，我们该如何利用有限的资源来进行最高效的生产。比如，服装、玩具等劳动密集型产品自然要多投入劳动的占比，手机、电脑等高科技产品则应该加大技术和资本的投入。简单来说，就是“人尽其才，物尽其用”。为什么“如何生产”是由企业来决定的？我们来思考一下企业生产的目的是什么，当然是追求利润最大化，与之等价的条件是成本最小化，所以企业在生产中是选择劳动密集型、资本密集型还是技术密集型，取决于哪一种方式效率最高、成本最小。现在大家看到京东用机器人代替人工进行快递分拣的消息，就明白并非机器人才刚刚出现，而是使用机器人的成本小于人工的成本。

第三，为谁生产，是由要素拥有者所提供的生产要素决定的。为谁生产，简而言之就是我们生产出来的的产品该为谁所用，为谁生产的问题归根到底其实就是收入分配问题。市场经济中，谁贡献了劳动、资本、土地等生产要素，谁就获得了工资、利息和地租等报酬，贡献越多报酬越多。同时，谁来享受劳动成果，社会产品在不同集团和个人之间该怎么分配，采用什么原则、什么机制、分配多少，这是一次分配的问题。

而这三大问题系统性的解决，就是市场经济中价格的自由变动。这就是价格机制的奥秘。

二　计划经济为何被市场经济替代？

接下来，我们将探讨市场经济为何会优于计划经济？给大家讲一个小故事，据说在苏联时期，有一次戈尔巴乔夫为了让苏联的经济体制恢复正常，便派了自己的秘书去伦敦学习，了解究竟什么是撒切尔主义，市场经济是怎么运行的。东道主带着这位贵宾前往参观，突然，这位苏联的秘书说话了：“抱歉，我想问一个问题，在伦敦逛一整天了，有件事情我一直不明白，在莫斯科，我们派了最优秀的人研究如何供应面包，但是每家面包店和超市依旧排长队，水泄不通，而在伦敦，这里人口百万，我们一路过来经过那么多商店，却不曾见一个需要排队的地方。你们这里是怎么做到的呢，我想学学你们的秘术。”然而带他参观的东道主却很纳闷，说：“我们这里没有人专门负责供应面包呀？”或许，这个故事并没有发生过，但是却反映出了市场经济与计划经济的最终成果。

计划经济与市场经济如何解决经济学的三大问题？接下来我们一一说明。

从经济资源稀缺性事实出发需要解决的三大基本问题，其实质就是解决资源的合理配置和充分利用的问题。而关于这一问题，不同市场机制对应的解决办法是不同的，我们可以通过对比分析，发现市场经济、计划经济处理方式的差异性。

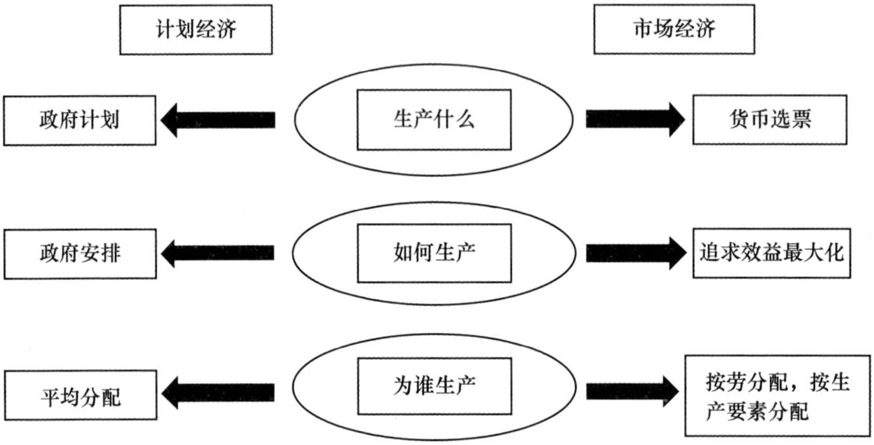

图1－2－2　计划经济与市场经济三大问题解决方式的对比

如图1－2－2所示，第一个问题：生产什么，在市场经济中，是由消费者的货币选票决定的；而在计划经济中，则是由政府决定的。第二个问题：如何生产，在市场经济中，生产者比较哪一种生产的方式成本最低，就采取哪一种方式生产；而在计划经济中，则是由政府安排决定的。第三个问题：为谁生产，在市场经济中，分配方式是采用按劳分配和按生产要素分配；而在计划经济中，则是平均分配。说得再简单点儿，计划经济就好比高度集权的企业管理制度，企业大大小小的事情都由老板决策。大家都知道，当企业规模整体较小时，这种制度可以快速解决问题，然而任何企业的发展必然要扩大规模，增加数据和信息，但规模越大效率越低。因为一个人的信息是有限的，所以决策者的判断就容易出现差错，而在这种集权模式下，信息的传递具有时滞性，错误决策的结果反馈过程又十分漫长，试想如果阿里巴巴集团所有事情都要经过马云的同意，不出意外的话，要么马云先崩溃，要么集团先混乱。

相反，市场经济最大的特点就是尽可能地下放权力，将集团分化成一个个独立经营的个体，他们各自对自己的经营结果负责，这样便激发了每个生产个体的主动性和创造性，大家可以思考我国从“大锅饭”转变到家庭联产承包责任制后经济的飞速增长。

关于计划经济能否有效地调节资源的配置，经济学家一直在争论。这是100多年前两派经济学家争论的焦点：人际效用是否可以比较，数据是否可得，怎样才能适当地奖惩？

诺贝尔奖得主哈耶克（Friedrich August von Hayek，1899—1992）就系统地回答了这三个问题，给出了一个近乎完美的解决方案，这个解决方案就是价格。①

计划经济的第一个障碍——人际效用不可以比较。比如，同一款华为手机，我们每个人对它的估值是不一样的，既然不一样，就很难对这个商品定价。这一点，通过价格人们就能够找到一个共同的衡量标准。一旦有人出价，人们就知道这个人愿意用什么样的代价来获得商品。这时候，价格就是一个可观察的、可统计的、可加总的数据，而不是像各自的效用那样难以核算。而且，价格传递了关于稀缺的信息，如果什么东西供不应求，那件产品的价格就会上升。这就解决了生产什么的问题。另外，价格传递关于稀缺的信息的时候，它是用最经济的方式去传递的，就是价格上涨。价格所传递的关于稀缺的信息，它也只会传到相关的人那里。不相关的人，他不会收到这个信息。这一点非常重要。

反过来想，如果没有价格，这时候你需要买木材，要做一个小木屋，你要在互联网上发布一个帖子说这个事儿，它的成本有多高？有多少人会愿意花时间去看这个帖子，他们又怎么能够分析出来，这是一个不可能的事情。但是通过价格，非常简便，非常有效，干净利落地解决了这个问题。

计划经济的第二个障碍——收集信息的困难。这可能是因为人们没有兴趣告诉你或者涉及隐私，但这些信息的获取通过价格能解决。无论怎么隐藏，只要你愿意购买某件商品，你对这件商品的需要已经公之于众了。哈耶克指出，价格不仅能够传递关于稀缺的信息，它还能够指导生产，指导人们在不同的生产方式中选择适当的生产方式。这就是我们

---

① ［英］弗里德利希·冯·哈耶克：《个人主义与经济秩序》，邓正来编译，复旦大学出版社2012年版，第85—100页。

说的如何生产的问题。生产同样的东西，你有很多不同的生产方式，到底应该选哪一种生产方式呢？价格能够告诉你。商家当然选择那种成本最低的方式来进行生产。

计划经济的第三个障碍是关于奖惩的问题，也就是分配的问题。怎样才能恰如其分地去奖励和惩罚人们对未来做出的预测呢？价格本身就是最好的奖励和惩罚。任何人只要做错了决定，他不需要写检讨书，也不需要公开认错，价格已经惩罚他了；任何人他只要做对了决定，我们也不用给他发奖状，不用表扬他，他已经得到恰如其分的奖励了。

我们对计划经济和市场经济进行了对比，相信这两种机制的优劣以及优劣的原因，大家都更加清楚了。在中国改革开放的进程中，也进一步证实了社会主义市场经济的优越性。从中国的历史来看，从 1978 年年底源于中国安徽凤阳小岗村的“家庭联产承包责任制”，到 1992 年中国确立社会主义市场经济地位，2013 年中央政府确立社会主义市场经济的决定性地位，都证明了社会主义市场经济是成功的机制。因此，中国也将矢志不渝地坚持社会主义市场经济。

三 小结

本节我们学习了经济学的三大基本问题：生产什么、如何生产及为谁生产，而关于这三大问题的解决的方式也正是计划经济与市场经济的根本区别。计划经济失败的原因在于效用的不可比较性，数据不可得或者收集成本很高，分配方式不合理。哈耶克指出，解决这些根本问题的最好办法就是价格。价格有三个作用：价格能够非常有效、目标非常明确地传递关于稀缺的信息；价格能够指导人们进行生产，选择不同的生产方式；价格能够解决奖惩的问题。这就是价格机制的奥秘，这也是市场经济成功的原因。

第三节 经济学十大原理

经济学研究社会如何配置稀缺资源。“稀缺性”是指相对于人们的欲望而言，社会拥有的资源是有限的，不能满足人们希望拥有的所有物品与劳务。在多数社会体制中，资源并不是由一个全权的独裁者来配置，而是通过千百万个家庭和企业的共同行动来配置的。

社会如何运行呢，我们先来了解曼昆的“经济学十大原理”。

一　人们面临的权衡取舍

“鱼与熊掌，二者不可兼得”，这就是我们经常会面临的权衡取舍。在面对两样或者多样我们喜欢的物品时，我们通常会择其一而不得不放弃其他，做出这个决策就需要我们懂得权衡与取舍。

对于个人来说，如何分配时间是这一生一直在做的决策。对于一个在校大学生来说，同样是一下午的时间，有些同学选择参加自己感兴趣的社团活动，结交朋友增长见识；有些同学选择外出兼职用以抵扣生活费或学费，自给自足；还有些同学则一下午窝在宿舍打游戏、追电视剧，或者干脆睡一下午。在做出每一个选择时，都要相应地放弃做另外一件事。比如选择了一下午用来运动健身，那就放弃了可用来学习、打零工、看电视的一下午的时间。一个普通的上班族如何利用自己下班后至晚上睡觉前的时间也是一种权衡取舍，有些人选择新学习一项技能，比如插画彩绘、修图或者视频剪辑、准备专业证书考试等，也有人选择健身、逛街、研究美食等，这些都需要在众多选择中做出取舍。

除个人外，一个家庭、一个企业、一个国家都时刻面临着各种权衡取舍问题。例如，一个家庭在做决策时，会考虑怎样利用一个月除去日常开支剩下来的钱，直接存银行或者买基金与股票，或者用来添置或更换新家具家电，当他们选择多储蓄或者投资 1 元人民币的时候，那么他们在购置新家电上就要少花 1 元人民币。一个企业也是如此，面对市场需求的变化，是扩大规模增加生产还是按部就班常量生产，资金运用在营销上和研发上的比例如何分配，这些都是一个企业在经营管理过程中面临的权衡取舍。曼昆教授在他的著作《经济学原理》中举过大炮和黄油的例子：一个国家若将更多的钱用于国防，那么在保卫祖国免受外敌入侵的时候，这个国家用于提高全国人民生活水平的钱就变少了。

曼昆教授的理论中，社会所面临的权衡取舍可能是效率与平等。效率指的是社会如何能从稀缺的资源中得到更多的东西，平等是指将这些资源的成果公平地分配给社会中各个成员。通俗地讲，效率指经济这个“蛋糕”的大小，平等则指怎样去分这个“蛋糕”。一个政府的福利政策能够帮助社会中最需要帮助的成员，而另一些政策如个人所得税增加了经济上较富有的成员的负担。这虽然有利于实现社会公平，但富人因多征税而减少了奋进的动力，并且由于将富人的部分收入再分配给穷人，减少了对富人辛勤工作的奖励，也会使富人的生产积极性受挫。如此导致的结果就是，当政府想要将“蛋糕”分得更均匀时，“蛋糕”本身也变小了。

《史记》中记载了一个典型的权衡取舍的例子——“田忌赛马”，由于田忌每个等级的赛马都比齐王的赛马差一点儿，因此孙膑为田忌支招：让田忌用自己的下等马对齐王的上等马，用上等马对齐王的中等马，再用中等马对齐王的下等马。如此一来，改变了先后出场顺序，便改变了整场比赛的走势。从这个例子中我们可以看出，一件事情的成败往往就决定于这缜密筹谋中，当选择的主体能够冷静地对客观事实现状做全面和细致的分析与思考时，做这件事情成功的概率也会大大提升。若当时田忌因为自己的下等马输给齐王的上等马输得太惨而放弃孙膑的建议，那他输掉的将是整场比赛。

在我们的日常生活中，我们几乎时刻都在做着权衡取舍。比如，去餐馆点菜时，若是点了一道平时经常点的符合自己胃口的菜，那么你获得的将是一次愉快的美食享受，但同时你失去了对新鲜菜品的体验；相反，你若是点了一道从未尝试过的菜，那将可能发现一块“美食新大陆”，也有可能因为新菜不符合自己喜好而经历一次糟糕的用餐体验。再如，人们会对自己的钱财有不一样的管理和运用方式，有些人会将余下来的钱存起来当作旅游基金，然后选择一个合适的时间去一个自己憧憬已久的地方，来一场尽情尽兴的旅行；而有些人则会将这些钱用作健身房锻炼经费，练瑜伽、游泳，达到塑性、提升气质等目的。当然，我们在生活中遇到的各种“权衡取舍”并没有严苛的标准答案，没有规定非要选择什么，不能选择什么，都是自己根据客观条件事实做出的主观意愿选择。不同的选择会产生不同的结果，不同的结果意味着不同的效益，而每个人所求不同，对获得的此种效益的满足程度也不同。我们只有在做出各种选择之前，如古人所说做到“三思而后行”，认真权衡各种选择的利弊、其可能产生的影响或结果，衡量其轻重，使自己的选择效益最大化。要想在生活中运用好经济学这门工具，就需要具有权衡取舍的意识。

二　你的机会成本有多大？

一般意义上的成本指的是人们进行生产经营活动或者达到一定的目的时，所耗费的一定的资源的货币表现。这种意义上的成本，人们通常能够直观地感受到，如为了扩大生产规模而新租用厂房的租金及用于增量生产产品的原材料采购费用。而此处我们讲的“机会成本”远不止我们能直观地感受到的表面上的成本。曼昆教授曾指出，一种东西的机会成本是为了得到这种东西所放弃的东西。因此，当做出任何一项决策时，决策者都应该认真考虑做这件事情的机会成本的大小。

人们在做决策时，会分析各种选择的可行性，比较其成本和收益。然而各种选择的成本并不会通过简单的计算，就能得出一个确切的可比较的数字结果，这往往是难以衡量和把握的。

如今的社会，人们对高等教育似乎存在一种较为偏激的观念，并流传着“遍地都是大学生”的说法，这样的社会观念也促使大学里大批的应届毕业生，甚至已经上岗工作的人辞职转而走上了考研读研的道路。那么，选择考研读研的机会成本究竟又有多大呢？选择考研读研的应届毕业生，一部分是决心做进一步的学术研究，而另外还有一部分的同学则是为了提升自己的学历，为将来走上职场加分。这些同学在确定考研之前和在准备考研的阶段都需要花费大量的时间和精力，收集目标学校和目标专业的信息、学习和复习参考书目甚至报名参加考研课程辅导班等，这些时间和精力的占用也许会让他们错过春季、秋季和各类大型的校园招聘会，或许也会错过社会上企业、政府机构等各类公开的工作招聘。他们一旦决定考研，那么这些事情都需要放弃，这也就成为考研成本的一部分。对于辞掉现有的工作转而考研读研的人来说，也许是迫于工作升职的学历需要，也许是发现自己真正的兴趣和长处所在，故再次进校开始学业深造，他们放弃的可能是假使继续工作而能获得的工资奖金、确定的或意想不到的升迁机会、已有的业务关联和该行业的人脉积累等，这些也就成为辞职转而考研的成本的一部分。如果这些同学都考上了研究生继而读研，国内研究生一般是三年期限，一方面，通过这三年的学习深造，他们将获得的是研究生学历、更多的学术积累、人脉圈的拓展、一段人生体验等；另一方面，从成本上看，他们付出的不仅仅是支付三年的学费及书籍等学杂费用，读研究生的机会成本还在于这三年学费用作投资可能带来的收益、三年可估计的一般性工资收入，还有三年的工作经验及各种不可预测的机会。

从上述举例中，我们可以清楚地看到，经济学中的“机会成本”不仅仅只是做某件事情所耗费的金钱，更是投入其中的时间、精力和为了做这件事而放弃的其他机会。只有把这些都算在做这件事的成本中来考虑，这样做出的判断才符合一个理性人的选择。而且，由于个人偏好的不同，做同一件事情的机会成本也会不一样。

通过理性的分析和考量各方的机会成本后做出的决策也并非是万无一失的，因为风险是永远都存在的。理性的分析只能尽量降低风险，而不能完全消除风险。正如有人说“婚姻是爱情的保障”，但也有人认为“婚姻是爱情的坟墓”，婚姻正是相爱双方经过郑重考虑后的选择。从经济学的视角来看，婚姻也可视为一场交易，其中的机会成本却是不能用金钱来衡量的，二者会因为选择彼此而放弃单身的自由甚至可能遇到更好的结婚对象的机会，此外婚姻的经营需要双方都做出退让与妥协。但结婚并不是一件一劳永逸的事情，婚姻中可能出现的各种各样的问题，这就是风险所在，选择和那个对的人、合适的人结婚也许会降低之后婚姻中出现问题的风险概率，但随着时间的推移、周围环境的变化，两人面临的风险也会发生改变。

综上所述，我们做任何事情都存在机会成本，为了做某件事而放弃其他事物，对事物的选择都是基于自身的偏好和理性的考虑比较而做出的决定，并且每个人都要为自己的决定承担相应的风险。

三　注重边际量

人们平日里所说的“边际”指的是边缘、界限的意思，数学上“边际”的含义是指一函数中因变量随着自变量的变化而产生相应的数量变化值。在经济学中，“边际”一词的概念与数学中的含义类似，它用来形容“新增加的一单位”或者“最后一单位”对整体效益产生的影响，常常把这种思想用来分析时刻发生着的经济实例。

举一个简单的例子，当一个人在饿了之后决定去吃馒头，当他吃完第一个馒头的时候，大大地满足了他的食欲，这时候这第一个馒头的效益是相对较高的，因为及时填充了他的胃，大大降低了饥饿感；当他吃完第二个馒头之后，他实际上已经获得了较强的饱腹感，并且饥饿感也几乎消失，那这第二个馒头的效益也是较高的；当他吃完第三个馒头后，他就差不多有十分饱了，并且没有必要为了充饥而吃第四个馒头，然而他觉得馒头太美味，忍不住吃了第四个馒头，这时候他已经觉得有点儿撑了，那这第四个馒头的效益其实是极低的，因为这个馒头非但没有减轻饥饿感，反而给胃造成了负担，这就是边际量。在生活中运用好经济学，我们需要学会考虑和衡量新增加的这一单位给我们带来的效益到底有多大，是否需要去新增这一单位，什么时候该适可而止。就好比“压死骆驼的最后一根稻草”，若 100 千克是一头骆驼的承受极限，那么再多加一根稻草可能就会使骆驼倒下。这一根压死骆驼的很轻的稻草就是边际量的效果。

在许多情况下，人们需要通过考虑边际量，比较边际成本和边际收益，从而做出最优决策。曼昆教授在他的书中举了这样一个例子，一个已经受过某种程度教育的人正在决定是否需要再花一年的时间进校学习，他既要考虑多上这一年学能为他带来的额外利益，可能是更高的工资和学习乐趣的享受以及学习经验的积累；同时他也需要考虑多上这一年学所要花费的额外费用，例如学费花销以及由于上学而放弃的工资。通过这种边际效益和边际成本的比较，这个人就能清楚地了解到多上这一年学是否值得。另外一个例子：一辆往返于城乡的大巴车上有 40 个座位，大巴车往返城乡一次的过路费、汽油费等成本是 1000 元，每个座位的平均成本是 25 元，那么会有人得出单个座位票价应该不会低于 25 元的结论。然而，实际上大巴车公司会通过增加边际量进而增加利润。假如在大巴车快要发车时，车上还有 5 个空座位，如果有人愿意用低于 25 元的价格（如 20 元）购买一张车票，那么大巴车公司也是愿意的。因为此时大巴车公司多出售一张车票的边际成本只是一位乘客的基本服务费用，而得到的边际效益却是 20 元。这样一比较，就能清楚认识到考虑边际量的重要性了。

观察我们的周边生活，利用边际量的现象处处可见，路边烧饼摊的大爷平时卖烧饼是 3 元一个，在深夜快收摊的时候为了避免烧饼第二天坏掉便会低价甩卖，可能会 2 元一个，也可能只要 1 元。看似比平常卖得便宜，实际上大爷依然获取了利润，边际成本仅是一道烤饼的工序，获得的多卖的每一个烧饼的钱就是边际收益。两相比较，当然选择低价卖饼，否则烧饼一旦变质就什么都得不到了。此外，演唱会门票的黄牛票也是如此，当黄牛以100000元的价格买了200张票，准备每张票800元卖给歌迷，在演唱会快要开始的时候，黄牛卖出去180张票，此时还剩20张票，这时候他选择低价卖出，除了免费送否则无论多低的价格都愿意卖，因为此时他已经赚了 $800\times180-100000=44000$ 元，剩余的20张票只要多卖出一张，便可多赚取一张票的售价，何乐而不为呢?

例如，快餐店一个甜筒卖4元，然而第二个半价，若一次性买两个的话，尽管这样下来降至3元一个，但我们要清楚地认识到，对于一个平常人来说，吃第一个甜筒得到的效益无疑是巨大的，吃第二个的时候效益明显会下降很多，那就需要考虑还有没有必要再吃第二个甜筒。而且假使第一个甜筒就能够满足这个人吃甜食的欲望，那么为了省1元钱而多花2元钱去买第二个甜筒，并且第二个甜筒带来的效益微乎其微的话，这样就得不偿失了。

正如上述所举例子，个人和企业都会意识到边际量的重要性，并比较做某件事情的边际成本和边际效益，从而做出更佳决策。只有在所得到的边际效益大于边际成本的时候，一个理性的决策者才会采取该项行动。

四 人们会对激励做出反应

正如在小腿自由下垂时轻击膝盖下的韧带，膝盖会做出急速前踢的“膝跳反应”一样，人们对社会中的激励也会做出相应的反应。曼昆教授给“激励”下的定义：激励指的是指引一个人做出某种行为的某种类似于奖励或惩罚的预期。由前文可知，人们会比较成本和利益，从而做出决策。那么当成本或利益发生变化时，人们的行动也随之发生变化。也就是说，人们会对激励做出反应。

个人、企业都会对周边的相关激励做出反应。市场价格的波动会影响到买卖双方的行为，例如橙子价格上升，消费者会决定少吃橙子多吃苹果，而橙子的生产者，即农场主会因为种橙子有利可图而雇用更多的工人摘橙子去卖。另外，舆论也会成为人们经济行为的一种“激励”，比如流传的“碘盐可以防辐射”“吃大蒜抗癌”等说法，使得商家对碘盐和大蒜的定价，以及消费者对二者的购买行为都会发生变化。

企业的营销策略可视为一种典型的激励，近年来网上购物盛行，国内各大网上购物平台都想方设法地吸引顾客消费，阿里旗下网购平台“淘宝商城”（天猫）推出“双十一购物狂欢节”促销活动，即在每年的11月11日，该平台上的参与商家均提供超低的商品折扣，消费者会考虑到若该折扣价相对来说远低于平常价格，则会在当天进行疯狂采购。此活动自2009年首次举办至今，当天交易额屡创新高，2009年“双十一”销售额约为0.5亿元，2019年“双十一”成交额则高达2684亿元，超过2018年的2135亿元，由此可见该激励的效果显著。另外，国内很受欢迎的一款手机支付软件——“支付宝”近两年推出了发红包的活动业务，用户每天打开这个应用便能随机免费领取0.1—20元不等的红包，并能在支付宝线下支付时使用。尽管红包金额不多，但这样一来，在某种程度上就促进了消费者使用支付宝进行线下支付和消费。

作为公共决策的制定者——政府需要使用“激励”来引导人们的一些行为决定，比如说政府对汽油征税，此举是唤起大家节能减排的意识，鼓励人们开小型的、耗油较少的车，或者搭乘公共交通、使用电动车等新能源汽车；另外，由于近年来“海淘风”盛行，随着物质生活水平的提高，人们有了足够的支付能力和意愿去购买外国的汽车、化妆品、奶粉等产品，出于保护国内的相关企业及其他考虑，政府对该类相关产品的进口加征关税，鼓励大家支持国产；2015年10月，我国开始实施全面二胎政策，此举旨在积极应对我国人口老龄化、出生性别比失调、人口红利消失等问题，各地方政府也纷纷出台二胎红利政策，鼓励大家生育；2018年8月31日通过了修改个人所得税起征点为每月5000元的决定，并于10月1日正式实施最新起征点和税率，此举将个税起征点由原来的3500元提高至5000元，这样在一定程度上促进了收入分配的优化，也鼓励了居民的日常消费。

另外，公共决策者也通过制定法律形成一种激励，比如曼昆教授讲到的安全带法律，该法律的直接影响是显而易见的。当一个人系上安全带时，发生重大车祸后的存活概率提高了。但是，这并不是安全带产生的所有的影响。从另一个角度来看，这项法律还通过改变激励而影响了驾驶员的驾驶行为，也就是驾驶员开车时的速度和谨慎程度。安全带虽然降低了司机的车祸代价，减小了司机伤亡的概率，但由于系上安全带使得司机获得相对较高的安全保障，于是司机可能将速度提得更快，行驶谨慎度也相对降低，对路上的行人显然不利。这样总体上导致每次车祸的死亡人数虽然可能减少了，但是发生车祸的次数增加了，这一结论也被经济学家萨姆·佩兹曼（Sam Peltzman）于 1975 年通过研究得到了证实。从这个例子中，我们可以看出，政府的政策及法律约束对我们的行为有非常强的导向作用，很多政策的出发点和表面效应是有利的，但实际效果却往往与人们的预期大相径庭。因此我们不仅要看到其产生的直接影响，而且还需要深入考虑通过激励产生的间接影响。

五 贸易通过各自的比较优势使贸易双方都受益

我们经常会在新闻或日常交谈中听到类似“国际经济竞争日趋激烈”“某国是我国经济强有力的竞争对手”等话语，事实上也确实如此，但这并不意味着竞争就是坏事，国家间的贸易就该停止。回顾历史，我们应该反思清朝末期的“闭关锁国”政策对清王朝的毁灭起到了加速作用，对中国近现代的发展造成极大的负面影响。当今时代，从成立世界贸易组织与北美自由贸易区，到全面启动中国—东盟自由贸易区，我们可以看出，无论是发达国家还是发展中国家，都积极参与全球的经济贸易。而且从相关经济发展数据可以看出，参与国从全球贸易中获利，并创造了多方共赢的局面。曼昆教授指出，贸易并不像体育竞赛那样，双方必有一输一赢，两国之间的贸易能够使两国状况都变得更好。

国与国之间开始贸易的初衷就是让自己国家能够从中获利，而由于各自的比较优势，结果也确实达到了这个初始目的。那什么是比较优势呢？举一个简单的例子，A 国气候湿润，适合生长水稻；而 B 国气候较干燥，阳光充足，盛产棉花。若 A 国愿意出口大米，B 国也愿意出口棉花。此时，A 国会考虑到由于自己国家的气候不适宜棉花生长，若特意创造条件来种植棉花的成本势必比直接从 B 国进口要高，B 国也会想着自己生产水稻还不如直接从 A 国进口大米省事，而且成本更低。如此一来，A、B 两国便开展了贸易活动，并且双方都以低于本国的生产该产品的成本得到了想要的产品。这是因为 A、B 两国都利用了各自的比较优势，A 国在生产大米上较 B 国有比较优势，而 B 国在生产棉花上较 A 国具有比较优势，所以两国进行了专业分工，各生产自己具有比较优势的产品，从而使两国都在贸易中获利。

上述两国的贸易类型是农业中不同部门间的贸易，属于水平型的产业间贸易。随着技术的进步和分工的细化，垂直型的同一产业内的贸易在国际贸易中越来越重要，不容忽视，其创造的贸易价值也使各参与方都从中受益。不同国家间的许多贸易就发生在同一产业内，具有代表性的是毛绒玩具芭比娃娃的生产：美国具有核心技术优势，整个芭比娃娃的设计图纸来自美国；而中国台湾地区具有生产硅胶的比较优势，故台湾地区负责制作芭比娃娃的身体部分；因生产具有较低廉的服装生产成本优势，中国大陆负责制作芭比娃娃的衣服；此外，日本负责芭比娃娃的毛发等；然后芭比娃娃的各个部分出口到中国，由中国负责组装，最后再统一出口到世界各国。如此的产业内贸易，就是根据各国不同的比较优势，如资源优势、劳动力成本优势、技术优势等，而进行的高效的分工合作，各参与产品制作环节的国家都能通过发挥自身优势而获益。

除了上述国家间通过自身的比较优势从贸易中获取收益的例子，个人在日常生活中也存在通过自身的比较优势而从中受益的现象。比如，斯蒂芬·库里是一名优秀的篮球运动员，那么他的比较优势是自身的篮球技能和衍生的商业资源。假设在同样的两个小时里，他能够通过拍摄一个商业广告而获得酬金约 5 万美元，在同样的两个小时里，隔壁家的小汤姆在麦当劳做兼职可获 20 美元。这时候，库里家里需要修理草坪，如果自己动手的话明显是吃亏的，因为同样两小时的时间他可以赚更多的钱，可以雇用他人帮忙修草坪，于是他找到了擅长做各种杂活的小汤姆，并且支付他高于 20 美元的报酬来修剪草坪。这样一来，库里家的草坪也修剪好了，小汤姆也获得了比平时在麦当劳兼职更高的报酬，双方都从这桩贸易中受益。由此可以看出，社会中的个人都在做着各自擅长和适合的工作，然后用所得去和其他人进行贸易，换取自己想要的事物，整个社会机制就这样得以平稳运行，比如渔民、菜农会通过卖掉自己打的鱼或种的菜去换取日常生活用品或者储存起来用于买房买车，技术工人、设计师、律师、教师等各行各业的人都是通过比较优势在自己的岗位上发挥作用，然后互相进行贸易以各取所需。在社会这个大环境下，人和人之间需要交流，也需要贸易。在技术日益进步的当今社会，没有人可以一个人隔绝开来，所以若每个人都做各自具有比较优势的事情，便能享受到贸易带来的各种益处。

六　市场通常是组织经济活动的一种好方法

当前，大部分国家选择了市场经济，并且这种经济组织形式从目前来看取得了不可思议的成功。著名经济学家亚当·斯密认为，市场经济的成功也许是一个巧合，他的解释是这样的：在市场经济中的个体，既不打算促进公共的利益，也不知道自己本身是在什么程度上去促进公共的利益，因此他盘算的只是他自己的利益。在这种情况下，他受着一只“看不见的手”的指导，去追求自己的利益，往往比在真正出于他本意的情况下更有效地促进社会的利益。

中国也曾实行过计划经济体制，但事实证明这种经济组织形式并不适合中国经济的发展，并暴露出许多弊端，如今，中国主要发展社会主义市场经济，并且取得了很多经济成果。在市场经济中，个人可以自行决定从事哪个行业、自己的收入如何分配，企业可以自行决定雇用哪种类型的人才、生产何种产品。尽管看上去个人与企业都只是为了谋求自己的利益而做出种种决策，但实践结果证明，个人和企业的行为互相影响，市场经济将各决策者的行为综合起来后，起到了调节经济均衡发展、有利于促进整个社会利益的作用。

正如亚当·斯密所说，社会利益的实现得益于这只“看不见的手”。这只“看不见的手”就是市场，市场上的价格会影响人们的决策。一般来说，价格的上升会减少人们对该种商品的购买力，于是供给上升、需求下降，价格又开始逐渐下降，价格的回落又使得需求逐渐上升、供给逐渐下降。如此以往，市场就逐渐回归至供需均衡的状态。人们的决策对市场也产生了影响，个人为增强工作上的竞争力努力提升自己，社会中千万个人都这样做的话，无形中就提高了整个社会的生产力；个人对商品的偏好和选择也帮助市场实现优胜劣汰，所以我们不必担心货架上全是高价劣质商品而买不到实惠优质的商品，因为我们都是市场经济中

“看不见的小手”，通过自己理性的经济行为促使市场经济有序运行和自发调节。

市场固然是目前公认的组织经济活动的一种好方法，它能灵活地调节单个商品的供求平衡，却不能高效实现整个社会的总供给与总需求的宏观平衡，这只“看不见的手”不是万能的，它存在自发性、盲目性、滞后性。

自发性指社会上的个人和企业为了追逐高利润而不惜扰乱社会秩序、牺牲社会利益，例如，工厂违规超标排放废气废水，剽窃他人智力成果如盗版书、品牌设计等。这些只为追求高利润而突破道德底线、损害整个社会利益的事件都是市场调节的自发性表现。

盲目性是指由于生产者和经营者不能完全掌握市场各方面的信息，也无法精确预测经济变化的趋势，他们的决策会因为当下的经济运行状况而带有一定的盲目性。一般的表现形式是若某种商品的生产有利可图时，人们往往一哄而上；反之，则退出。20 世纪 90 年代日本的房地产经济泡沫也充分证明了市场经济的盲目性。由于日本在 20 世纪七八十年代经济发展迅猛，政府公开表态称“日本房地产永不下滑”，于是众人盲目追求利润，将房价炒得奇高，并造成了表面上的繁华景象，当房价继续飙升的时候美国突然抽离资金，令日本房地产市场一夜之间崩溃，房地产泡沫由此破灭。

由于市场调节是一种事后调节，也就是说经济活动参与者是在某种商品供求不平衡导致价格升降后才做出扩大或减少这种商品供给的决定。然而从最初的供给不平衡到做出决定，这中间必然要经过一段可长可短的过程。市场虽然具有灵敏性和反应及时的特点，但是不能准确反映长期的供需趋势，这就是市场调节的滞后性。当人们因为当下某产品的高价而开始生产这种产品时，却不知该产品的价格已达到极值，其需求也趋于饱和状态，待他将该产品生产出来时，产品需求已急剧缩小，由此导致的就是产品积压滞销，遭受巨大的损失。17 世纪中期的荷兰“郁金香事件”就很好地证明了市场滞后性的弊端，当时郁金香被作为一种稀有品种从土耳其引入西欧，因产量较少，被视为上层阶级财富和荣耀的象征。于是投机商发现了其中的商机，便开始囤积郁金香，再高价倒卖给权贵望族，这就推动了郁金香价格的上涨。渐渐地，越来越多的人加入倒卖郁金香的行业中，至1635年炒卖郁金香几乎成了全民运动，大家都期盼着其价格能够无限上涨而获得暴利。然而1637年2月的某一天，郁金香市场骤然崩溃，一个月内，价格平均下跌了90%，两天前一支郁金香球茎的价格还能卖到1600盾，而两天后其价格仅为0.15盾。此次的“郁金香事件”成为人类史上第一次有记载的金融泡沫经济，也予以当时欧洲金融中心——荷兰重重一击。

市场是资源配置的一种有效方式，但其弊端说明它并非万能，这时候就需要“看得见的手”协助“看不见的手”，共同发力，一起创建良好的市场经济环境，促进经济的正常和高效运行。

七　政府有时可以改善市场结果

正如前文的分析，市场是迄今为止公认的资源配置最有效的方式，但并非无懈可击，因其本身的弊端可能会导致经济运行紊乱，进而失灵。这时候就需要政府进行适当的干预，政府的干预就是经济运行中这只“看得见的手”。

市场配置资源固然有效，但也会有失灵的时候。失灵的原因大概可以从两个方面进行分析：一方面，外部性导致的市场失灵。外部性指的是一个人的行为对其他人的福利产生了影响，外部性的典型例子就是污染的问题，一个人或者一群人产生的噪声污染、污水、废气会影响到周边人的生存环境和生活品质，这时候就需要政府制定法律法规来约束这些人的行为和惩治其对环境的破坏。另一方面，市场势力导致的市场失灵。市场势力指的是一部分人不受市场机制的影响，并对价格造成不适当的影响的能力。曼昆教授给我们举的例子是，镇上只有一口井，而镇上的每个人都需要饮水、用水，但这口井的所有者可能故意抬高价格，此时就需要政府设计相关公共政策来约束这种市场势力，以提高整体经济效率。

关于政府为何要做出干预行为，曼昆教授给了两种解释：其一，市场这只“看不见的手”需要政府来保护，因为只有产权有了保障，社会安定，市场才能得以正常运作。若一个农民预见自己种的庄稼会被偷走，那么他宁肯选择不种；同样，若顾客在餐馆用餐后不付钱就走了，那么餐馆宁肯不营业、不提供服务；如果强盗将银行抢劫了却没有人去管制，那么银行也没有必要继续开业了。上述三个例子说明我们的经济生活需要公共权力提供法律保障及社会治理，需要政府来保护我们对自己生产出来的东西的权力。其二，市场机制固然是组织经济活动的一种好的方式，但其也有不足的地方。政府对经济进行干预出于两个原因：促进效率与促进平等，也就是说要么把经济这个“蛋糕”做大，要么把这个“蛋糕”分好。

市场这只“看不见的手”允许人们通过生产别人愿意买的东西以此获得报酬，却并没有保证每个人都丰衣足食、享受良好的医疗和教育等，而政府这只“看得见的手”能通过政策调节更公平地分配经济成果，公共政策的存在是为了实现更加平等的福利分配。比如，我国的“精准扶贫”政策就是为了促进社会更加平等，人们共享经济发展成果，通过增加扶贫投入，出台优惠政策措施，坚持分类施策、因人因地施策、因贫困原因和类型施策，广泛动员全社会力量参与扶贫，帮助贫困户脱贫，实现共同富裕。个人所得税承担着财务收入、调控经济的职能，我国居民因不同的收入水平分别依据不同的税率进行累进缴税，这也起到了调节居民收入、缩小收入差距的作用。此外，我国的九年义务教育制度，城镇医疗保险制度以及新型农村合作医疗、养老保险、社会救济等社会保险制度，都是政府为促进社会公平所做的举措。

虽然有时政府干预的政策动机是好的，是想要改善经济中出现的不公平或效率低下的状况，但结果并不总是能如愿。由于决策者掌握的信息相对有限，甚至出于种种原因信息较为片面，这样的情况下做出的决策可能会倾向于某一部分人而未能完全考虑到所有人的利益。比如，我国市场经济体制下的各行各业几乎都有国有企业，国企的设立通常是为了实现国家调节经济的目标，是我国公有制经济的主体，为我国经济发展做出了巨大贡献，但由于其自身的特殊地位，我国私营企业的生存和发展空间受到了一定程度上的压制。所以说，政府的干预结果是好是坏并没有一个固定的评判标准，有时稍侧重平等，而有时则稍侧重效率，只有尽量兼顾二者，才能让各方都满意。

政府干预并非强制性的，而是采取具有指导性的计划，且计划也不是一成不变的，针对不同时期的经济特征，政府会制订不同的计划来应对。我国在不同时期采取了不同的生育政策，20 世纪 70 年代，我国人口增长较快，而当时我国的生产力水平较低，很难负载那么多人口的衣食住行等，故而采取了计划生育政策，引导人们晚婚晚育、优生优育；而到了 21 世纪，我国人口老龄化、新生儿出生率持续走低等人口问题越发严重，相应产生了劳动力缺口扩大、人口红利消失等问题，为此我国逐渐调整生育政策，鼓励生育。

此外，政府的干预需要注重与市场机制的自发调节相结合，政府干预的时间、干预的力度，都需要公共部门慎重决定。西方发达国家的经济发展历程也告诉我们，只有在市场机制作用不明显或顾及不到时，政府适度的干预才能帮助尚且稚嫩的市场重新步入正轨，以保证经济的高效、有序发展。

八 一国的生活水平取决于它生产物品与劳务的能力

即使不进行具体的数字对比，人们也会感受到世界上各个国家间的生活水平差距。当我们提起美国、英国、澳大利亚，想起的会是繁华的现代都市、高等学府、发达的工农业等；当我们提起北欧的一些国家如丹麦、瑞典等，想起的不仅有秀丽的自然风光，还有他们国家的福利制度、教育水平等；而当我们提起叙利亚、以色列的时候，“战争”“饥荒”这些词就映入脑海；当我们提到印度的时候，“宗教”“贫穷”等这些词就冒了出来。除去政治文化等因素，我们来谈谈经济与人们生活之间的关联。国与国之间的经济发展水平存在差距，使得各国人民之间的生活水平也存在差距。这个差距的悬殊可以用数字来证实，2021 年世界各国人均收入排行榜显示，卢森堡位于榜首，人均收入高达 131302 美元；我国人均收入为 11891 美元，排第 59 位；而排在榜单靠近末位的布隆迪和南苏丹人均收入分别为 261 美元、230 美元，仅为卢森堡人均收入的 1/400，可见各国人均收入水平的差距之大。从人均收入水平可以推测各国人民的生活水平差距，或许 A 国大部分国民生活环境较差甚至恶劣，还食不果腹，终日为一日三餐、基本的生存保障发愁；而 B 国国民却在研究到底食物怎么搭配才更有营养、更加健康，追逐更高、更完善的医疗教育水平，提高自己的情操修养充实精神世界。巨大的差距让人不禁疑惑：到底是什么使国与国之间的生活水平竟然相差这么大?

对于这个疑问，曼昆教授给了我们很好的解释，他认为各国在不同时期生活水平的巨大差距都可归因于各国生产率的差别。生产率即生产力水平，指的是单位时间内生产产品或劳务的效率。各国因为生产率高低而导致的生活水平差距这一点较容易理解。比如，若一个人工作能力强、工作效率高，在相同的时间内能高质量完成更多的活儿，那么这个人的收入就会比同样环境下的其他人高。国家间也是如此，那些生产率高、在单位时间内能高效生产产品和劳务的国家，国民收入普遍要比世界上其他国民要高，生活水平也更高；而劳动生产率较低的国家，收入和生活水平自然也就不理想。另外，不同时期一国的国民生活水平也会因该国的生产率变化而不同。例如，我国在改革开放之前，生产力水平低下，国民的日子都过得比较清贫，解决人民的温饱成为首要问题；而随着改革开放的不断深入，我国的生产力水平大大提高，国民收入增长较快，因此人们的生活也发生了质的飞跃，人们不只是满足于一日三餐的物质生活，对精神文化生活也有了更高的追求。

除上述所列生产率是影响国民生活水平的主要因素外，各国政府政策的指导和支持通过影响生产力水平从而间接对国民生活水平产生影响。为了提高国民的生活水平，政府的政策应有利于人才的培养、国民素质的提高，这样才能为高端技术研发、各种生产技术革新等提供后备保障，促进国家生产力水平不断提高。我国的九年义务教育制度、“创新人才推进计划”、“青年英才开发计划”、“国家高技能人才振兴计划”等，这些政策的实施都为我国的生产力水平的持续发展提供了优质人才积累，加快生产技术的革新和生产工具的改进，提高生产效率，为国民创造更多的利益和福利，促进国民生活水平的提高。

如上所述，生产力水平和国民生活水平的关系意义深远。根据曼昆教授的理论，当认定所有生活水平的变动都能够归因于生产力水平的时候，其他因素就显得没有那么突出和重要了，并且都能归结到生产力水平这个主因上。例如，我国于 2018 年 10 月 1 日施行个人所得税起征点为 5000 元/月的征税办法，部分人因起征点的提高减少了税负，提高了收入水平，增强了消费能力，进而可能改善生活水平。很多人把生活水平的提高完全归因于《个人所得税法》的修改，其实不然，个税起征点自 2011 年的 3500 元/月至 2018 年的 5000 元/月这 7 年的时间里，我国生产力水平不断提高，劳动者的工作效率也不断提高，因此平均工资也在不断上涨，现有的起征点已不再适应当下的情况，需要上调才能减低中低收入者的压力，增加这一部分人到手的实际收入。因此，这些年人们收入增长的根本原因是我国生产率的提升。

九 当政府发行了过多货币导致物价上升

通货膨胀是指在货币流通条件下，因政府发行的货币数量大于市场上货币的实际需求，导致货币贬值，而引起的一段时间内物价持续而普遍的上涨现象。在理想的状态下，市场上的货币数量增长速度应与商品数量的增长速度基本持平，当出现了前者大于后者时，就会发生通货膨胀的现象。正如曼昆教授所说，在多数严重或持续的通货膨胀情况下，罪魁祸首都是“货币量的增长”。

举一个简单的例子，第一年市场上的土豆供给量为 1000 千克，货币供给总量是 3000 元，那么 1 千克土豆的价值就是 3 元；若第二年土豆的产量为 2000 千克，是第一年产量的两倍，而市场上的货币供给量为 9000 元，那么第二年 1 千克的土豆的价值就变成了 4. 5 元。以前用 3 元就能买 1 千克的土豆，现在需要用 4. 5 元才能买到。这就意味着土豆价格上涨，货币的购买力变弱了。如果市场上大多数商品出现了土豆这样的情况，那么整个市场上的商品物价水平就变高了，单位货币的购买力就下降，因此就导致通货膨胀现象。

从古至今，历史上发生过几次较为著名的通货膨胀。早在公元 138—301 年的古罗马时期，就发生过通货膨胀的问题。当时古罗马实行的是金属货币制度，而各代掌权者为了强化对资源的控制，相继削减铸币尺寸或者在铸币中添加金属，这种违背经济规律的行为最终导致铸币贬值，通货膨胀接近顶峰。20 世纪 20 年代，德国发生了严重的通货膨胀，德国在第一次世界大战败北后，面临赔款，当时德国国内一片衰败，各行各业的产量锐减，而政府当时采取了发行纸币的方式来渡过难关，结果却陷入经济困境。当政府以极低的利率向工商业者贷款，同时又投放巨额纸币，导致纸币迅速贬值。当时若一个人在 1922 年年初持有 3 亿马克债券，那么到 1923 年年底的时候，这些债券的票面价值连一个面包都买不到。20 世纪 40 年代的“金圆券事件”不仅导致大量黄金外流，也导致了严重的通货膨胀。国共内战时期，国民党政府财政连年出现巨额赤字，为了弥补赤字，国民党政府大量发行法币，法币猛增，物价随之飞涨。为了挽救经济崩溃，国民党政府就实行所谓的币值改革，用高压和诱骗的手段强制要求人民将所持黄金和白银换成金圆券。当时兑换比是 1 两黄金可兑换 200 元金圆券，金圆券每元含黄金约 0.22 克，不到两个月的时间，国民党政府就从人民手中榨取金银币值达 2 亿美元，而三个月后，又规定 1 元金圆券的含金量减至约 0.04 克，公开宣布金圆券贬值 4/5，并无限量发行金圆券。至此，金圆券如同废纸一般毫无价值。

通货膨胀会对一国的经济发展有较大的影响，而且这种影响表现在很多方面。一方面，通货膨胀会对一国的整体经济发展产生影响。通货膨胀导致的物价上涨容易传递错误的价格信号，使得生产者盲目进行生产，进而导致一国的经济发展失衡。另一方面，通货膨胀会对人们的收入水平以及债务关系产生影响。其一，对于那些依靠固定收入维持生活的人来说，通货膨胀是百害而无一利的，他们的实际收入因为通化膨胀而变少，进而降低他们的生活水平。其二，通货膨胀有利于债务人而不利于债权人。通常借贷关系都是通过已协商好的较为固定的利息率而达成的，一旦发生通货膨胀，必定使得实际利息率下降，债权人利益受损，而债务人受益。此外，通货膨胀也影响人们储蓄的实际收益、雇用之间的工资水平、政府与公众的实际纳税额度、一国货币的价值等。

当发生通货膨胀时，各国政府都想办法积极应对，西方国家一方面会通过增加税收、减少信贷总额、提高贴现率等方式来抑制总需求，另一方面也会通过加强市场的物价管理、引导企业适度合理降低产品价格来限制持续普遍上升的物价水平。我国通常采取紧缩性的财政政策（如削减财政支出，缩减总需求）和货币政策，如通过公开市场业务出售政府债券，回笼货币，减少市场上的货币流通量；或者通过提高再贴现率、法定存款准备金率，促使人们将更多的货币用于储蓄，减少消费需求。这些措施都能不同程度地抑制通货膨胀，由于发生通货膨胀的根本原因是市场上的总供给与总需求不均等，那么政府的政策就需要从总供给与总需求入手，有效处理通货膨胀问题。

十　社会面临通货膨胀与失业之间的短期权衡取舍

当一国政府增加经济中的货币量时，可能会造成两种结果：一种是前文所说的通货膨胀，另一种则是短期内较低的失业率。新西兰经济学家菲利普斯（Alban William Philips）最早提出失业与通货膨胀之间存在关系，因此将失业与通货膨胀之间交替关系的曲线命名为菲利普斯曲线（Phillips Curve，PC），如图 1－3－1 所示。

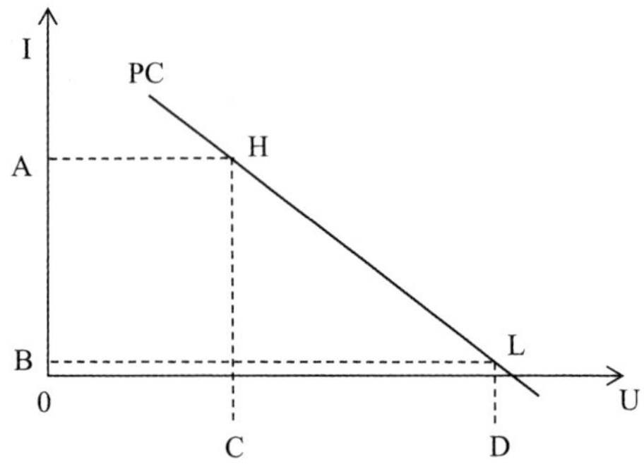

图 1－3－1　菲利普斯曲线

在图 1－3－1 中，横轴 U 表示失业率（Unemployment Rate），纵轴 I 表示通货膨胀率（Inflation Rate），中间向右下方倾斜的 PC 曲线就是菲利普斯曲线。PC 曲线上点 H 表示较高的通货膨胀率和较低的失业率，点 L 则表示较高的失业率和较低的通货膨胀率，从中可以清晰地看出失业率与通货通胀率之间的替代关系。

不同的学者对菲利普斯曲线做出了不同的解释，大致可分为以下三种。

第一种，菲利普斯曲线表明的是失业率和工资变化率之间的关系，即“失业—工资”菲利普斯曲线，这是由菲利普斯本人提出来的。他认为，失业率应与货币工资变化率呈反向变动关系，也就是二者呈负相关关系。他用纵轴表示货币工资变化率，当经济波动处于经济周期的上升期时，失业率下降，货币工资变化率则上升；而在经济波动处于经济周期中的回落期时，失业率上升，货币工资变化率则下降。因此，在经济发展处于上升期时，菲利普斯曲线由右下方向左上方移动，而在回落期由左上方向右下方移动。

第二种，菲利普斯曲线表明的是失业率与物价上涨率之间的关系，即“失业—物价”菲利普斯曲线，是由美国经济学家萨缪尔森和索洛（Robert Merta Solow）提出来的。他们将物价上涨率代替了原有的菲利普斯曲线中的货币工资变化率，并假定物价的变动只与货币工资的变动有关。与第一种菲利普斯曲线类似，失业率与物价上涨率也存在反向变动的负相关关系。在经济上行时，失业率下降，物价上涨率上升；在经济回落时，失业率上升，物价上涨率下降。所以，“失业—物价”菲利普斯曲线与第一种“失业—工资”菲利普斯曲线的形状是一样的。

第三种，菲利普斯曲线表明的是经济增长率与物价上涨率之间的关系，通常把它叫作“产出—物价”菲利普斯曲线，也是经济学家使用最多的一种。其中，将经济增长率代替了“失业—物价”菲利普斯曲线中的失业率，并解释到是由于经济增长率与失业率呈反向变动关系。这样一来，当经济增长率较高时，物价上涨率提高；当经济处于回落期增长率较低时，物价上涨率下降。二者呈同向变动的正相关关系，其表现形式是一条向右上方倾斜、斜率为正的曲线。

以上三种菲利普斯曲线，分别反映了美国及一些西欧国家在 20 世纪五六十年代的经济情况，被称作基本的菲利普斯曲线。

政府在面临通货膨胀和失业的选择时，往往也很难做出取舍。美国历史上曾发生过一起著名的以高失业率来换取较低通货膨胀率的事例。20 世纪 70 年代末，严重的通货膨胀和失业状况困扰着美国，当时美国的通货膨胀率高达 14%，经济增长率不到 1.5%。保罗·沃尔克（Paul Volcker）临危受命，担任美联储的主席，并把自己的中心任务定为反通货膨胀。为此，他采取了紧缩性的货币政策，将贴现率提高至 12%，但通货膨胀率仍然居高不下，并在 1980 年 2 月达到 14.9%，而且失业率也高达 10% 左右。因为效果不佳，引起了美国社会各界的反对，而沃尔克顶着压力继续实行紧缩性的货币政策。1981 年联邦储备利率达到历史顶峰 19%，如此一来，美国的经济进一步萧条。1982 年，美国的 GDP 总量下降了 1.9%。终于在 1982 年中期，通货膨胀停下了肆意疯涨的脚步。1983 年，美国的通货膨胀率降到 4% 左右，随后美国的经济进入 20 世纪 80 年代的复苏与繁荣。沃尔克把通货膨胀率降至 4% 左右的胜利是以高达 10% 的失业率和整个经济的严重衰退为代价的，有人认为，沃尔克的做法所付出的代价太高了，将美国 20 世纪 30 年代后的经济严重衰退都归咎于他；也有人认为是沃尔克拯救了美国的经济，使得美国的经济能够走上正轨再次腾飞，直到今天，沃尔克的功过也没有定论。

上述美国反通货膨胀的实例验证了菲利普斯曲线的存在和正确性，而从中我们也能看出，在面临高通货膨胀时，一个政府的决策行为有多重要。由于各国通货膨胀的出现缘由、特点和程度都不一样，并没有一个通用的应对模板，并且对决策行为的预期和结果也会因为市场的各种变化而发生改变，导致预想结果与现实情况大相径庭，如何取舍变得很棘手。因此，在平时的经济运作中就要时刻注重维持经济秩序正常运行、物价稳定，做好防御措施，防微杜渐，尽量避免事后补救。

思考题

1. 经济学产生的前提是稀缺性。有人认为超级富豪就不存在稀缺性，这种观点是否正确？

2. 为什么穷人容易同时陷入贫穷与忙碌？

3. 经济学的三大基本问题是什么？另外在市场经济中，生产什么、如何生产、为谁生产这三个问题是通过谁调节的？请举出例子来分别说明。

4. 有的人说，我们的政府既然收了税就应该为民谋利，比如政府应该实行全民免费医疗，你觉得这是可行的吗？

5. 今天我们所生活的时代，一切都由机器人代劳了，什么事情机器人都会替我们去做。那么，在这样的世界里，还会存在稀缺吗？

6. 大数据的广泛采用，能否使政府在数据采集中更为精确，这是否意味着我们可以放弃市场经济，回到计划经济中呢？

第二章

供求理论

第一节 褚橙为什么越贵买的人越多?

——需求与需求量的区别

著名经济学家保罗·萨缪尔森（Paul Samuelson）说过，只要教会一只鹦鹉说“需求”和“供给”两个词，它就可以成为一位经济学家。这句话难免夸大其词，但足见需求（Demand）与供给（Supply）在经济学中的地位。首先我们来看一下这个案例，2010 年前火龙果还是比较稀有的产品，其市场价格很高，虽然不至于比肩车厘子，但能够常吃火龙果的，通常属于比较富裕的家庭。2017 年后我们发现，火龙果常常以 10 元三个的价格进行售卖。如果你去做调查，就会发现，由于这些年火龙果的价格攀升，一些农民把原本用于种植蔬菜或者其他水果的土地用来栽种火龙果，导致火龙果在市场上供给过剩，在人们的需求没有增加的同时，火龙果的价格当然就下降了。火龙果价格受供求关系的影响，只是我们现实生活中需求与供应变动很小的一个例子，对市场变化敏锐的读者肯定能发现受其他供求变动影响引起的经济学现象。例如，与我们餐桌息息相关的“猪周期”：以当前来看，假如这时市场上猪肉价格高，养猪户就会出于追逐利润的目的而增加当前的生猪饲养数量，之后会发生什么呢？未来下一批次的出栏生猪供应量会相应增加，以致超过社会需求量，当然就会造成猪肉价格下跌。这时养猪户就会减少饲养数量，接着又造成猪肉供应数量减少，进而推动猪肉价格上升，周而复始。相信大家对“猪周期”感受最深刻的就是 2020 年和 2021 年吧，2020 年吃不起，2021 年随便买。2020 年 6 月我国猪肉价格因为各种因素影响导致供给减少，从而使价格攀升至 31 元/千克，2021 年 6 月的生猪价格又跌至 15.3 元/千克。[①]

当掌握了需求和供给，你就将以全新的眼光来看这个世界，你就能够解释价格到底是如何决定的，而且，你可以做出有关价格的预测，是不是觉得很期待呢？这一章将通过以下内容来帮助大家认识供给与需求：第一，了解何为需求；第二，解释影响需求的主要因素；第三，解释影响供给的主要因素；第四，需求和供给如何决定买卖的价格和数量；第五，政府怎么用“看得见的手”去影响价格，以及市场是如何对此作出反应的。

一　何为需求？

“想拥有一辆法拉利跑车。”你认为这是一名普通高校教师或者工薪阶层的需求吗？当然不是，因为这只是一种梦想或者说一种欲望。要是变为“一名高校教师想拥有一辆宝马轿车”，这是需求吗？也许是的，这就是对一名高校教师而言 400 万元与 40 万元的差别。从这两个例子中我们能得出，需求的构成有两个条件——消费者的意愿和消费者的实际购买能力。消费者的意愿是指消费者愿意在某个价格水平上购买多少商品或者服务；而消费者的实际购买能力则是指在现有的收入水平和经济条件下，消费者买得起多少商品与服务。这就对需求下了一个有效性的定义，体现为既有购买能力，又有购买欲望。如果消费者对某种商品只有购买的欲望，但是没有购买的能力，那么就不能将这无效的欲望视作有效的需求。

某人购买了一辆宝马轿车，这是需求吗？当然也不是，需求不是实际购买量，而是指在某一特定时期内消费者对某种产品每一可能的价格愿意并且能够购买的数量。

通过以上例子，大家一定能明确需求的概念了：需求就是在一定时期，在每个价格水平下，消费者愿意并且能够购买的商品数量。

---

① 数据来源于中国养猪网（https：//zhujia. zhuwang. cc/）。

二　需求规律

（一）需求规律的含义

影响消费者需求的因素有哪些呢？第一个应该就是商品自身的价格。一般来说，商品的价格越高，人们对该商品的需求量就越少。第二个是收入，毋庸置疑，人们的收入越高，对正常商品的需求越多。第三个是偏好，人们越偏爱某种商品，对这种商品的需求就越多。比如，新冠疫情期间，人们对口罩偏好增加，就会导致口罩的需求增加。第四，相关商品的价格也会影响该商品的需求，比如最近一年猪肉的价格上涨了，作为替代品的牛肉的需求相应就会增加。在所有这些影响因素中，大家觉得哪种因素对商品的需求影响最大？对，商品的价格对需求的影响是最重要的。建立二者的函数关系，就能得到对于经济学而言非常重要的一个规律——需求规律（Law of Demand）。它是指在其他条件不变时，一种物品的价格上升，消费者对该物品的需求量减少。如图2－1－1所示，需求量为横坐标，记作 Q；价格为纵坐标，记作 P。那么根据不同的价格 P 对应不同的需求量 Q，这些点连成线描绘出来的需求曲线（Demand Curve）就是一条向右下方倾斜的曲线。

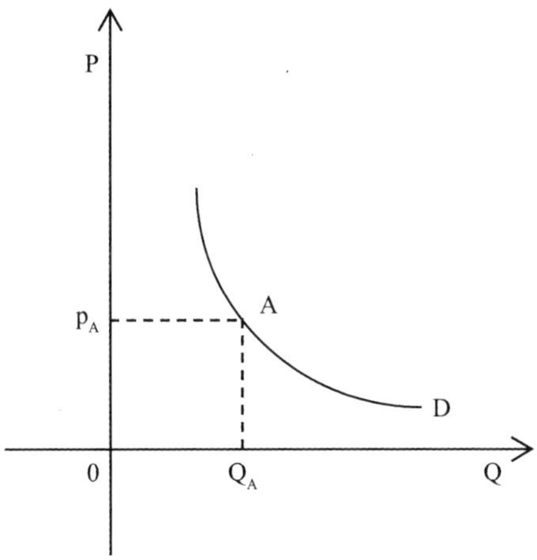

图2－1－1　需求曲线

（二）“吉芬商品”是需求规律的例外吗？

需求曲线的变化除了普遍现象外，还有特殊现象。1854 年爱尔兰发生大饥荒，马铃薯的价格大幅度上涨之时，市场对马铃薯的需求量不降反增。这是因为当时的爱尔兰底层人民实在太穷了，市场上平时能够消费的肉类本来就不多，如今马铃薯涨价了，肉的价格也上涨了，底层人民穷到买不起原本消费得起的肉类与蔬菜，只能增加即使是价格上涨但是相对而言更便宜的马铃薯的购买量来补救。当时的英国经济学家吉芬（Robert Giffen），发现了这一特殊的经济现象，将此现象归纳为一种类型或者说一种特殊商品——价格上升时需求量本应下降，却反而增加的商品。即在其他因素不改变的情况下，当商品价格上升时，需求量增加；价格下降时，需求量减少。后来的人们为了纪念吉芬发现这种现象，将此现象命名为吉芬商品（Giffen Goods）。吉芬商品的存在是否就违反了需求规律呢？不是的，因为需求规律的前提是，在影响商品需求的其他因素不变的情况下，商品的需求量与价格反向变动。在大饥荒时代，其他相关商品价格都在上涨，而且人们的收入锐减，人们当然只能购买虽然价格已经上涨但仍然相对便宜的土豆。所以这里吉芬商品并非需求规律的例外。这也是经济学家长久以来争论的问题。

除了吉芬商品，还有一些特殊商品——炫耀型商品，如钻石、奢侈品包，人们也认为违背了需求规律，当钻石、奢侈品包降价时，人们反而不再购买；还有一些是人们认为买涨不买跌的商品，如黄金、证券。这些商品的存在是否就表明它们违反了需求规律呢？不是的，因为需求规律的前提是其他条件不变。无论是吉芬商品、炫耀型商品还是黄金、证券，它们都没有违反需求规律。

三　影响需求变动的因素

由于市场需求曲线假设其他条件不变，而随着时间的推移，该曲线不一定是稳定的。如果市场中因素的变化改变了任何一种既定价格水平下的需求量，需求曲线就会移动，导致需求曲线移动的因素就是影响需求变动的因素。许多因素都会导致需求变动，这些因素主要有以下五个方面。

1. 消费者的偏好

偏好是指消费者对某商品的喜好程度，它极大地影响着消费者对该商品的需求。如果你一开始很喜欢吃奶油蛋糕，显然你就会买很多奶油蛋糕；但是当你不再喜欢奶油蛋糕，即你对奶油蛋糕的偏好下降了，那么你对奶油蛋糕的需求就会减少。

2. 消费者的收入水平

对消费者而言，收入决定了其支付能力，从而也就决定了其对商品的需求。当你的收入发生变化，暴富或者失业，你对某些商品的需求就会产生变化。具体是哪些商品产生哪些变化，就需要引入正常物品（Normal Goods）和低档物品（Inferior Goods）的概念。正常物品是指，随着消费者收入水平提高而增加其需求量的商品，我们生活中大多数的商品都符合这种特征。与正常物品相反，随着消费者收入水平提高而减少其需求量的商品就是低档物品了。正常物品与低档物品是相对的概念，例如，对某些人来讲，乘坐出租车是正常物品，乘坐公交车是低档物品，收入增加就不坐公交车，天天打出租车；但是对于另一些人来讲，乘坐出租车可能就是低档物品，当收入下降时才会更多地选择打出租车。

3. 其他相关商品的价格

事实上，面对众多可供选择的商品，消费者会根据一系列商品而不只是一种商品的价格来决定不同商品需求量的消费组合。如果两种商品在满足消费者同一类型的需求时具有相同或相近的功效，那么就称这两种商品是替代品（Substitutes），例如，猪肉和牛肉、大豆油与玉米油等。如果两种商品相互补充，共同满足消费者同一类型的需要，则称这两种商品为互补品（Complements），例如，乒乓球拍和乒乓球、汽油和汽车等。

4. 消费者预期

对未来的预期也会影响你现在对物品与劳务的需求。比如，如果预期明天蛋糕店的蛋糕价格会下降，你就不太愿意以今天的价格去买蛋糕。再如，如果现在是 11 月 1 日了，在预期 11 月 11 日电商大促的情况下，你就不愿意现在去购物。

5. 政府的政策

一般来说，政府的政策可以通过影响消费者偏好、消费者收入、相关商品价格以及消费者预期等因素来影响消费者对商品的需求量。例如，政府降低关税导致进口香水价格降低，从而影响消费者对国产香水的需求。

四 需求量的变动与需求的变动

区分需求量的变动与需求的变动非常重要，如果对此不具有分辨能力，你将无法真正掌握需求。

你可以思考一下生活中常见的两个问题。

第一个问题：褚橙越贵买的人越多，这是否违背了需求规律呢？因为按照需求规律的说法应该是商品的价格越贵，买的人越少。

第二个问题：关于一线城市与三线城市房价差别的思考，有的人说“北上广”的房价越来越高，买的人却越来越多；而在三线城市，房子便宜多了，买的人却很少，这违背了需求规律。

你认为上述说法对吗？如果不对，错在哪里。褚橙这几年价格越来越高了，可是买的人却越来越多，甚至有些人还买不上，这是一个事实，那么这个事实违背了价格越高、需求量越小的规律吗？

如果想要弄懂这是为什么，你就需要搞清楚需求量的变动与需求的变动的区别。

（一）需求量和需求

在需求曲线上的任何一点，刻画的都是价格和需求量之间的关系。也就是说，当某商品价格发生变化，这一价格对应的需求量所发生的变化，这是需求曲线上每一个点所代表的含义。这些需求曲线上所有的点，它们共同构成了一条需求曲线。这一整条需求曲线对应的，是一组关于价格和需求量之间的关系，这一整条曲线被称为一个需求函数，或者一个需求表。如果以一种更加简单的表达方式来讲，这就是一种需求。而这条曲线上的任何一个点所对应的横坐标叫需求量，也就是说，一个点对应的是一个量，这就是需求量，需求量是一个数值。

如果用数学的思维简单地理解需求量与需求的差别，就是点与线。它们的变化也体现为点的变动与线的变动。

（二）需求量的变动和需求的变动

如前文所述，影响商品需求的因素有很多，除了商品自身的价格，还有收入水平、消费者偏好、相关商品的价格、消费者预期等。第一种变动，如图2－1－2所示，我们沿着这条需求曲线滑动，需求曲线上面的每一个点代表其他条件不变，只有当价格变化的时候，需求量的相对变化。

例如，当商品的价格发生变化，由2元逐步上升为5元，它所引起的商品需求数量由600个逐步减少为300个，如表2－1－1所示。

表2－1－1　　某商品的价格与需求量

价格（元）	2	3	4	5
需求数量（个）	600	500	400	300

商品的价格—需求数量组合由a点沿着既定的需求曲线，经过b、c点，运动到d点。

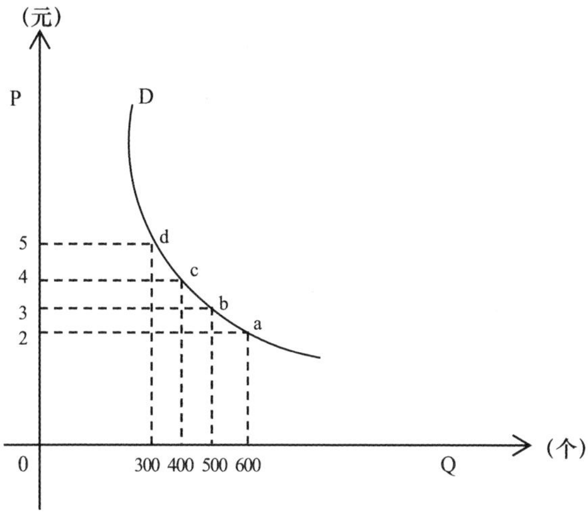

图2－1－2　需求量变动

第二种变动，是整条需求曲线发生平移，这表示其他的因素、条件发生了变化。

图2－1－3中原有的需求曲线为D_0，在商品价格不变的前提下，如果其他因素的变化使得需求增加，则需求曲线向右平移到D_1的位置；如果其他因素的变化使得需求减少，则需求曲线向左平移到D_2的位置。

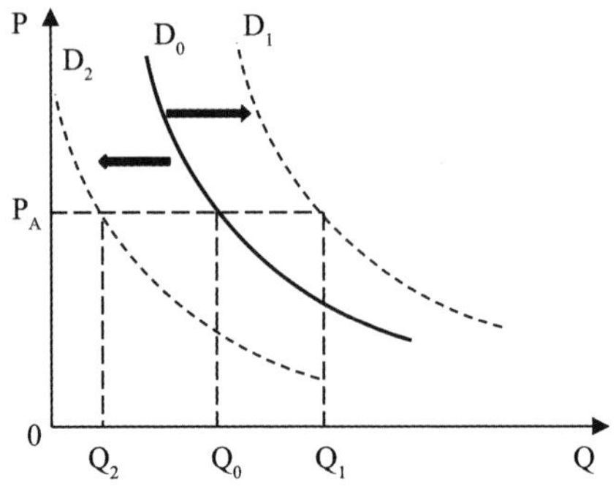

图 2-1-3　需求变动

两种变动的区分方法其实也很简单，图上的区别表现为：需求量的变动是一个点在需求曲线上的滑动，需求的变动是整条线的变动。从原因上看，如果是商品自身价格导致的变动，那就是需求量变动；如果是商品自身价格以外的因素导致的变动，那就是需求的变动。

现在希望你能举一反三，请你思考一下：下面哪种情况会改变小明对褚橙的需求呢？请注意是褚橙的需求，不是需求量。

（1）小明的收入增加，会不会改变他对褚橙的需求？

（2）一般橙子的价格上升，会不会改变他对褚橙的需求？

（3）一条关于褚橙完全是有机食品的新闻，会不会改变他对褚橙的需求？

（4）褚橙的价格下降，会不会改变他对褚橙的需求？

正确答案是前面三种情况都会改变他对褚橙的需求。你答对了吗？只有第四种当褚橙的价格下降时，不会改变他对褚橙的需求，它改变的只是对褚橙的需求量。褚橙的价格发生变化，它是沿着一条不变的需求曲线上下滑动。

具体分析如下：

第（1）题，小明的收入增加，他的财富发生了变化，他对褚橙的需求也会发生变化。这时候，他对褚橙的需求曲线就会向右移动。

第（2）题，普通橙子的价格上升，它们是褚橙的替代品，这时候普通橙子相对贵了，他对褚橙的需求增加，需求曲线就会向右移动。

第（3）题，褚橙完全是有机食品的新闻，这与前两种情况的道理相同。褚橙完全是有机食品，这意味着褚橙更加健康，小明对褚橙的偏好增加肯定会使他对褚橙的需求增加，需求曲线同样也会向右移动。

第（4）题，褚橙的价格下降不会使他对褚橙的需求曲线发生移动，只是在同一条不变的需求曲线上面滑动。所以，什么时候在同一条需求曲线上面滑动，什么时候要移动需求曲线，理解起来并不难。其他任何条件都不变，只有价格发生变化的情况下，我们用需求曲线上点的滑动来表现；当价格以外的其他条件发生了变化，我们就得平移需求曲线。

回顾最开始提出的两个问题。第一，近些年来，褚橙的价格上升，褚橙的需求量在上涨，是否违背了需求规律呢？答案是否定的。这里不只是褚橙的价格上升了，人们对褚橙的偏好其实也大大增加了，这就导致整条需求曲线向右平移。所以表现出来的事实是，价格上升，需求量并未减少。第二，房子价格越高买的人越多，违背了需求规律吗？答案是没有违背。比如，最近深圳的房价很高，买的人仍然很多。学过需求规律的你，应当明白其中的经济学道理。深圳房子变贵很大可能的原因是，城市的配套设施变好、就业机会增加，导致更多的人偏好这里的房子，或者人们预期未来会涨价等。这些非自身价格的原因导致需求曲线整体向右移动，结果就可能出现价格上升的情况下，需求量也增加了。

生活中这样的例子还有很多。要很好地解释这些现象，你需要了解更多关于价格决定的内容。现在你至少明白了需求量的变动与需求的变动，就不会犯一些常识性错误了。

五　小结

回顾本节的知识点，需求定律的基本含义：在其他条件不变的情况下，商品自身价格提高，商品的需求量减少。我们重点学习了需求量的变动和需求的变动。前者是由商品自身的价格变化导致的，表现在图上是需求曲线上点的变动；后者是除了商品自身价格以外的其他因素，如消费者偏好、收入水平、相关商品价格的变动、对未来的预期变动所导致的，在图上表现为整条需求曲线移动。生活中一些被人误解的经济学现象，都是因为混淆了需求量的变动与需求的变动。

第二节　火龙果为何随处可见？
——供给与供给规律

一　供给的概念

这一节，你将会学习另一个重要的概念——供给。如果一个企业供给某种商品或者服务，那么这个企业就会拥有生产它的资源和技术，它可以从生产中获利，并且企业一旦制订了生产和销售的计划，资源和技术决定了多少产品是可能被生产出来的，而供给就反映了使用哪些技术并具体生产多少商品的决策。一种产品或者服务的供给量（Quantity Supplied，Q_S）是指生产者在某一时期内，在某种价格水平上计划出售的数量，供给量不一定和实际出售量相同。这部分内容与需求相似，只是二者角度不同。需求是站在消费者的角度，供给则是站在生产者的角度。

为了分析的简便，我们假设生产者就是销售者。生产者决定供给的任何一种商品或者服务的数量取决于许许多多的因素，最主要的因素有商品的价格、用于生产商品的资源的价格、相关商品的价格，还有预期的价格、供给者的数量和技术等。作为生产者，在商品生产过程中，在一定的技术条件下，影响供给的要素中最能直观看到的就是商品的价格。假设企业同时生产两种商品 A 与 B，两种商品的生产线与生产劳动时间相差不大，但是商品 A 的市场价格是 150 元，商品 B 的市场价格是 110 元。这时生产者就会在下一次的生产活动中增加生产 A 商品的数量，即增加 A 商品的供给量。

对一种商品的价格和供给量之间的关系进行考察，就如同我们之前考察需求一样。首先需要了解一下供给和供给曲线，供给指的是商品的供给量跟它的价格之间的整体关系，而供给曲线则是指当影响供给的其他因素保持不变的时候，某种商品的供给量跟价格之间的数学关系。你发现什么不同了吗？或许你已经发现了，虽然二者都是价格与供给量的关系，但是供给曲线的条件更为苛刻。

二　供给规律

我们看一下表 2－2－1，这是某商品对应的价格 P 和供给量 Q_S。

表 2－2－1　　某商品的价格与供给量

P（元）	4	6	8
Q_S（个）	200	300	400

根据表 2－2－1 中的数据，得到图 2－2－1 就是某商品的供给曲线，它是一条向右上方倾斜的曲线。

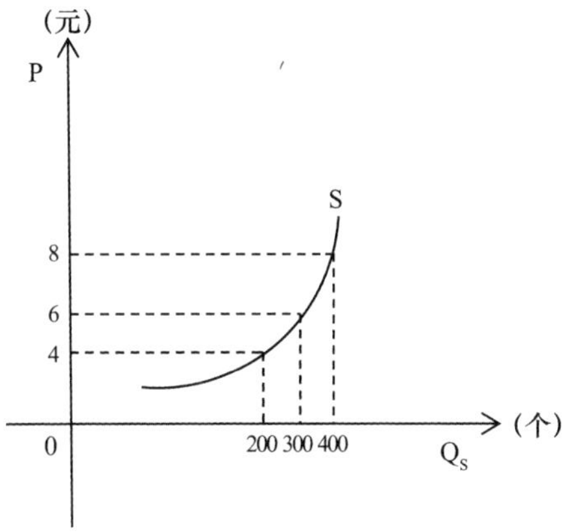

图 2－2－1　供给曲线

这意味着当商品价格上升的时候，供给量就会增加；反过来，当价格下降的时候供给量会怎样呢？供给量肯定就会减少。这是因为厂商都是独立的，也就是他们追求利润最大化，所以价格越高厂商就越有动力生产。我们发现供给曲线是一条向右上方倾斜的曲线，这条曲线反映的就是供给规律（Law of Supply），它表示当其他因素保持不变的情况下，一种商品的价格越高，它的供给量就越大；反过来，价格越低供给量就越小。这一点完全符合常识，我们需要记住供给规律成立的条件是影响供给的其他因素不变。正如前文提到的猪肉价格周期的例子，在其他条件不变的情况下，当市场中猪肉价格高时，养猪户就会出于追求利润的目的，增加生猪的饲养数量，生猪的供给量就会增加，这就是价格因素驱使养猪户增加供给量。

三 供给量的变动与供给的变动

如果只是产品价格的变化，那么供给量的变动会沿着供给曲线运动。如图 2－2－2 所示，在其他条件不变的情况下，当商品的价格发生变化，由 3 元逐步上升为 5 元，它所引起的商品供给数量由 400 个逐步增加为 600 个，商品的价格—供给数量组合由 a 点沿着既定的供给曲线，经过 b 点，运动到 c 点。

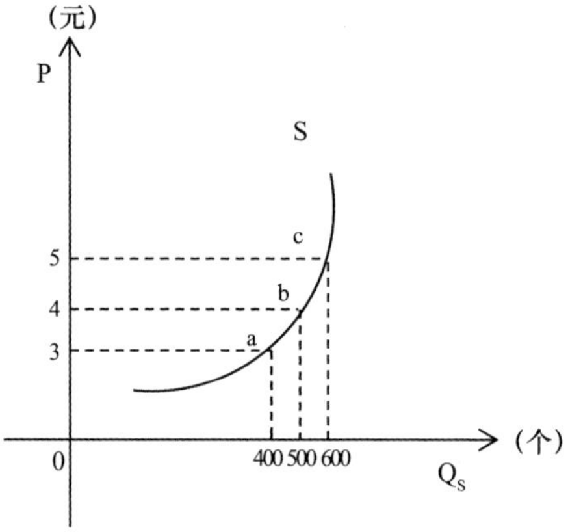

图 2－2－2 供给量变动

另一种情况是，除了价格之外的其他决定因素发生了变化，导致供给曲线发生移动。如图 2－2－3 所示，原有的供给曲线为 S_0，在商品价格不变的前提下，如果其他因素的变化使得供给增加，则供给曲线向右平移到 S_1 的位置；如果其它因素的变化使得供给减少，则供给曲线向左平移到 S_2 的位置。

当供给增加的时候，整个供给曲线一定会向右移动，移动的时候同一个价格水平之下对应的整个市场的供给量是增加的；如果是供给减少的话，那么供给曲线一定是向左移动，移动的时候同一个价格水平之下对应的整个市场的供给量是减少的。那么记住了，只要供给增加，供给曲线就向右移；只要供给减少，供给曲线就向左移。

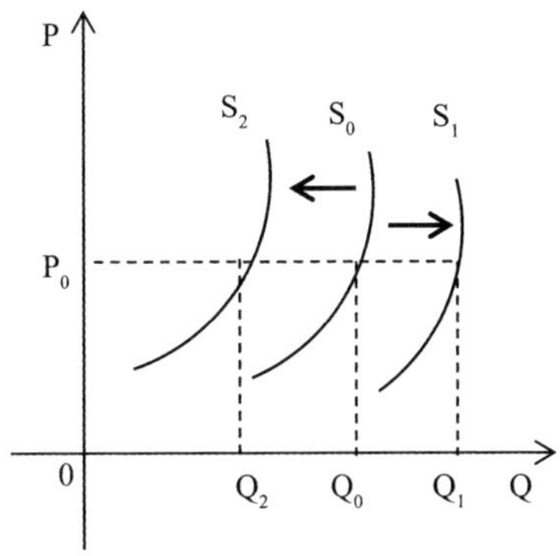

图 2－2－3　供给变动

四　影响供给的因素

除了价格，还有很多因素都会影响供给的变动。请你想一想，如果你是厂商，哪些因素会影响你的供给呢？

第一个因素就是原材料的价格。当原材料的价格上升，也就是生产者的成本会上升，将会导致同样的价格水平下供给量的减少，那么供给曲线向左移动。例如，生产橙子的肥料价格上升，那么生产橙子的成本一定会增加，在这一价格上橙子的利润水平下降，对生产者而言就不是那么有利可图了，橙子的供给一定会减少，橙子的供给曲线就会向左移动；反之，如果肥料的价格下降，供给就会增加，供给曲线就会向右移动。

第二个因素就是技术变革。新技术的应用往往会创造出新的产品，以及降低现有产品的生产成本，从而将会导致供给增加，供给曲线向右移动。因为这种技术变革会带来成本的下降，商家的利润水平自然就会提高。因此当出现技术的革新，那么整个供给曲线就会向右移动。比如，袁隆平发现了提高水稻产量的新技术，并应用到生产中，就会导致供给曲线向右移动。反之，自然灾害则可以看成一个负向的技术变化，增加了成本，减少了供给，导致供给曲线向左移动。

第三个因素就是我们预期的未来价格。请你思考一下：假如一家企业预期它的产品在未来可能会比现在的价格高，那么它现在的供给是增加还是减少呢？很多人以为会增加，其实聪明的商人会减少现在的供给，并去想办法增加未来的供给。当商品的价格出现短暂的下降，产生的原因可能多种多样。如果当前经济萧条，商家就可能会把现在的一部分产品存起来，等将来价格上涨时再卖。最典型的例子就是房地产中的“捂盘现象”，房地产老板之所以会“捂盘”，是预期到未来的价格更高，必然减少现在的供给。这其中有一个著名的经济学例子——“密西西比牛奶河”。20 世纪 30 年代，在美国经济大萧条背景下，美国的牛奶价格跌破至冰点。对于奶农来讲，由于当前牛奶的价格太低，预期未来牛奶的价格会升高，但是在当时的技术条件下牛奶是没有办法长期储存的，在库存这条路走不通的情况下，为了维持这一价格下的利润水平，奶农只能将牛奶倒掉。

第四个因素就是相关商品的价格。比如替代品的价格，这里需要指出，生产的替代品是指可以用同样的资源来生产的商品，区别于需求上的相关商品。比如一块地既可以种大蒜，也可以种三七，这就是生产上的替代品，而不是效用上的替代品。如果大蒜生产上的替代品三七的价格下降，那么厂商就会用同一块地来种大蒜，大蒜的供给相应增加，整条供给曲线就会向右移动。

另外，市场上企业的数量也会影响市场的供给。一种产品的供给者数量越多，这种产品的供给就越大，供给曲线就向右移动。比如有一段时间，种火龙果的农户增加，那么市场的供给曲线自然会右移，就出现了火龙果随处可见的现象。

大家需要牢记的是所有影响供给的因素——生产成本、生产技术、预期的价格、相关商品的价格等，都会导致供给曲线移动。只有价格的变动，使供给量在供给曲线上变动。

五　小结

本节介绍了供给的概念及供给规律，供给规律是指，在影响供给量的其他因素不变的条件下，商品的供给量与该商品的价格同方向变动。影响供给的其他因素包括生产成本、生产技术的改进、对未来价格的预期、相关商品的价格等。这些除了自身价格的变动，其他因素所引起的是整条供给曲线的移动，也称为供给的变动。而自身价格的变动引起的是沿着供给曲线的移动，又称为供给量的变动。

懂得了需求与供给，你就离经济学家不远了。

第三节　价格由谁决定？——市场均衡

你认为由 43 颗直径 12.55—13.69 毫米的绿色翡翠珠子与扣环镶有切割精美的法式长方形钻石组成的翡翠珠链价值多少呢？2020 年秋季，香港苏富比拍卖公司以 6236.3 万港元的价格将这条翡翠珠链拍出，[①] 它获得拍卖历史上第七名高价翡翠珠链的称号。有人惊呼，“贫穷”限制了我的想象力。对于普通人的我们来说，很难对这样一条天价翡翠珠链形成价格概念与价值判定，但是存在即合理。价格是如何决定的呢？很多人对于价格的认识主要来自政治经济学里的概念：价格主要是由价值决定，而价值则由生产商品的社会必要劳动时间决定。

本节我们换一个角度，将需求和供给这两种经济力量放在一起，通过探寻市场的均衡来分析商品价格的决定。

一　均衡价格的决定

均衡是西方经济学引自物理学中的一个概念。在物理学中，均衡是指一个物体在各种力量的作用下，处于相对静止或匀速直线运动的一种状态。在经济学中，均衡最一般的意义是指经济体系的一个特定载体或变量在一系列条件相互制约下，所达到的一种相对静止并保持不变的一种状态。与物体的运动一样，经济体系中一个特定的经济载体也同样处在各种经济力量的相互作用之中。经济载体之所以能够处于这样一种静止状态，是由于在这样的状态中，作用于这一载体的各方面的力量能够相互制约和相互抵消，也由于在这样的状态中，有关各方的愿望都能得到满足。正因为如此，经济学的研究往往在于寻找在一定条件下经济事物的变化最终趋于静止之点的均衡状态。在一种商品或者劳务市场上，需求和供给可以认为是两种相互对立的经济力量。因为买者希望价格降低，而卖者则希望在不影响销售量的情况下尽量要一个高的价格。正是这种相互作用，使得一个市场处于均衡状态。

---

① 《拍卖最贵的翡翠是什么》，2020 年 5 月 29 日，知秀网，https：//www.izhixiu.com/a/790091.htm。

在讲解均衡价格之前，我们先来回顾两个重要的规律：需求规律和供给规律。需求规律：在影响需求的其他因素保持不变时，一种物品价格上升，该物品需求量减少。如表2－3－1所示，价格从2元上升到6元的过程中，需求量从60个下降到20个。供给规律则刚好相反：在影响供给的其他因素保持不变时，一种物品的价格上升，该物品的供给量也上升。一种物品价格从2元不断上升到6元时，该物品供给量从0个不断增加到80个。

表2－3－1　　需求量、供给量与价格的关系

价格（元）	2	3	4	5	6
需求量（个）	60	50	40	30	20
供给量（个）	0	20	40	60	80

所以买方认为价格越低越好，卖方则恰好相反，认为价格越高越好。那么市场均衡的价格如何决定呢？首先我们需要明确何为市场均衡，它是指市场价格达到使供给量与需求量相等时的状态。

从表2－3－1可知，当一个商品的供给量与需求量都是40个时，就会形成这个商品的均衡价格4元。如图2－3－1所示，就是需求曲线与供给曲线相交于E这一点。此时，这一供求均衡点的纵坐标轴上体现的价格4元就是商品的均衡价格，供求均衡的数量40个就是均衡数量。

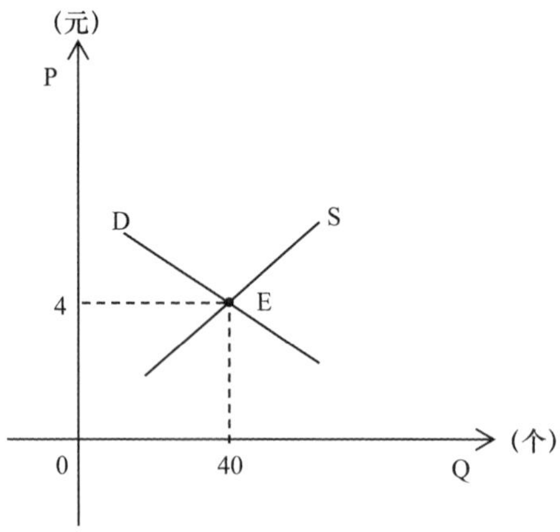

图2－3－1　市场均衡

市场均衡的实现其实是一个相互竞价的过程。卖方当然希望价格越高越好，喊价 6 元，供给量是 80 个，买方觉得价格太高，需求量当然很低，仅仅是 20 个，此时就会导致供大于求，出现过剩，没有实现均衡；卖方只好降价为 5 元，此时供给量还是大于需求量；卖方继续降价，向均衡价格方向变动，直至供求相等。类似的，如果买方先喊价，他们希望价格越低越好，先喊价 2 元，需求量很大，供给量很少，出现短缺，买方只能提价，直到供求相等。由此得到市场均衡的概念：供求力量的相互作用使得一个市场处于相对不变的状态，市场价格就趋于不变。

因此，买方与卖方的活动自发地把市场价格推向均衡价格。一旦价格达到均衡价格，所有买者与卖者都得到满足，也就不存在价格上升或者下降，达到相对稳定的均衡状态。均衡价格也被称为市场出清价格，此时，市场上的每一个人都得到满足：买者能买到他想买的东西，卖者能卖出他想卖的东西。在大多数市场上，过剩与短缺都是暂时的，因为价格最终要变动到其均衡水平上。而均衡数量就是指均衡价格对应的数量，此时供给量与需求量相等。本例中，在均衡价格为供给与需求双方都接受的 4 元时，供给量和需求量相等，都是 40 个，这就是均衡数量。

现在，大家明白商品的价格是如何决定的了吗？对，就是供求。这个供求决定价格的道理能使我们明白，生活中一些我们认为难以理解的价格，例如，6000 多万元的翡翠珠链，这种普通人看起来并不值得也难以消费得起的几块石头，由于其颜色、质地、通透程度决定其供给非常稀少，出于这种稀缺性追逐它的人很多。需求越多，均衡价格就越高。所以，市场的价格是由供求双方共同决定的，这就是市场的力量。

二　均衡价格的变动

在现实中，我们看到的情况是商品的价格并不是一成不变的，比如说，在新冠疫情发生之前，一个普通口罩的价格是 1 元，到疫情发生初期，口罩价格飙升到 10 元/个，那这是什么原因造成的？我们应该如何利用供求定理来分析呢？

请大家记住分析均衡变动共有三个步骤，第一步要了解这个事件是使供给曲线移动还是使需求曲线移动，或者是两条曲线都移动了。第二步要确定曲线到底是向左移动，还是向右移动。第三步要考察这种移动形成新的均衡点，对比变化前的均衡点，价格和数量有何变化。

（一）需求的变动

回到刚才口罩的例子中，第一步我们要明确疫情发生导致人们对口罩的需求发生了变化，确定由于生产线在短期内难以增加，这时供给不会增加，供给曲线不变；第二步是判断曲线变动的方向，口罩的需求增加导致曲线 D_1 向右移动形成新的需求曲线 D_2（见图 2 -3 -2）；第三步观察到新的需求曲线 D_2 与原来的供给曲线 S_1 相交后，形成新的均衡点 E_2。对比之前的均衡价格 E_1，我们发现口罩的均衡价格由原本的 1 元变为 10 元，均衡数量从 Q_1 增加到 Q_2。

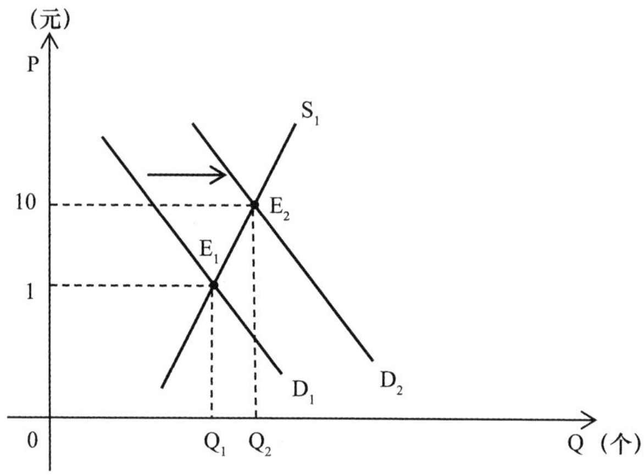

图 2 -3 -2　疫情初期需求变动导致均衡价格变动

（二）需求与供给同时变动

如果我们继续沿着时间线对口罩价格进行考察，会发现到了 2020 年 3 月中旬，口罩的价格已经回落到 4 元/个，这是什么原因导致的呢？我们仍然根据三步法来考察。如图 2 -3 -3，第一步，疫情在国内基本得到控制，口罩需求比 2 月有所下降，需求曲线 D_2 移动至 D_3；第二步，一些企业转而生产口罩，供给曲线从 S_1 移动至 S_2；第三步，分析新的需求曲线 D_3 与供给曲线 S_2 产生的新的均衡点 E_3，E_3 所表示的均衡价格表现为新的均衡价格 4 元。我们发现 3 月中旬，由于口罩需求与供给的双重变化，口罩的价格虽然高于疫情之前的 1 元，但比起 2 月 10 元的价格，已经大大下降了。

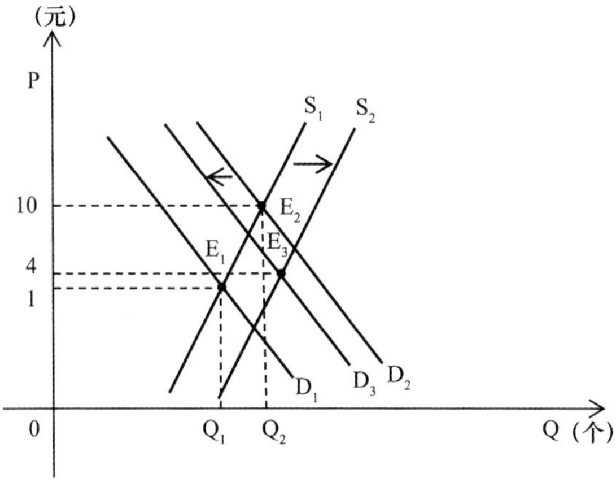

图 2-3-3　口罩市场均衡变化

为了方便大家记忆，总结均衡价格变动的规律如下。

（1）需求的变动引起均衡价格和均衡产量同方向变动。

（2）供给的变动引起均衡价格反方向变动，引起均衡产量同方向变动。

（3）需求和供给同时同方向变动，引起均衡数量与供求同方向变动，均衡价格则有可能提高、降低或保持不变；需求和供给同时反方向变动，均衡价格与需求同方向变动，均衡数量则可能增加、减少或保持不变。

这也被称为供求定律。

三　小结

我们一起来回顾这一节的知识点。首先我们学习了价格是由供求决定的，均衡价格就是需求量与供给量相等时的价格。接着我们了解到均衡价格的形成其实是供求双方相互竞价的过程，明白商品的价格是市场中供求力量博弈的结果。其次，我们通过案例学习了分析均衡价格变动的三个步骤：第一步明确事件导致哪一条曲线变动，第二步判断曲线是右移还是左移，第三步比较新的均衡点与原来的均衡点有何差别。最后，我们总结了均衡价格变动的规律，也称为供求定律。

第四节　春运期间的火车拥挤能够缓解吗？
——限制价格

春运期间的火车票难买，主要原因是在那个阶段供给增加不多，而需求大量上升。如果价格保持不变，必然导致供不应求，火车当然拥挤不堪。那么有没有办法来解决这个问题呢？我们进入本节的主题——价格管制。价格管制有两类：限制价格与支持价格。

一　限制价格的概念

什么是限制价格呢？它是指出售一种物品或服务的法定最高价格，所以又称为最高限价（Price Ceiling）。大家可以思考一下，限制价格是高于还是低于均衡价格。回顾一下，市场均衡就是市场价格达到使供给量与需求量相等时的状态。如图2－4－1所示，就是需求曲线与供给曲线相交的点E。此时，供求均衡的价格就是均衡价格，供求均衡的数量就是均衡数量。

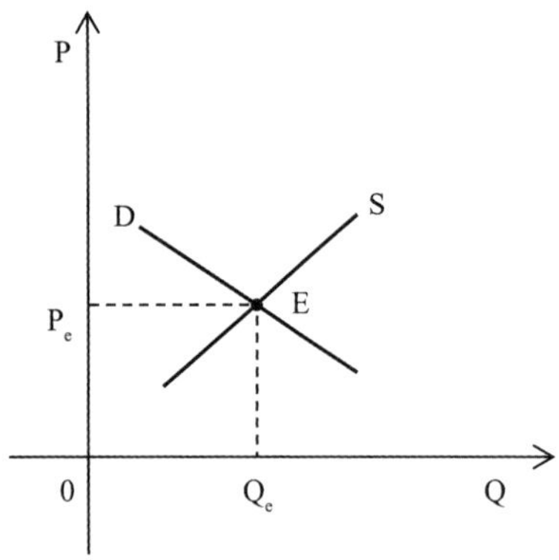

图2－4－1　市场均衡

按照经济学的思想，只要让价格自由变动，就一定能够实现供给与需求的均衡。虽然部分商品的市场价格会非常高，但总能实现均衡。

比如说，在住房租金市场均衡价格是800元，如果限制价格是1000

元，那么这一价格就高于均衡价格，它就不能防止价格过高。只有当最高限价低于800元，例如700元、600元甚至是500元时，它才能起到防止价格过高的作用。所以，限制价格要低于均衡价格。根据前文的分析，当价格低于均衡价格时，一定会出现供不应求，也就是短缺。只要实行这样的价格管制，短缺一定会存在。如图2－4－2所示，一旦实行限制价格 P_c，就会在限制价格与均衡价格之间出现一块限制价格无法满足的需求（$Q_b - Q_a$），这被称为超额需求，也就是短缺。需求存在，但是由于价格被限制，商家就会降低供给以保证自身利润，多的需求无法被满足，商品短缺也就由此造成。

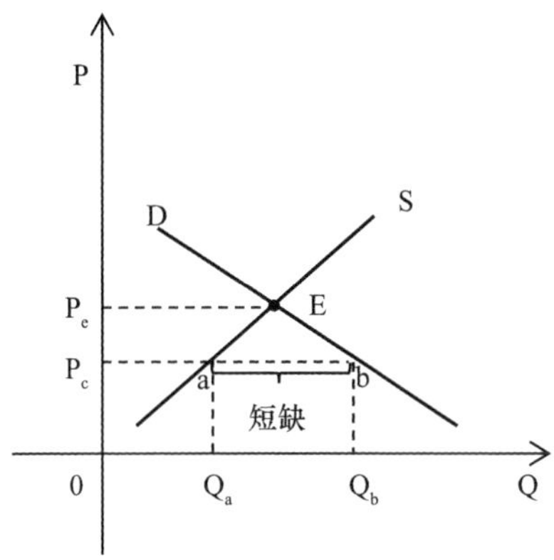

图2－4－2 限制价格导致短缺

这里需要弄清楚短缺和稀缺的差别。我们在前文讲过，稀缺是经济学研究的前提。稀缺不是什么新闻，这个世界基本的事实是好的东西不够，大家都在抢，这叫稀缺。像一些奢侈品、黄金、钻石、高档宝石，这些物品稀缺的原因不只是概念赋予，也不只是“钻石恒久远，一颗永流传”等广告的炒作，而是这些物品本身的存量或者流通量就少。因为与人们的欲望相比，资源总是有限的。那么什么是短缺呢？简言之，短缺就是供不应求。20世纪六七十年代，短缺在我国是比较常见的。现在短缺的存在却会成为头条新闻，因为目前这个时代物质极大丰富，就是我们常说的物质过剩了。

二　限制价格的后果

我们来看一个经典案例：美国自 20 世纪 70 年代尼克松总统在任开始，直到里根总统上台，十多年的时间里石油一直短缺。石油短缺带来了一系列的问题：最开始的时候，人们不得不排长队，在加油站门口等着加油。他们发现排队浪费的时间太多了，结果就有了所谓“单双号加油”的规定。当然，这种规定不能解决问题。后来他们又有了“预约加油”的规定，这也不能解决问题。为了解决这个问题，有些加油站巧立名目，推出了各种各样的捆绑销售办法。比方说，如果你在加油站洗个车，或者在加油站再做个额外的保养，那么就能保证油箱加满。当然，实际上汽油价格都加到保养服务上了。

事实上，这些都不能解决石油短缺的问题。接着，有些地方还出现这样的规定——星期天不准开车，但很快就有人举报，说这种规定违反宪法，因为宪法规定人民享有宗教自由的权利，星期天必须去教堂。还有些地方规定，一家最好只开一辆车。结果就有人成了专职司机，一天到晚接人送人，耗油量也没有减少。

直到有一天，里根总统上台。他说：“从现在开始，我要解除一切针对石油产品的价格管制。”一夜之间，“石油短缺”的现象消失了。油价上涨了，涨到恰如其分的价位。人们开始节省汽油，根据需求规律，价格越高，需求量越少。更重要的是，有一些长期没有开工的油田开工了，根据供给规律，价格越高，供给量越大。为什么？因为那些油田的生产效率可能不是那么高，地底下的油可能比较深，要把油从地底下抽出来的成本比较高。在价格管制下，得不偿失，所以他们停工了。价格管制取消后，石油的价格上涨到恰如其分的价位，这些油田重新开工，供给就增加了。

放开价格限制后的石油市场如图 2-4-3 所示：短缺消失，石油价格回到市场均衡价格 P_e。

短缺可能导致排队，可能需要票证，可能出现黑市。一旦某种商品处于短缺的状态，人们就会以价格之外的手段去竞争，这叫短缺。计划经济年代有一个词叫“短缺经济”。我国在 20 世纪五六十年代，由于价格的控制，出现了大量商品的短缺，人们有钱买不到吃的、穿的、用的。也就出现了类似的现象——排队以及使用票据。买肉需要肉票，买米、面需要粮票，缝纫机、手表、收录机等供不应求的商品则需要排队或者抽签来决定。这种由于政府规定的价格低于市场价格的情况就是限制价格，它会导致短缺。

三　如何解决短缺？——放开价格管制

前面我们说过，如果我们的商品是按照价格的高低来竞争，就不会出现短缺。制造工艺复杂的高档轿车等，即使是缺货，也只是短暂的。反而是我们生活中很多常见的商品，可能会出现短缺和排队的情况，大家能够想到吗？比如网约车流行之前的出租车，比如医院里奇缺的专家号，比如春节期间抢手的火车票。这些现象说明什么？只要是需要排队的，甚至排队都买不到的东西，说明它现在的价格是低于其市场价格的，这就是限制价格带来的短缺。据说在俄罗斯，人们常常看到排队就自动地去排，而不考虑商品是否为自己所需。现在，我们能明白，排队的商品常常是短缺的商品，只要买到就相当于赚到。而任何需要排队的商品，都说明其价格受到管制，现实的价格低于市场均衡价格。一旦放开管制，市场价格就会回到均衡价格，如图 2－4－3 所示。在均衡点，商品的供给与需求是相等的。

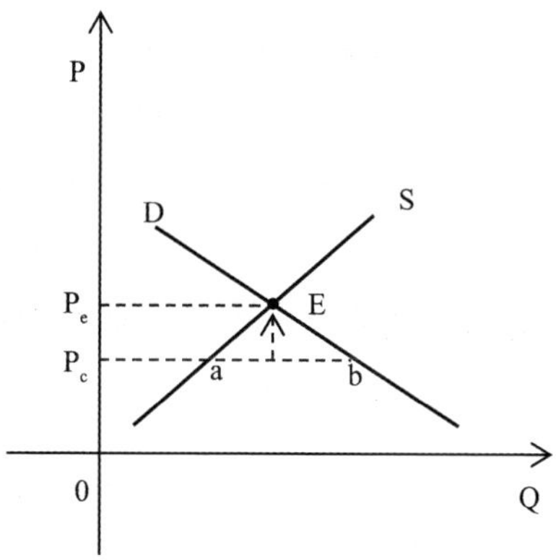

图 2－4－3　放开价格限制后的商品市场

四　现实中未能放开限制价格的例子

现实中，有的商品我们是执行限制价格的。关于火车票，大部分专家认为春运期间的火车票不能涨价，因为对于大部分春节要回家的人来说，这就是刚需。

也有专家持反对的观点，比如薛兆丰认为，春运期间的火车票不是刚需。他的理由是如果农民工在城里工作一年，付不起春节期间涨价的火车票，为什么一定要在高峰期回家呢？他坚持火车票应该和飞机票一样，根据需求调整价格，飞机票最贵的时间是腊月廿七至廿九，到了大年初一反而便宜了。如果价格调整之后，那些真正有刚性需求的人还是会为此付出高价格，但有人就会选择错峰出行，这样能够缓解火车拥挤的情况，或者买不到票的情况。

而且，他认为火车票的价格控制会带来一些其他后果。

1. 实名制让火车票更贵

以前认为，只要火车票购买实行实名制，“黄牛”就没有存在的空间，买火车票难的问题就能解决；事实上，实名制之后的“黄牛”价格仍然存在，而且价格涨了近 7 倍。原因是实名制之后，需要查验身份证，“黄牛”要带你进去，则需要给“黄牛”更多的钱。

2. 网络刷票软件

现场排队买票会引起很多时间的浪费，于是用网络刷票软件，人们其实从过去的当面排队变成在公司或者家里买票。而这些并不能解决供求之间的矛盾，只是改变了竞争的手段。

3. 限制火车票价格可能诱发官员腐败

由于火车票价格不是按照供求来调节的，处于供少于求，也就是短缺的情况，就必然导致人们想通过价格以外的方式来竞争，排队或者找“黄牛”，如果政府完全取缔“黄牛”，剩下的唯一方式可能是去找那些有特批权的人行贿。

所以从理论上讲，他认为要解决春节期间火车拥挤的问题，只要把价格限制取消就行了。

为什么我们春节期间的火车票价格不能随行就市，让其自由上涨呢？大部分人能够猜到，春节要回家的大部分是农民工。此时，回家对他们来说是相对紧急的，而他们又是低收入者，每天只有一两百元的工资。如果火车票随着市场需求的波动，很可能花掉他们十天半个月的工资。为了保护他们的利益，政府限定了价格的上限。这是大部分专家的观点。现实中，在春运期间火车票不会涨价，但是和火车票具有相同固定票价的汽车票，有一定幅度的涨价。例如，2019 年春运期间深圳至广西合浦的汽车票价从 203 元涨到了 367 元，比平时上浮了 81%。一方面，允许票价随着需求的扩大上涨，缓解部分运营的压力；另一方面，价格也不会涨得太离谱，保证在学生和农民工的支付范围内。

另一个例子是针对明星的天价片酬，广电总局在 2016 年做出规定：节目全部嘉宾总片酬不得超过节目总成本的 40%，主要嘉宾片酬不得超过嘉宾总片酬的 70%，计算下来每期节目艺人总片酬不能超过 80 万元，常驻嘉宾一季节目下来的片酬不能超过 1000 万元。即便如此，我们发现明星的收入仍然高得令人咋舌。这样的供求情况短时间内是很难改变的，要等到大家都不再迷恋你的偶像的时候，明星的天价片酬才有可能下降。在这之前，政府的价格限制还是很有必要的。

五　小结

这一节我们介绍了限制价格的概念、后果及解决措施。限制价格是指出售一种物品或服务的法定最高价格，它低于均衡价格才能起到抑制价格过高的作用。生活中很多商品短缺的问题其实可以通过放开价格，也就是市场中的供求自由变动来实现。当然，我们也要理解部分商品实行限制价格的现实原因。

第五节　为什么要执行粮食收购价？——支持价格

限制价格已经在第四节呈现过了，但是政府在进行市场管理的过程中还常常用到另一种价格管制，那就是支持价格。

一　支持价格的概念

什么是支持价格呢？首先需要明确的是，这是一种政府行为，它是指出售一种物品或服务的法定最低价格，也称为价格地板（Price Floor）。也就是说，政府为了防止价格过低，给予生产方一定的支持。从实施目的看，政府为了扶植某一行业的发展或某一产品的生产而对该产品规定一个高于市场均衡价格的最低限价。例如，最低工资标准，它是指劳动者在法定工作时间提供了正常劳动的前提下，其雇主或用人单位支付的最低金额的劳动报酬。我们国家法律规定最低工资由各个省根据自己的情况来制定，例如，云南一类地区的最低工资是1670元/月，这意味着任何企业支付给员工每月的工资不能低于1670元。很显然，这样的规定是出于保护低收入者的利益，这说明如果没有这样的规定，劳动力市场中会有一部分人的工资低于这个最低工资。当最低限价高于均衡价格会出现什么样的情形呢？通过之前对均衡价格的学习，你应当了解到，当价格高于均衡价格时，一定会出现供过于求，也就是过剩。如果长期实行这样的价格管制，过剩一定会出现。正如这一最低工资标准的例子，或许你也有发现，实行最低工资标准以来，各个省市都存在一定程度的劳动力过剩，那就是失业。

二　支持价格的结果：过剩

过剩的概念也是通过竞争的规则这个角度来理解的。过剩不是供给过多，而是产品的价格受到人为哄抬，以至于卖家不能简单地通过价格就能够把产品卖出去。卖家必须在商品销售过程中搭配其他的竞争手段，搭配其他的服务，才能将商品卖出去，这种现象我们称之为过剩。过剩的实质是由于商品价格被人为拔高而产生的。如图2－5－1所示，如果市场的均衡工资 P_e 是1500元/月，政府认为这个工资水平太低，就制定了1670元/月的最低工资，在图中用 P_f 表示。结果必然导致 $Q_s > Q_d$，劳动的供给量大于需求量，出现失业的情况。

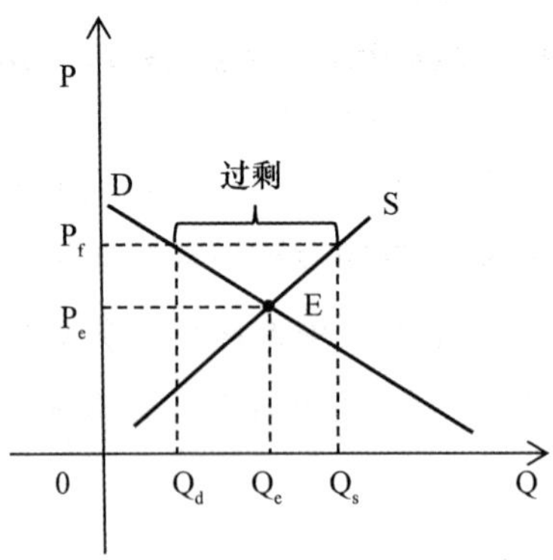

图2－5－1　支持价格导致过剩

生活中最常见的例子就是农产品过剩的现象。为什么？原因在于我国实行了农产品最低限价，农产品的价格经常由政府人为地拔高。当农产品价格超过市场均衡价格，农民就无法将手中所有的农产品顺利地卖出去，必然会有一部分过剩的产品在农民手中积压。由于农产品的支持价格是高于市价的，农民多生产就会多赚，他们理所当然的就会拼命地生产。然而，由于政府的资金是有限的，农民和农民之间就会展开竞争，看谁能得到政府的扶持。这时候，农民真的要顺利地把手中农产品卖出去，就必须得到政府的配额，所以农民就会展开对政府的配额的竞争。每当农民因为不能顺利地把他们的产品卖出去，而必须展开对配额的竞争的时候，就会出现“农产品过剩”的现象。

三　如何解决过剩？

（一）解决过剩的方法

有什么办法解决过剩？

第一种办法，政府撤销支持价格，过剩就会消失。图2－5－2的这种方法，其实质就是放开价格管制，让价格自由调节。在这一点上，支持价格与限制价格类似，放开价格管制，让价格自动回到均衡价格。这种方法在中国其实不太可行。中国的粮食种植成本普遍高于农业发达国家，如果撤销支持价格，那么国内的粮食价格可能让农民完全无利可图，从而放弃种植粮食。

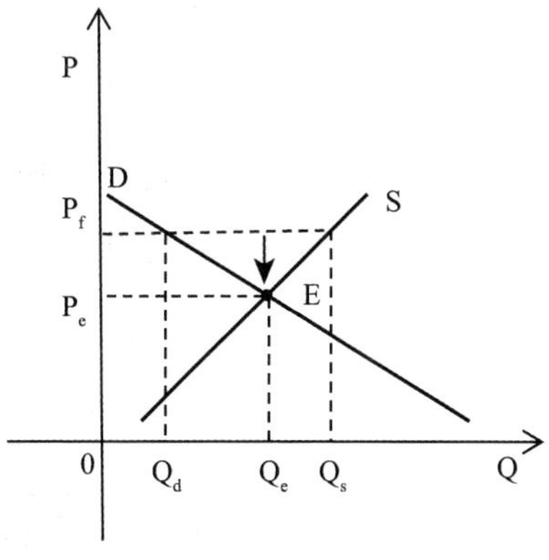

图2－5－2　解除支持价格后的商品市场

第二种办法，政府必须限制农民的产量。如图 2 - 5 - 3 所示，限制农民的产量使供给曲线 S_1 向左移动到 S_2，均衡价格从 P_{e1} 上升到 P_{e2}。此时，一方面维持了较高的价格，保护了农民的利益；另一方面也消除了过剩，实现了新的均衡。

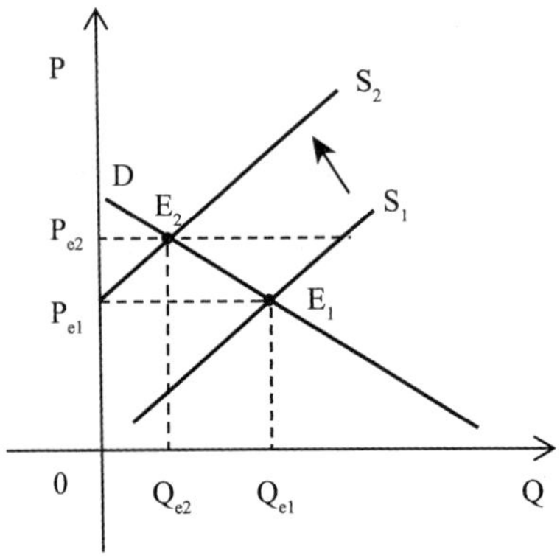

图 2 - 5 - 3　减少供给的商品市场

（二）现实中限制价格的后果

由于限制价格不符合经济规律，经济学家并不主张利用限制价格。国家取消了大量的限制价格政策，无论是商品市场还是要素市场，由过去的卖方市场到今天的买方市场，商品已经由过去的短缺变成了今天的过剩。

但是在很多时候，为了达到某种目的，政府仍然会采取支持价格。政府为了扶植某一个行业的生产，而规定这个行业产品的最低价格。典型案例是农产品支持价格或者对出口的农产品进行补贴。美国为了保持自己在农产品出口中的价格优势，在《2002 年农业法案》中，明确规定了一系列对小麦价格的支持补贴：农民每销售 1 蒲式耳（等于 27.216 千克）的小麦，获得补贴 52 美分，2002—2003 年小麦的最低保护价为每蒲式耳 3.86 美元，2004—2007 年最低保护价为每蒲式耳 3.92 美元。如果 2007 年小麦的市场价格是每蒲式耳 3.50 美元，政府先补贴差价 42 美分到最低保护价，然后再补贴 52 美分，即每销售 1 蒲式耳小麦获得补贴 94 美分。

再以我们国家的粮食保护价为例来说明，所谓粮食保护价是指国家对农民的余粮收购实行保护价的制度。我们国家自从实行粮食保护价收购以来，广大农民种粮的积极性大大地提高了，粮食生产也出现了稳定增长的局面。但是根据审计部门的数据，1994—1999 年的 6 年时间里，我国国有粮食部门却发生了巨额的粮食亏损挂账，甚至高达 2140 亿元的天文数字。[①] 粮食部门失误造成了巨大的损失成为一时的新闻热点。从经济学家的角度去观察巨额亏损挂账，最主要的原因是保护价格政策。为什么呢？保护价格政策支持了农业的发展，调动了农民的生产积极性，使农产品的供给大于需求。对过剩的农产品，政府只能收购，使政府背上了沉重的债务负担。我们知道靠保护成长起来的事物是缺乏生命力的，因此，根本上改变我国农业落后的状况，政府解决收购过剩的农产品的方法之一应该是扩大出口，但这又会引起国家跟国家之间为了争夺世界农产品市场而进行的经贸摩擦。价格管制无论是出于何种好意，都一定会产生它的副作用。

四　为何要实行支持价格？

我国为何要在某些行业实行支持价格呢？我们来看一则新闻，2019 年，农业农村部市场与信息化司司长唐珂表示，最低收购价政策是农民种粮的“定心丸”，我国将继续完善稻谷和小麦最低收购价政策。唐珂称，近年来，随着最低收购价政策的完善，以及各地政府加大优质粮种植、加工和营销等全产业链的支持，我国口粮市场出现了积极变化，产业链的上下游矛盾有所缓解，市场化收购比例不断提高，优质优价的特征日益显现。[②]

通过以上新闻，发现我国的粮食一直都在实行最低收购价，就是所谓的支持价格。按照本节的知识点，我们可以确定一定会存在过剩的情况。那么，政府为何要这么做呢？

简单来说，粮食是关系国计民生的商品，作为一种战略物资，中国

---

① 卢锋：《粮食巨额亏损的深层根源》，《调研世界》1999 年第 3 期。

② 《让百姓“菜篮子”拎得更稳当》，2019 年 7 月 18 日，中国政府网，http://www.gov.cn/xinwen/2019-07/18/content_5410747.htm。

这样的大国一定要保持自我生产粮食的能力。由于自然条件的约束，我国生产粮食的成本高于美国、加拿大、澳大利亚等，所以中国农民生产的粮食价格会高于这些国家的粮食价格。为了鼓励农民继续保持生产，政府不得不采取支持价格——就是高于市场的价格来收购农民生产的粮食。2020 年新冠疫情暴发时，有的国家开始限制粮食的出口，这个时候，自有的、足够量的粮食就能够起到粮食安全的作用。

通过学习，我们知道最低工资规定会导致劳动力过剩，即失业，那么我国一直在执行最低工资标准是为什么呢？为了保障劳动者权益。虽然说最低工规定的推行会带来失业，但考虑到更多中国老百姓缺乏维权意识，加上最低工资普遍偏低，所以我国还是一直执行最低工资标准，而且随着经济的发展逐步提高最低工资水平。凡事都有两面性，这就是效率和公平的权衡选择。从国际比较来看，以我国北京、上海、广州、深圳四大一线城市作为代表与 OECD 国家进行对比，结果发现，我国四大一线城市最低工资与平均工资比例为 24%—34%、最低工资占人均 GDP 比例为 14%—23%；而同期 OECD 国家各年度的最低工资与平均工资比例大都居于 35% 以上，近半数 OECD 国家最低工资与人均 GDP 比例达 30% 以上。① 所以，中国的最低工资其实是偏低的，维持基本生活都很困难。2021 年诺贝尔经济学奖获得者戴维·卡德（David Card）通过自然实验的实证方式告诉我们，最低工资的负面影响有限。他的方法并不是人为地去制造变量，而是对照了两个快餐店群体，一批恰好在新泽西，提升了最低工资；而另一批恰好在宾夕法尼亚州，没有提升最低工资。然后研究这两个快餐店的就业变化，寻找因果关系，最后发现最低工资的提升并没有影响就业数量。可见，在现实中，最低工资规定对于失业的影响是有限的，尤其是当最低工资比较低的时候。

五　小结

市场均衡价格是供求共同作用的结果，如果政府不进行价格管制，任何商品都可以实现均衡价格，实现供求相等。在现实中，政府会实行两种价格管制：一种是限制价格，目的是防止价格过高，这时候会出现

① 吴忠等：《最低工资标准因子测算模型实证研究》，《上海经济研究》2018 年第 10 期。

短缺现象；另一种就是支持价格，目的是防止价格过低，这时候就会出现所谓的过剩现象。我们发现，只要政府取消价格管制，短缺或过剩现象就会消失。但在现实中，出于各种各样的考虑，政府对某些商品只能实行限制价格或支持价格。

思考题

1. 新冠疫情期间，有部分企业转而生产口罩，这将对口罩的供给还是供给量造成影响？会造成什么影响？

2. 在新冠疫情给经济带来巨大冲击后，2020 年第一季度经济出现了负增长，全年要实现经济正增长，必须在新基建上加大投资。在新基建的七大领域中，新能源汽车充电桩的建设占据重要一席。

请你思考一下，充电桩的大幅增加会对新能源汽车有何影响呢？记得采用均衡价格变动的三步法！

3. 如果房租被实施限制价格，也就是说低于市场的均衡价格，大家想一想会带来什么问题？

第三章

弹性问题

第一节 薄利多销适合所有商品吗？
——需求价格弹性与收益的关系

一 导入

在开始本节的学习之前，我们先看两则消息。

（1）又到了一年一度的“6·18”年中大促，有言道“剁手一时爽，吃土无尽期”，“秒杀”“赶超”“破亿”是“6·18”的三大关键词。2019年“6·18”电商的销售收入高达4000亿元。从成交金额Top榜单看，5分钟卖了200吨奶粉，7分钟卖了2000万片纸尿裤，14分钟卖了32万斤泰国榴莲，26分钟竟然卖了1000万支口红。电器手机、服装饰品、个护和母婴等品类，成为消费者的最爱，奢侈品消费也大幅攀升。[①]

表3-1-1　全国电子商务2021年第二季度统计数据

	绝对值/占比	同比（%）
全国电子商务交易额	20.66万亿元	26.8
全国实物商品网上零售额	50263.00亿元	18.7
化妆品	6.09%	11.7
金银珠宝	1.80%	25.9
家用电器和音像器材	10.02%	32.5

① 《“6·18”电商交易额或达4000亿元　国货品牌强势逆袭》，2019年6月20日，新浪网，https://news.sina.com.cn/c/zj/2019-06-20/doc-ihytcerk8053063.shtml。

续表

	绝对值/占比	同比（%）
服装鞋帽、针纺织品	22.32%	22.6
家具	4.85%	59.6

资料来源：全国电子商务公共服务网站（https：//dzswgf.mofcom.gov.cn/sjcx.html）。

（2）关于“台湾水果降价”的新闻。由于气温高、降水少，中国台湾地区的水果迎来大丰收，却导致水果降价，水果烂在果园也无人采摘，相较于往年的水果价格，果农的收益显著减少。

同样是降价，为什么“6·18”年中大促中的很多商家通过降价赚得盆满钵满，而农产品的价格下降就导致农民的收益下降呢？同样的，在前几年还经常有大蒜和生姜价格暴涨的新闻，“蒜你狠”“姜你军”在今天也耳熟能详。这个原因和台湾地区的水果问题相反，是由于气候问题导致农产品减收，供不应求，价格飞涨。正如我们所说的，“物以稀为贵”，蒜和姜的卖家在价格上涨中收益大涨。

要解决以上问题，我们需要学习收益与商品需求价格弹性的问题。总收益（Total Return，TR）等于商品的价格（P）乘以商品的销售量（Q），$TR = P \times Q$。根据需求规律，我们知道价格与需求量的变动方向相反，价格下降一定会导致需求量上升，价格上升一定会导致需求量减少。那么总收益是上升还是下降，则取决于价格与需求量变动的比例。有的商品，价格下降一点儿，人们就会大幅增加对该商品的需求量，比如手机。这样价格下降得少，需求量增加得多，结果是总收益上升；有的商品价格下降了很多，需求量增加却很少，比如农产品，这样价格下降得多，需求量增加得少，结果是总收益下降。

因此，商家总收益的变化其实是取决于价格下降得多还是需求量上升得多，也就是二者变动比值的比较。要衡量这两个比值的大小，就必须掌握一个非常重要的概念——需求价格弹性。此时，我们不得不引入数学公式，但这个公式其实很简单。

二　需求价格弹性的概念

需求价格弹性（Price Elasticity of Demand，E_d），就是需求量变化的

百分比除以价格变化的百分比。它的含义：每当价格变化1%，需求量会变化百分之几。也就是某种商品的需求量变动相对于价格变动的反应程度，如公式3.1.1所示。

$$E_d = -\frac{\Delta Q/Q}{\Delta P/P} \tag{3.1.1}$$

这里的 E_d 是需求价格弹性，就是需求量变动对价格变动的敏感度，分子是需求量变动的百分比，分母是价格变动的百分比，即需求价格弹性=需求量变动百分比/价格变动百分比。由于价格与需求量的变动一般是反向的，我们在测量敏感度时主要看绝对值的大小，因此在公式3.1.1中，我们在比值前面加了负号。举例来说，如果价格变化了2%，需求量因此变化了5%，那么需求价格弹性就是5%÷2%=2.5，也就是说需求价格弹性大于1。需求价格弹性大于1是什么意思呢？它意味着价格稍微有点变化，需求量就有很大的变化。通俗地说，需求量对价格比较敏感。

三　需求价格弹性的分类

什么样的产品需求价格弹性比较大呢？一般来说奢侈品是这样的。香水、名烟、名表、豪车，它们都有这个特点。当价格上升一点点以后，人们可用可不用，这时候它们的需求量就会有比较大的下滑；同理，价格下降一点点，需求量也会大幅地增加。“6·18”购物节清单中销量大增的服饰、化妆品、奢侈品就是需求价格弹性大的商品。需求价格弹性大，从数学的角度来看，就是需求量的变化率除以价格的变化率，是一个大于1的常数。

这就是第一类，富有弹性的商品，它的弹性值大于1，也就是说价格变动1%，需求量的变动大于1%。这类商品多是奢侈品，或者说非必需品。该商品的需求量对价格的变动很敏感。

第二类是缺乏弹性的商品，它的弹性小于1，什么意思呢？如果1%的价格变化导致的需求量的变化不足1%，那么这时候计算出来的弹性数值就小于1。比如我们生活中的盐，盐的价格再怎么变化，我们对盐的需求量也不会产生太大的变化。每当见到需求对价格的弹性小于1的商品，我们通常就说它是生活的必需品。我们也可以说该商品的需求量对价格变动不敏感。

第三类叫作单位弹性，也就是弹性等于 1 的商品。它意味着价格变动 1%，需求量恰好也变动了 1%。

第四类叫作无弹性，即弹性等于 0。需求完全无弹性，商品价格无论怎么变化，需求量都不会发生改变。

第五类叫作完全弹性，也就是说当商品价格发生一点变化，就会引起需求量发生较大的变动。

如表 3－1－2 所示，你会发现有的商品需求价格弹性大，而有的商品需求价格弹性小。

表 3－1－2　　不同商品的需求价格弹性

	家庭设备用品	食品消费	衣着消费	医疗保健消费	文教娱乐消费	交通通信消费
长三角经济区	0.641	1.149	1.017	1.100	1.712	1.685
京津冀经济区	0.676	1.358	1.132	1.107	1.706	1.750
珠三角经济区	0.616	1.136	1.063	1.092	1.710	1.712
中原经济区	0.341	1.204	1.194	1.062		

资料来源：管惟琦：《我国省域消费需求弹性系数的创新测度与比较》，《商业经济研究》2019 年第 2 期。

从表 3－1－2 中可以发现，经济发展水平不同的地区，虽然商品的需求价格弹性略有差别，但需求价格弹性较大的商品主要集中在交通通信、文教娱乐等领域，数值在 1.7 左右，说明这些商品的需求量对价格比较敏感。而家庭设备用品，需求价格弹性比较小，大部分地区在 0.6 左右。这些商品是生活中的必需品，所以无论价格怎么变动，其需求量的变动都比较小。这里需要注意，表 3－1－2 中食物、衣着的需求价格弹性不大，在 1 左右。这是因为，通常来说“衣食住行”的商品也是必需品，当把它们看作大类商品时，它们的需求价格弹性就比较小。而当我们只考察某一种品牌的衣服或者食品时，其需求价格弹性就是比较大的，因为在有很多选择的情况下，某一个特定品牌的服装就不是必需品，其需求价格弹性就会比较大。

四　影响需求价格弹性大小的因素

影响商品需求价格弹性大小的因素如下。

第一，商品是否为必需品。越是必需品，需求价格弹性越小，如柴米油盐；越是奢侈品，需求价格弹性越大，如跑车、高档化妆品。

第二，商品替代品数量的多少。当商品的替代品数量越少，则需求价格弹性越小；而替代品越多，则需求价格弹性越大。比如，一件 Nike 运动服，大部分人只要不是认定非要买某一个品牌，都可以找到各种替代品，如安踏、李宁、斐乐等。在这样的情况下，人们对 Nike 运动服的价格变动就会很敏感，它的需求价格弹性就很大。

第三，该商品支出在总支出中所占的比例。一本练习本和一辆车相比，前者在总支出中所占比例很小，所以需求价格弹性较小，即使练习本的价格从 1 元/本涨到 2 元/本，人们购买它也不会对生活造成很大的影响，所以人们对练习本的价格变动就不敏感。而买车的花销在总支出中所占比例很大，所以消费者会更在意商品的价格，需求价格弹性就会比较大。也就是说，当商品的支出在总支出中占比较高的时候，其需求价格弹性就越大；相反，当商品支出占总支出比例较小的时候，其需求价格弹性也就越小。

第四，调整时间的长短。当某种商品的价格发生变化的时候，消费者寻找替代品是需要时间的。通常来说，当一件商品价格发生变化时，消费者调整时间越短，则需求价格弹性就越小；反之，消费者调整时间越长，则需求价格弹性越大。举例来说，当汽油价格在短期内上涨，人们很难找到汽油的替代品，也不可能换车，此时需求价格弹性就很小；而在较长时间内，人们就可以选择其他出行工具，把自己的车换成新能源汽车，那么汽油的需求价格弹性在长期就会比短期要大。

这里要注意以下几点。

第一，需求价格弹性一般为负值。由于价格的变化方向和需求量的变化方向是反向的，价格上升需求量下降，这才符合需求规律。所以弹性永远是一个负数，但我们只要讲到弹性的大小，取的是绝对值。

第二，需求价格弹性不是斜率，因此同一条直线的斜率处处相等，但价格越高弹性越大。

第三，弹性会随收入变化而变化。如前文所言，弹性大于 1 代表的是非生活必需品，弹性小于 1 代表的是必需品。随着收入的变化，有的商品原来是弹性很大的商品，当收入增加之后这个商品就会变成弹性小的商品。也就是说，当你变得富有之后，一些非生活必需品就变成了生活必需品，如汽车。

第四，一件商品是奢侈品还是必需品，完全取决于价格。任何商品，都既可以是奢侈品，也可以是必需品，这完全取决于价格的高低。比方说，坐地铁到底属于奢侈品还是必需品呢？很多人说，这当然属于必需品啊，没有地铁咱们就上不了班。这里引用薛兆丰举的一个例子。北京自 2008 年奥运会以后，很长一段时间地铁票价就一直是统一价——两元钱。无论你的行程有多远，都是两元钱。这么做，政府的财政压力很大，地铁公司就一直希望重新调整价格。很多人说不能调整，因为地铁是必需品，无论价格高低，人们都会选择坐地铁，所以不应该调整这个价格。而实际上，地铁公司终于在 2014 年 12 月 28 日，恢复按路段收费。[①] 那一天，需求量有没有变化？价格发生了变化，需求量当然会改变，这是需求第一定律，那天北京地铁的乘客数量在不同的时段、不同的路段都有所下降。所以说一个商品到底是必需品还是奢侈品，跟价格有密切的关系。

第五，随着时间的推移，需求弹性会越来越大。这句话的意思是说，当出现新的情况时，刚开始人们不太可能找到替代品，所以即使价格上涨了，也不太可能减少人们的需求量，此时需求弹性就会很大。比如，由于石油输出国组织（欧佩克）协议减产，石油忽然涨价了，开车的人短时间内很难找到临时的替代品，所以需求弹性很小。时间稍微变长，我们就可以调整出行的方式，去乘坐公共交通、骑共享单车等。如果在更长时间内石油价格一直很高，有人就会通过购买新能源轿车、购买地铁附近的住房等一系列的方式来寻找替代品。随着时间的推移，能够找到的替代品越多，需求弹性也就越大。

---

① 《北京地铁正式告别“2 元时代”》，2014 年 12 月 28 日，中国政府网，http：//www.gov.cn/xinwen/2014－12/28/content_2797650.htm。

五 收益与需求弹性的关系

商品降价后，为什么有的商家收益增加很多，而有的收益增加很少呢?

我们思考一下，什么样的商品适合薄利多销?是需求价格弹性充足的商品，还是弹性为1或者需求价格弹性不足的商品呢?当航空旅行、汽车、国外旅行等非生活必需品降价1%，其需求量的增加会远大于1%，则收益会大大增加。这样的需求弹性大的商品，通过降价就能增加收益，也就是说适合薄利多销。一开始在“6·18”购物节降价带来销量大增的商品多是需求价格弹性大的商品，如手机、家电、口红等。

大家再思考一下，为什么“谷贱”会“伤农”?我们来看图3-1-1，这是价格变化前后的谷物供求均衡图，当产量提升的时候，S_1向S_2移动，在需求D不变的情况下，均衡点E_1移向E_2。仔细观察图3-1-1，根据总收益的公式，$TR = P \times Q$，我们发现变化前的总收益$TR_1 = 5 \times 100 = 500$，而丰收之后，新的均衡点带来的总收益$TR_2 = 4 \times 110 = 440$，降价之后总收益减少了60。这就是“谷贱伤农”的解释，即在供求增加的情况下，谷物需求弹性较低，导致谷物价格下降，造成“谷贱伤农”。

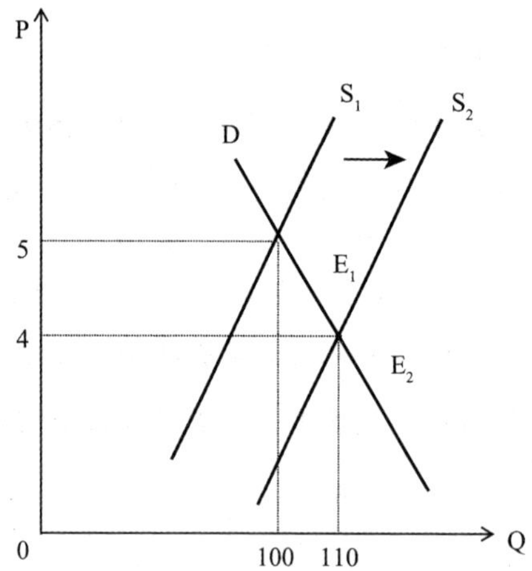

图3-1-1 需求价格弹性不足

所以在生活中，当盐、米、蔬菜等这类生活必需品价格下降1%时，其需求量的增加小于1%，收益就会减少。这类需求弹性小的商品，降价会导致收益减少，不适合薄利多销，反而是“谷贱伤农”。中国台湾地区水果降价导致果农收益大幅减少说的就是这个道理。

六　小结

本节介绍了需求价格弹性的概念，简单说就是指价格变动1%，需求量变动百分之几。接下来，根据弹性的大小进行了分类：需求价格弹性大于1，那么这种商品的需求富有弹性，代表这种商品是一种奢侈品或非生活必需品；需求价格弹性小于1，代表这种商品是一种必需品。需求价格弹性小的生活必需品，价格下降会导致商家收益减少，也就是“谷贱伤农”；而弹性大的非生活必需品，商家则能通过降价实现“薄利多销”。

第二节　免费的午餐存在吗？
——其他弹性问题

我们先来看一则农业农村部2020年9月18日的消息：截至今日14时，全国农产品批发市场猪肉平均价格为47.28元/公斤，比昨天下降0.8%；牛肉为75.04元/公斤，比昨天上涨0.3%；羊肉为70.79元/公斤，比昨天上涨0.2%；鸡蛋为8.42元/公斤，比昨天上涨0.2%；白条鸡为16.35元/公斤，比昨天下降1.0%。①

受猪瘟疫情的影响，国内生猪存栏数量大幅下降，虽然猪肉平均价格有所下降，但整体价格仍然居高不下，牛肉、羊肉的平均价格也处于较高价位，鸡蛋作为肉类蛋白的替代品，价格也呈上涨趋势。

2021年9月16日，时过一年，农业农村部监测到全国农产品批发市场猪肉平均价格为20.01元/公斤，比前一天上升0.6%；牛肉为76.77元/公斤，比前一天上升0.3%；羊肉为69.97元/公斤，比前一天下降0.2%；鸡蛋为10.55元/公斤，比前一天下降0.9%；白条鸡为16.75

---

① 《牛肉价格比昨天上涨0.3%》，2020年9月18日，中华人民共和国农业农村部网站，http：//www.scs.moa.gov.cn/scxxfb/202009/t20200918_6352354.htm。

元/公斤，比前一天下降 2.4%。[①] 同 2020 年相比，生猪产能的恢复使本年的猪肉价格大幅度回落，而牛羊肉和鸡蛋作为替代品的价格仍然较高。牛羊肉价格较高的原因一方面是养殖成本、产能恢复以及养殖户数量的减少，另一方面是消费者对牛羊肉的喜爱带来的需求量较高。养殖成本高与供应量紧张也是鸡蛋价格上涨的原因之一。总的来说，价格与供需是紧密相关的。

猪肉价格上涨引起的其他肉类的价格上涨让很多消费者大叹“吃不起”。那么，为什么猪肉的价格上涨会引起其他肉类乃至鸡蛋的价格飞涨呢？当猪肉价格回落时，其他肉类价格仍然较高会带来什么影响呢？这就涉及需求的交叉弹性问题。

一 需求交叉弹性

（一）概念

根据我们之前学习过的内容，对于消费者来说，由于牛羊肉、鸡蛋皆为猪肉的替代品，因此，当猪肉价格上涨之后，人们会去寻找其替代品，导致替代品的需求上升，从而替代品的价格也会上升。接下来我们学习需求的交叉价格弹性（Cross-price Elasticity of Demand，E_c）。这是指在其他条件不变的情况下，一种物品的需求对替代品或者互补品的价格变动的反应程度，需求的交叉价格弹性等于一种商品需求量变动的百分比除以另一种商品价格变动的百分比，即需求的交叉价格弹性系数 = 需求变动的百分比/相关商品价格变动的百分比，这跟我们之前讲过的需求价格弹性及其公式基本上是类似的，如式（3.2.1）所示。

$$E_c = (\Delta Q_x / Q_x) / (\Delta P_y / P_y) \tag{3.2.1}$$

在式 3.2.1 中，E_c 为需求交叉弹性；Q_x 为商品 x 的需求量，ΔQ_x 为商品 x 的需求变动量；P_y 为商品 y 的价格，ΔP_y 为商品 y 的价格变动量。

比如，计算猪肉价格变动对牛肉需求量的影响，分母就是猪肉价格变动的百分比，分子就是牛肉需求量变动的百分比。对于任何弹性，都需要考虑两个问题：符号和大小。第一，看看这个需求交叉弹性是正的

① 《“农产品批发价格 200 指数”比昨天下降 0.04 个点》，2020 年 9 月 16 日，中华人民共和国农业农村部网站，http：//www. scs. moa. gov. cn/gzdt/202109/t20210916_6376549. htm。

还是负的？在这里，我们发现 E_c 是正值，猪肉价格上涨，牛肉的需求量增加了，二者变动方向是一致的，说明二者是替代关系。第二，如果这个值大于1，我们就说需求的交叉弹性大，说明二者的替代关系是紧密的。回到前文的新闻，当猪肉价格上涨后，牛肉、羊肉、鸡蛋等替代品的需求相应上升，在供给不能相应增加时，这些关系紧密的替代品的价格相应地就上涨了。

（二）E_c 的方向和大小

需求交叉弹性一定是正值吗？如果猪肉价格上涨，猪油需求量如何变化呢？猪肉和猪油是互补品，猪肉价格上涨，猪油的价格也会上涨，所以猪油的需求量会相应地下降，因此 E_c 为负，而且这个 E_c 的绝对值肯定大于1，表示二者的相互影响程度不小，猪油的需求量对猪肉的价格变动很敏感。

需求交叉弹性的数值说明：第一，当 E_c 是正值时，两种商品是替代关系，但当 E_c 是负值时，两种商品是互补关系；第二，若 E_c 的绝对值大于1，则说明二者的相互影响很大。在现实生活中，我们发现，农夫山泉和云南山泉价格差不多，都是2元/瓶，因为二者品质相似，即它们的需求交叉弹性很大，所以没有一方会主动提高自己的价格。而依云矿泉水与农夫山泉的需求交叉弹性比较小，所以这两个品牌并不会特别关注对方的价格策略。在现实中，斐乐与李宁、麦当劳与肯德基都属于替代品，而且是需求交叉弹性很大的商品，它们会特别关注对方的价格策略。

我们去影院看电影时，爆米花的价格会特别低，而爆米花和饮品具有很强的互补性，因此我们买爆米花的时候，会增加对饮品的需求数量。在这里，E_c 的绝对值比较大，所以当我们降低某一种商品的价格，比如，降低爆米花的价格时，饮料的销售量就会大大提升。在现实生活中，眼镜店宣传的眼镜框架大幅打折，进店后发现镜片并没有打折；麦当劳店炸鸡打折，而薯条不打折。

因此，与需求价格弹性类似，需求交叉弹性的大小决定一种商品的需求量对另一种商品价格变动是否敏感，在这里就表示两种商品的相关性是大还是小。另外，需求交叉弹性的符号为正，说明两种商品为替代品，符号为负则为互补品。

(三) 应用

大家都听过“天下没有免费的午餐”吧，这是经济学十大原理之一。

早在19世纪初的时候，美国的一些酒吧为了吸引客人，就给他们提供“免费的午餐”，但其实只是脆饼免费，要买酒才能享受免费脆饼。这和现在的大多数餐馆为客人免费送一盘萝卜或者送一小碟花生一样，看起来免费，但如果你不在这里用餐，餐馆是不会送你这些小吃的，这只是商家招揽顾客的方法之一。在这个例子中，免费与收费的商品是互补品，收费啤酒与免费脆饼是互补品，你不能在没买啤酒时就享受免费脆饼。免费是收费的前提，送你一小碟花生是为了你能点更多并且更高价格的菜。如果你作为商家，会发现这个“以小博大”的方法吗？这就是我们所说的需求交叉弹性的应用。

二 需求的收入弹性

你知道贝尔纳·阿尔诺（Bernard Arnault）吗？在新冠疫情暴发以前，他曾经是全球首富，但疫情发生之后的一年，他却是全世界亏损最多的人，而他就是酩悦·轩尼诗—路易·威登集团（LVMH）的老板。根据彭博新闻社的报道，LVMH在2020年股价下跌了19%，贝尔纳·阿尔诺的净资产缩水超过300亿美元。截至2020年5月6日，他所损失的与亚马逊主席杰夫·贝索斯（Jeff Bezos）这一年赚的钱相差无几。奢侈品为什么在疫情时价格下降那么多？这涉及另一种弹性。①

(一) 需求收入弹性的概念

随着人们收入的增加，人们对物品和劳务的需求量也会随之增加，这就是需求的收入弹性。但是，对不同的商品，人们需求的增加量是不一样的，需求的收入弹性决定增加量的多少，也就是人们对某种商品的需求变动相对于人们收入变动的反应程度，简称收入弹性（Income Elasticity of Demand，E_I）。它等于需求量的变动率除以收入的变动率，即需求的收入弹性系数=需求量变动的百分比/收入变动的百分比。因此，需求收入弹性用于衡量需求量的变动对收入的变动是否敏感，如式（3.2.2）

① 《疫情让前世界首富损300亿美元，美媒：他的命运取决于中国》，2020年5月8日，环球网，https：//baijiahao. baidu. com/s？ id=1666116373053770167&wfr=spider&for=pc。

所示。

$$E_I = (\Delta Q/Q) / (\Delta I/I) \quad (3.2.2)$$

在式3.2.2中，E_I代表需求的收入弹性系数，Q代表原需求量，ΔQ代表需求的变动量，I代表原消费者收入，ΔI代表收入的变动量。

（二）需求收入弹性的大小

海外旅行和国内旅行的需求收入弹性哪个更大？答案是海外旅行。当人们的收入增加时，海外旅行的需求量变动率会大于国内旅行需求量的变动率。如果再与周围的农家乐比一比，你会发现农家乐的需求收入弹性更小。来看一组收入弹性的数据，如表3－2－1所示。

表3－2－1　1993—2003年河北省农村居民各类消费商品的需求收入弹性

	需求收入弹性系数
食品	0.35
衣着	0.61
居住	1.02
家庭设备用品及服务	0.58
医疗保健	0.82
交通和通信	1.95
娱乐教育文化服务	1.13
其他	1.11

资料来源：李林杰、于飞：《河北省农村居民消费收入弹性的实证分析》，《全国商情》2006年第4期。

从表3－2－1中可以看到，居住、交通和通信、娱乐教育文化服务等商品的弹性偏大，弹性值均大于1；而食品、衣着、家庭设备用品及服务、医疗保健等商品的弹性偏小，弹性值均小于1。由此可见，衡量需求收入弹性的分类仍然是以1作为判定的标准。如果需求收入弹性E_I大于1，就说明需求的收入富有弹性，或者说需求量的变动对于收入变动敏感，需求量的变动率大于收入的变动率；如果小于1，就说明缺乏弹性，或者说需求量对收入变动不敏感，需求量的变动率小于收入的变动率。从刚才的分类中可以发现，生活必需品的需求收入弹性通常是比较小的，因为无论收入高或低，人们总是需要日常生活的开销，需要柴米油盐；而非生活必需品的需求收入弹性通常是比较大的，如购买名牌包、名牌手表、豪车等，这类商品的需求通常需要较高的收入才能满足。

随着国内生活水平的提升，人们对奢侈品的需求大幅上升。2018 年，中国人全球奢侈品消费额达到 1457 亿美元，同比增长 7%，占全球奢侈品市场的 42%。中国人的奢侈品消费从 2011 年的 11%，快速上升到占据全球奢侈品消费的四成，这与国内收入水平的快速上升是密切相关的。说明收入增加以后，需求收入弹性大的商品的需求量会大幅度上升。

（三）需求收入弹性的正负值

需求收入弹性一定为正值吗？也就是说收入增加之后，我们一定是会增加所有商品的需求量吗？答案是不一定。那么你能够想出反例吗？有人说是辣条，也有人说是学校旁边的地摊货。这些都是正确的，当大家的收入增加之后，可能对这些商品的需求量反而会减少。由于需求量跟收入反方向变动，那么这些物品的收入弹性就为负数，我们通常把收入弹性是负数的商品叫作低档品或者劣质品，而需求收入弹性为正的商品则称为正常商品。这里需要指出的是，对于不同收入水平的人来说，低档品的范围是不一样的。对于普通大学生来说，像 LV 这样的商品属于高档品，也许对少数高收入的人来说，它就是低档品。

在这里举个大家都熟知的例子——购房。根据前文所学，我们知道收入与购房能力呈现同一方向的变动。当收入较低时，弹性较小，房子属于生活必需品，说明消费者的租房或购房能力小于收入增加的速度，对于这部分租房或购房的消费者而言，房子是他们的生活必需品，收入弹性就比较小。当他们的收入较高时，房子就不再是生活必需品，而是作为奢侈品存在，人们购房的能力往往大于收入增长的速度，此时对他们而言，房子不再是一个庇护所和休息的港湾，更多的是展示财富、地位，以及用于投资，此时的收入弹性就比较大。

（四）恩格尔系数

我们来看一个与需求收入弹性相关的概念——恩格尔系数。所谓的恩格尔系数，是指一个国家和地区的个人或者家庭的食物支出占家庭总支出的比例，恩格尔系数等于食品支出总额除以个人或者家庭消费支出的总额。1857 年德国的统计学家恩斯特・恩格尔（Ernst Engel）提出，消费者收入水平的提高会使其食物支出在全部收入中所占的比例越来越小，也就是说，食物支出占全部收入的比例会随着消费者收入水平的不断提高而递减。国际上常常用恩格尔系数来衡量一个国家和地区人民生活水平的状况。一个国家或者家庭生活越贫困，它的恩格尔系数就越大；越富裕的国家或家庭，恩格尔系数就会越小。根据联合国粮农组织的划分标准，恩格尔系数在 59% 以上为绝对贫困，50%—59% 为温饱，40%—49% 为小康，30%—39% 为富裕，30% 以下为最富裕。

根据《每日经济新闻》报道，2017 年我国居民恩格尔系数为 29. 3%，这是中国的恩格尔系数第一次低于 30%，证明我们国家现在越来越富裕了，生活也越变越好。大家可以自己检测一下，日常生活中食物的支出在你的总支出中所占的比例是多少，以此来判断你是属于小康还是富裕。

（五）用需求收入弹性进行预测

需求收入弹性可以帮助企业进行各种各样的决策，比如预测。在已知需求收入弹性、未来收入变化趋势的情况下，企业可以对产品的未来市场需求进行预测，也可以分析企业产品结构策略。在经济高速增长时期，生产需求收入弹性大的产品的企业，就可以获得更大的增长机会。比如，近年来奢侈品行业、海外旅行、海外留学等都获得了很大的收益，因为它们都属于需求收入弹性大的行业。但是在经济衰退的时候，这类企业可能首当其冲，承受巨大的冲击。贝恩咨询公司发布报告称，2020 年第一季度，全球奢侈品市场整体销售额下降 25%—30%，个人奢侈品消费市场下降 15%—35%。彭博亿万富翁指数显示，LVMH 在 2020 年的股价下跌了 19%，所以阿尔诺比世界上其他任何人损失的钱都要多。现在大家能够理解阿尔诺巨额亏损的原因了吧？类似的，需求收入弹性大的海外旅行、海外留学等行业的商品的需求也会在经济衰退时大幅减少。

所以，认识需求收入弹性也可以帮助企业去进行市场的细分。随着人们收入的增加，对不同档次的商品的需求量增加的速度也是不一样的，那么就要根据对经济的预期和人们收入的增加来考虑企业发展的策略。需求收入弹性大的商品利润大，风险也很大；需求收入弹性小的商品利润小，风险也很小。

三 小结

本节的主要内容：需求交叉弹性是指 X 商品需求量的变动率对于 Y 商品价格变动率的敏感程度。如果交叉弹性为正，二者是替代品；如果为负值，则是互补品。绝对值的大小决定二者的相关程度。

需求的收入弹性是指商品需求量的变动率与收入变动率的比值，衡量某商品需求量的变动对于收入变动的敏感度。如果收入弹性为正值，则为正常品；如果为负值，则为低档品。绝对值越大，则需求量对收入越敏感。

最后介绍这两种弹性的应用，再次明确“天下没有免费的午餐”。

第三节 谁应该买戒指？——需求弹性与供给弹性的相对大小问题

在开始本节内容之前，我们思考一下，为什么设计新颖好看的服饰一旦掀起热潮，市场上就会有很多相似且价格更便宜的款式？但为什么电影《复仇者联盟》在影院稳居卖座榜单，我国电影市场却没有人跟风？因为服饰的制作成本更小，可以通过短期内大量地生产来获得更多收益，而制作一部大片需要投入更多的时间与金钱，无法在短期内保证质量的情况下生产出多部影片，这就是供给价格弹性问题。

我想再问大家一个问题，男女双方订婚的时候，该谁来买戒指？根据风俗习惯，都是男方向女方求婚，当然是由男方购买戒指。通过这一小节的学习，你会对这个问题有新的认识。

一 供给价格弹性的概念

供给的价格弹性简称供给弹性（Price Elasticity of Supply，E_s），它等于供给量变动的百分比除以价格变动的百分比，即供给的价格弹性系数 = 供给量变动百分比/价格变动百分比，是商品的供给量变动相对于价格变动的反应程度，如式 3.3.1 所示。

$$E_s = \frac{\Delta Q_s}{Q_s} \Big/ \frac{\Delta P}{P} \tag{3.3.1}$$

与需求价格弹性相比，改变的是 Q 从需求变成了供给。由于供给曲线是一条向右上方倾斜的曲线，所以供给弹性 E_s 一般大于零。

二　供给弹性的大小

衡量供给价格弹性大小的标准为 1。如果 E_s 大于 1，就说明供给量的变动率大于价格的变动率，也可以说供给量对价格比较敏感；如果 E_s 小于 1，就说明供给量的变动率小于价格的变动率，也可以说供给量对价格不敏感；如果 E_s 等于 1，则为单位弹性，也就是说价格变动多少，供给量就随之变动同等的量；如果 E_s 等于 0，则供给完全无弹性，也就是说无论商品价格怎样变动，商品供给量都不会变；如果 E_s 为正无穷，则说明供给是完全弹性的，商品价格发生一点变化就会引起供给量的大幅度改变。

那么供给价格弹性的大小由什么决定呢？

第一，供给价格弹性取决于生产方调整供给量的时间。商品价格发生变化的时候，生产者调整产量的时间越短，其供给量变动就越小，弹性也越小，在图形上呈现为更陡峭的供给曲线；反之，生产者能够调整产量的时间越长，其弹性就越大。因为在短期内，企业无法轻易地改变工厂的规模，所以其供给量对价格就不敏感；但在长期，企业可以建立新工厂或者关闭旧工厂。

第二，供给价格弹性取决于改变物品产量的可能性，可以分为生产技术和生产能力两方面。就生产技术而言，技术越复杂，使用的机械设备越多，生产周期就越长，供给量的调整比较困难，其供给价格弹性就小；反之，如果技术简单，生产周期短，则供给价格弹性就大。就生产能力而言，如果生产者的生产能力过剩，当商品价格变动的时候，生产者会更容易调整供给量，其供给价格弹性就较大，反之则较小。比如，市中心的土地供给缺乏弹性，是因为几乎不可能再生产出这种土地，所以各大城市里面往往市中心的地价是最高的。又如《复仇者联盟》，《复仇者联盟》后期的巨额投入使得它的制作技术成本高昂，加上剧本的编辑，不可能短期内批量生产，也就决定了它的供给弹性小。否则，不仅会减少剧情的精彩度和完成度，还会毁掉口碑，这也是好电影供给弹性小的原因。再如，卖早餐的包子铺，如果今天的肉包子比昨天贵五毛钱，甜口味的包子价格不变，那老板肯定会多做些肉包子，因为只需要多准备肉馅和面粉，准备起来很简单。

三 需求价格弹性与供给价格弹性的相对大小

现实中，我们更关心需求价格弹性与供给价格弹性的相对大小。比如，因为灾难或者政府税收导致生产成本上升，从而导致商品价格上升，即生产成本的上升导致这些商品的价格增加。这是不是完全由卖方来承担呢？不是。也许大家听说过税负转嫁，也就是商家将政府征收的税收转嫁给消费者。那么，商家能否把所有增加的成本都转嫁给消费者呢？当然不行。在国外购物，你会清晰地看到商品支付了多少税收，你承担了多少比例。所以这些增加的成本其实是在买方和卖方之间进行分摊的，具体如何分摊，我们通过房产交易税的例子说明。

1. 房地产交易税由谁承担？

政府规定在进行房产交易的时候，卖房的人要交房产交易税，这一笔税金到底是由卖房的人支付还是买房的人支付呢？如果进行过二手房的交易，你就会明白，交易产生的增值税、契税、中介费等其实是由买卖双方共同承担的。卖方一般都想好除去税费后获取的净收入，所以税费的承担取决于二者协商的总费用。

2. 税负由买卖双方共同承担

在图 3－3－1 中，有一条倾斜向下的需求曲线 D，有一条倾斜向上的供给曲线 S，这两条曲线相交的点是一个均衡点 E_0。在政府没有征税的情况下，买卖双方的均衡点就在 E_0 点上，此时对应的均衡价格是 P_0，其均衡数量是 Q_0。接下来，政府对这个商品征税。征税后，企业的供给曲线移动到 S＋T，整体税收为 T。征税的后果，一定是买方要比原来付的价格要多，所以买方支付的价格从以前的 P_0 变成了 P_d；与此同时，卖方比原来收到的钱要少一点，也就是说他能够赚到的钱从 P_0 变到了 P_s，整个交易量从 Q_0 减少到 Q_1。这就是政府收税之后新的均衡状态。

结果是什么呢？我们发现买方多付了钱，卖方少收了钱，这两部分之和恰好等于政府增加的税收。在图 3－3－1 中，P_d 和 P_s 之间的距离恰恰就是政府所征收的税收 T。

如图 3－3－1 所示，标志为 A 的矩形，是买家所承担的政府的税收部分；而标志为 B 的那个矩形，是卖家所承担的政府的税收部分。A 加 B 的总面积，恰好等于政府的税收收入。

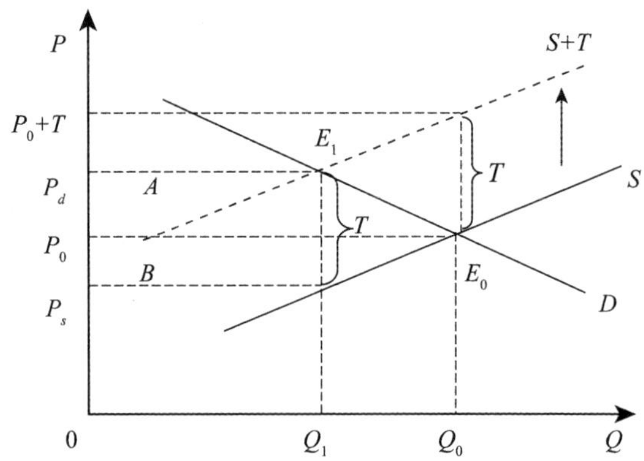

图 3－3－1 政府征税

通过图 3－3－1，我们对政府征收税负的结果就有一个非常清晰的认识了。当我们购买二手房时需要支付契税、增值税等房产的交易税，看上去完全是由买家承担。通过图 3－3－1 的分析，我们发现其实是买卖双方共同承担的。想一想，买方和卖方在成交之前都已经把这些税费考虑进去，所以二手房交易所产生的税收是由买卖双方共同承担的。

3. 供应者与需求者，谁承担更多税务？

买方和卖方谁承担的税负多呢？我们再看图 3－3－2 和图 3－3－3。

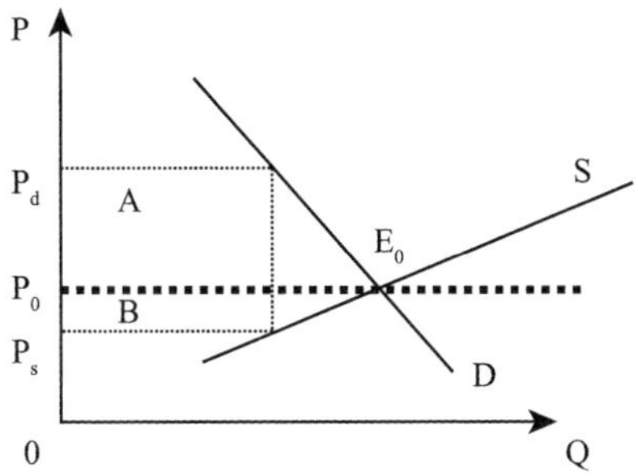

图 3－3－2 买方承担更多税负

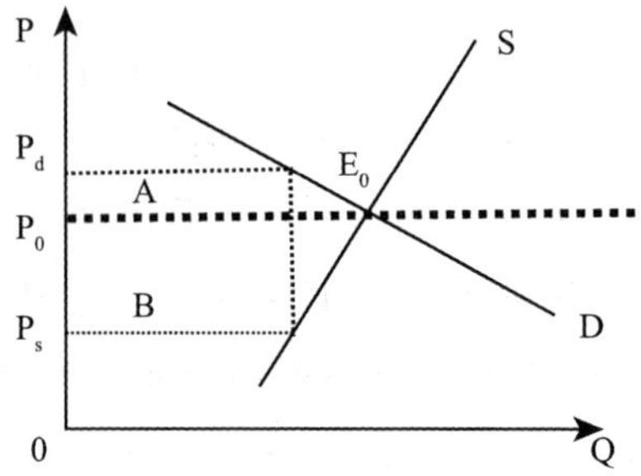

图3-3-3　卖方承担更多税负

图3-3-2显示，大部分税负由买方承担，因为消费者税负矩形A的面积大于卖方税负矩形B的面积；图3-3-3恰好反过来。当我们仔细观察图3-3-2和图3-3-3会发现，主要是因为两条曲线的斜率不同。在不考虑正负号的情况下，斜率越大，曲线越陡峭，则弹性越小；斜率越小，曲线越平缓，则弹性越大。在图3-3-2中，需求曲线更陡峭，说明与供给相比较，需求曲线的价格弹性更小，也是就是说买方对价格不太敏感，更不在乎价格。此时，当双方交易时，一定是买方承担的费用相对更多，图3-3-2中面积A大于B就是这个道理。所以，需求曲线和供应曲线的相对斜率决定买卖双方承担税负的大小。相反，在图3-3-3中，需求曲线比较平缓，而供应曲线比较陡峭，也就是说，供给弹性相对更小。此时，图3-3-3中面积B大于A，这说明大部分税收的负担由供应者承担。

现在我们来回答，房产交易税到底是由买房的人支付还是卖房的人支付？第一，这笔税是由双方共同承担的；第二，买卖双方的相对弹性决定谁承担的税负多，弹性相对低的一方对价格敏感度更低，说明这一方交易的需求更迫切，他就多付一点。

4. 法律无效定律

政府额外地征收一笔税收，如我们购买的服装、食物，这笔税收实际上是由买卖双方共同支付的，买卖双方的相对弹性决定谁付的税更多。而这相对弹性的大小，跟政府的规定本身没有关系。这个规律被称作“法律无效定律”（The Law of the irrelevance of the law），是1960年由诺贝尔经济学奖获得者汤姆·肖林提出的。政府规定由谁来付与实际上是谁付的没有关系，它只取决于交易双方的相对弹性，因此法律无效。

让我们回到一开始的问题：男女订婚时，戒指应该由谁购买呢？现在你知道答案了吗？正确的答案是应该由双方购买，谁付的钱越多，就表示谁结婚的愿望越迫切。当然戒指只是订婚费用的一个代表，你一定听说过中国流行多年的彩礼。彩礼在各个地方不一样，但我们经常会诧异为什么在某些落后的地区彩礼会高达 20 万元、30 万元？简单思考一下，你就会发现在落后地区“剩男”更多，男生脱单的愿望更加强烈。把这个问题延伸一下，为什么约定俗成中常常是男方购买戒指呢？

四　小结

本节主要介绍了供给价格弹性的相关问题。我们了解了供给弹性的概念、大小，并通过供给弹性与需求弹性的相对大小来分析税负的分摊问题。税负通常是由买卖双方共同承担的，至于谁承担的多，谁承担的少，取决于买卖双方的相对弹性，而与法律或者风俗的规定没有关系。

思考题

1. 水到底是必需品还是非必需品？

2. 究竟有没有什么商品是无论价格多高，人们对它的需求量都是一样的？也就是所谓的“刚需品”。

3. 某公司的销售经理，为了全年业绩达标，需要大幅度提升本月的销售收益，员工甲建议采取降价销售的办法，员工乙认为商品降价虽然可以提升销量，但是总的销售额还是减少了。

这里提问大家，如果定位为商家，即卖方，你能否根据商品的需求价格弹性来确定降价或者提价的策略呢？

4. 有的酒吧，贴出广告：周二女士酒水免费，这背后隐藏了什么经济学规律？

5. （多项选择）关于需求收入弹性（E_I）的类型，下列表述正确的是（　）。

A. $E_I=0$，表明不管收入如何变化，需求数量不变

B. $E_I<0$，表明收入增加时买得少，收入减少时买得多

C. $E_I<1$，表明收入弹性大，需求数量增加的百分比大于收入增加的百分比

D. $E_I>1$，表明收入弹性小，需求数量增加的百分比小于收入增加的百分比

E. $E_I=1$，表明收入变动的百分比等于需求量变动的百分比

6. 请再举一个你身边的例子，来说明税负分摊的规律。

7. 请举出生活中你所感受到的供给价格弹性富有和缺乏的例子。

8. “谷贱伤农”是常见的经济学现象，说明在丰收时节农民的收入却降低了，请问这是由供给弹性还是需求弹性导致的？

9. 以下几种情况对苹果供给有何影响？

（1）天气良好，降水适宜

（2）桃子、梨等水果大量上市且价格较高

（3）苹果生产技术的进步

（4）农药、化肥等物品价格的上涨

第四章

消费者行为理论

第一节 第几个包子最好吃？
——边际效用递减规律

本章我们将进入消费者行为理论的学习。通过本章的学习，我们能够理解为什么在生活中，我们会把自己的钱花在衣食住行的必需品中，同时也会花一些钱在看上去没什么用的奢侈品、高档品中。学习完本章，你将能够理解为什么说“包”治百病。

不知道大家是否看过陈佩斯的小品《吃面条》，这个小品告诉我们再好吃的东西，我们吃太多，最终都会觉得食之无味，甚至令人生厌。又如，从1983年开始的40余年的春节联欢晚会，从最开始成为全国老百姓在街头巷尾和茶余饭后津津乐道的话题，到如今成为一道众口难调的大菜，由原先的赞美之词变成了一片骂声。难道是因为节目质量变差了？当然不是。这主要是由于举办次数多了，刺激反应弱化，尽管节目本身的质量在整体提升，但人们对晚会节目的感受越来越差了。难怪有专家说，综艺节目火不过三期。日常生活中，你是否会有这样的感受：当你第一眼见到一个很漂亮的女生时，你觉得她特别漂亮，当接触久了以后，这个感觉慢慢就不那么强烈了。相反，一个相貌丑陋的人，随着你长期的接触，你慢慢地也会觉得他并不难看。正如俗语所说，“与善人居，如入芝兰之室，久而不闻其香，即与之化矣；与不善人居，如入鲍鱼之肆，久而不闻其臭，亦与之化矣”。

一　效用

什么是效用呢？效用是指人们在物品与劳务消费中（更通常地在从事的行为中）所得到的欲望的满足。所以效用必须满足两个条件：一个是现实需要的欲望，另一个是能够满足人欲望的性能。

效用有以下几个特点：

第一，效用是主观与客观的统一。物质决定意识，要求我们坚持一切从实际出发，主观符合客观。比如，水能够解渴，读诗歌能让我们内心愉悦。

第二，效用不具伦理学意义。比如，毒品也有效用，即使使用毒品是违法的。

第三，效用可以是单独消费，也可以是组合消费。比如，奶茶可以单独喝，也可以配着蛋卷一起享用。

第四，效用因人而异、因地而异、因时而异。这个其实很好理解：比如，对同学们来说很有用的经济学书籍，可能对一个技术工人来说完全不需要；又如，一些人非常中意名包、名表，这些商品对他们来说效用就很高，可是有的人根本不知道这些奢侈品，或者完全没兴趣，那这些奢侈品对他们来说效用就为零；再如，烤火炉在冬天对人们的效用很大，而在夏天，它对我们的效用就几乎为零。

一种商品或服务效用的大小，取决于消费者的主观心理评价，这是由消费者欲望的强度所决定的，而欲望的强度又反映了人们的内在或生理的需要。因此，不同的消费者或同一个消费者的不同状态，对同一种商品的效用满足程度也有所不同。

二　基数效用分析法

基数效用分析法即边际效用分析法。在一个多世纪以前，许多西方经济学家认为，效用是消费者消费某种商品或服务时获得享乐的一种度量，可以用某些心理单位如“尤特尔”（Juttel）对效用加以度量。在经济学说史上，以效用基数衡量为基础而建立的效用理论被称为基数效用论，边际学派创始人威廉姆·斯坦利·杰文斯（William Stanley Jevons）、卡尔·门格尔（Carl Menger）、里昂·瓦尔拉斯（Léon Walras）等都采用了基数效用论来分析消费者的选择。基数效用分析法认为：一种产品对一个人的效用，可以用基数（cardinal number）测量，如 1，2，3，4，……，并且每个人都能说出这种产品对自己的效用大小。当一个人消费一定量某种物品时，或消费一定量不同物品时，可以计量他获得的效用总量。比如，某个消费者为了得到 1 个冰激凌而用 5 元来购买时，5 元就成为 1 个冰激凌效用的度量指标。总结一下，就是主观的效用可以计量和加总。

三　关于对效用主观论的反驳

反对者认为效用是主观的，很难衡量，下面通过几个例子来看效用为何可以测量。

现象 1：易烊千玺拍的手机广告让很多人去买手机，花同样时间普通人去拍一个广告，影响几乎没有。说明产品的效用的确和主观的满足程度有关。

现象 2：人们普遍认为对于漂亮的标准，仁者见仁，大家对美的评价是主观的，萝卜青菜，各有所爱。可是看看那些珠宝广告选的代言明星，这些明星的漂亮就是公认的。

现象 3：酒店舒适的标准可能不一样，但是五星级酒店在摆设、灯光、家具方面几乎都差不多。实际上，好的主观感受也会趋同。

结论：一个特定的社会，在一个特定的时期，人们对商品的感受是可以观察的、可以记录的，即效用就是能够计量、加总或者比较的。

四　总效用和边际效用

（一）总效用和边际效用的含义

总效用（Total Utility，TU）指消费者从事某一行为或消费某一定量的某物品中所获得的总满足程度，公式写成 $TU = f(x)$。边际效用（Marginal Utility，MU）指在消费一定数量物品中最后增加或减少的那一单位所感受到的满足程度的变化。用公式表示为 $MU = \frac{\Delta TU}{\Delta X}$，Δ 就是增量的意思。总效用和边际效用有何差别呢？举个例子，如表 4 - 1 - 1 所示，假如吃五个包子给我带来 100 个单位的效用，这就是总效用。而第五个包子带来 10 个单位的效用，这就是边际效用。

表4－1－1　　包子的总效用和边际效用

包子数量（个）	1	2	3	4	5	6
总效用	30	55	75	90	100	100
边际效用	30	25	20	15	10	0

通过表4－1－1我们发现，当吃包子的数量越来越多时，总效用也就是总的满足程度是在不断增加的，多多益善；但是分开来看，第一个包子带来的效用是30个单位，第二个带来的效用是25个单位，第三个是20个单位，之后依次递减。这是符合常识的，在其他条件不变的情况下，不断增加对美味食物的消费，越是往后，味道感受越不如之前。

我们思考一个问题：有没有可能出现第八个、第九个包子带来边际效用为零甚至为负的情况呢？如图4－1－1所示，当总效用逐渐递增时，边际效用递减，直到总效用达到最高点，之后边际效用会为负数，总效用也开始绝对减少。

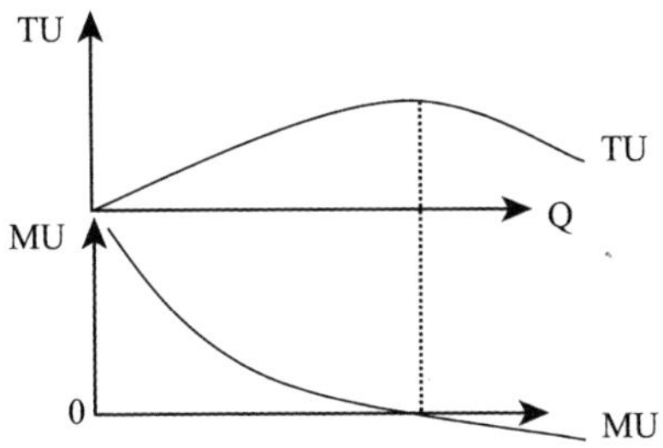

图4－1－1　包子的总效用与边际效用

（二）总效用和边际效用的关系

边际效用是总效用函数的导数。一定消费量的边际效用，可用总效用曲线在该消费量的斜率来表示。

$$MU_X = \lim_{\Delta X \to 0} \frac{\Delta TU}{\Delta Q_X} = \frac{dTU}{dQ_X} \tag{4.1.1}$$

如果总效用函数为多元函数，边际效用的计算方法如下：

$$MU_X = \frac{\partial TU}{\partial Q_X}$$

$$MU_Y = \frac{\partial TU}{\partial Q_Y} \tag{4.1.2}$$

总效用是边际效用函数的积分。

五　边际效用递减规律

（一）定义

想必大家都知道曾经有这样一句流行语：世界这么大，我想去看看。其实，所谓旅游，就是从我们自己待腻的地方去到别人待腻的地方。背后的原因，从经济学的角度可以理解为：人们对熟悉环境的边际效用递减。在经济学中，人们接触到的第一个递减规律就是边际效用递减规律（Law of Diminishing Marginal Utility）。它是指在一定时间内，在其他商品消费保持不变的条件下，消费者从连续消费某一特定商品中所得到的效用增量（边际效用）将随着这种商品消费量的增加而递减。

所以说，当我们连续吃包子的时候，第二个包子带来的效用小于第一个，第三个小于第二个，依次类推。当包子消费数量不断增多的时候，超出胃的承受范围，那么再吃包子，带来的边际效用可能为零，甚至为负。在图4－1－1中也能看出，代表边际效用的曲线是在逐步下降的，与横轴相交时为零，之后可能为负。

边际效用递减是我们日常生活中一个普遍的规律。给大家讲一个广泛流传的笑话：一个饿汉三天没有吃东西，走进一家小吃店买了一个馒头，吃了感觉还是饿，又吃了一个，还是感觉没有吃饱，一直吃到第十个馒头，总算吃饱了。这个饿汉就感叹道："早知道吃这第十个馒头就饱了，我直接吃这第十个馒头就好了。"这位饿汉之所以会闹笑话，其实就是因为他不知道边际效用递减规律。饥饿的时候，吃第一个馒头，感觉馒头是天下最美味的食物，这个馒头带来的效用肯定最大，但随着吃的馒头越来越多，每个新增馒头带来的边际效用在递减。特别是当吃到第十个馒头而且已经饱了的时候，如果再吃一个，这个馒头给你带来的效用就会更低。这时你不仅不会觉得馒头美味，还会感觉难受。因为这时这个馒头给你带来的就是负效用了。

（二）边际效用递减规律实现的条件

边际效用递减规律实现的条件：在一定的时间内，其他条件不变，连续消费同一商品。这三个条件缺一不可。比如大家会认为，长时间打游戏好像并不存在边际效用递减规律，而是越打越兴奋。这里要注意，不变的是打游戏这个行为，实际上，其内容已经发生变化了。随着打怪的不断升级，游戏的新鲜感会越来越强。因此商家也就是抓住了消费者这一心理，将游戏设置得精彩纷呈，突破边际效用递减的规律。

（三）边际效用递减规律的应用

1. 罗斯福连任四届总统

罗斯福是美国历史上唯一连任四届的总统。当他第四次当选总统以后，有位记者就来问他："第四次当选总统是什么感受?"罗斯福没有当场回答他的问题，而是请这位记者吃三明治。吃第一块三明治的时候，这位记者觉得这可是殊荣啊，真是了不起，面子真大；吃第二块的时候，这位记者就感觉平平了；吃第三块的时候，他已经很难咽下去了。这个时候，罗斯福把第四块三明治放到这位记者面前，他说："你把这第四块三明治吃下去，你刚才问我的问题，我就不用回答了，你自己会有亲身感受。"这就是边际效用递减规律的典型应用。回到前文提到的小品《吃面条》，想必大家也就能用边际效用递减规律来解释了。

2. 第二杯茶比第一杯茶好喝

大家也许会举出违背边际效用递减规律的例子：比如，有人说普洱茶的第一杯常常不如第二杯、第三杯好喝。这里的问题在于，第二杯、第三杯茶与第一杯不是完全同质的。也有人说，吃包子可能是第二个比第一个更好吃，因为吃第一个时太饿了，好比猪八戒吃人参果，这也是有可能的，但我们说的边际效用是迟早会递减，并非一开始就递减。

3. "审美疲劳"在婚姻中是否存在

比如，有的夫妻相濡以沫很多年，像钱钟书和杨绛，他们好像不存在"审美疲劳"，这是不是违背了边际效用递减规律呢？当然不是。不管跟谁在一起，在爱情里想要过得幸福，都要深刻理解边际效用递减规律。这个规律其实一定程度上等同于"贝勃定律"：当外部环境给神经一个刺激后，由于第一次体验，神经会反馈很强烈的兴奋感，然而当持续不断地刺激神经，时间长了，那种兴奋程度就会开始下降。两个人长久相处，如果要保持婚姻幸福，就要有一定的新鲜感。当今天的你和昨天的你不完全同质时，也就不符合边际效用递减规律了。

六　小结

让我们来回顾一下本节的知识点，首先，大家认识到效用是指人们在物品与劳务消费过程中所得到的欲望的满足，虽然是主观的，但可以测量。接着，重点认识了总效用与边际效用的区别与联系；大家也掌握了边际效用递减规律：在一定时间内，在其他商品消费保持不变的情况下，消费者从连续消费某一特定商品中所得到的效用增量将随着这种商品消费量的增加迟早会递减。该规律发生的条件：在一定时间内，其他条件不变，连续消费同一商品。

第二节　水与钻石的价格之谜如何破解？
——消费者的效用最大化

我们将利用第一节所学的边际效用递减规律来回答如何进行消费。进入正式的学习之前，让我们一起来看看以下问题。

问题一：水和钻石谁更重要？最早提出这个问题的是经济学鼻祖亚当·斯密（Adam Smith），他问道："水对于人的生命来说是非常重要的，但是水的价格非常低。钻石对人的生命来说，一点用处都没有，但是钻石非常贵，这是为什么？"

问题二：你会买奢侈品吗？如何平衡奢侈品和必需品的消费呢？

问题三：你会如何分配自己的业余时间呢？

这里就涉及一个重要的概念——消费者均衡。在第一节的内容中，我们已经学习了消费者的目的就是实现其效用最大化，即实现消费者均衡。那么，什么是消费者均衡呢？它又该如何实现呢？

一　消费者均衡

（一）消费者均衡的概念

消费者购买的目的是什么？如何在衣食住行中分配金钱呢？如果我们打开支付宝或者微信，我们会发现自己在不同的项目中支付的比例组成，与其他同学不一样，与老师不一样，与长辈不一样。性别、年龄、职业不同，可能差距会更大。那为什么同样是1000元钱，我们的花费会不一样呢？这就涉及一个重要的概念——消费者均衡（Consumer Equilibrium），它是指在既定收入和价格条件下实现效用最大化，所以这里的均衡指的是消费者实现效用最大化后，既不想再增加也不想再减少任何一种商品的消费数量情况，这是一种相对静止的状态。所以消费者均衡的准确描述，应该是消费者把有限的收入分配到各种消费品的购买支出上去获得最大效用的状态。那么，消费者实现最大效用均衡的条件是什么呢？下面利用边际分析方法加以说明。

（二）如何实现消费者均衡？

一起来看个例子，简化起见，我们假设消费者小明一共有8元钱，用来消费商品X和商品Y，商品X的价格 $P_X=1$，商品Y的价格 $P_Y=1$，由于商品X和商品Y对于小明来说效用水平不一样，小明该如何花费自己的8元钱，实现组合效用最大化呢？观察表4-2-1，第一行是消费商品的数量，第二行和第三行分别是X和Y在不同消费情况下的边际效用。随着X消费数量的增加，其边际效用在下降，Y商品也遵循这个规律。

表4-2-1　　　　X商品与Y商品的边际效用

Q	1	2	3	4	5	6	7	8
MU_X	11	10	9	8	7	6	5	4
MU_Y	19	17	15	13	12	10	8	6

因此，小明在花费8元钱时，应该遵循以下步骤。

第一步，明确有哪些组合。一共8元钱，价格都是1元，那么要实现最大效用的前提当然是把钱花完，所以组合可以是0个X与8个Y、1个X与7个Y、2个X与6个Y等。

第二步，计算每种组合的总效用，并比较各种组合费用的多少。比如，1个X与7个Y的组合怎么计算。1个X的边际效用 MU_X 是11，总效用 TU_X 也是11；那么7个Y的总效用是多少？我们需要把Y以前的每一个边际效用加总，19+17+15+13+12+10+8=94（见表4-2-2第三行和第五行）。因此，X 的总效用 11 加上 Y 的总效用 94，二者的组合效用是 105。

表 4－2－2　　X 商品与 Y 商品的边际效用与总效用

Q	1	2	3	4	5	6	7	8
MU_X	11	10	9	8	7	6	5	4
TU_X	<u>11</u>	<u>21</u>	30	38	45	51	56	60
MU_Y	19	17	15	13	12	10	8	6
TU_Y	19	36	51	64	76	<u>86</u>	<u>94</u>	100

第三步，寻找规律，找出效用最大化的组合。由于组合不止一种，我们来尝试 2 个 X 与 6 个 Y 的组合。2 个 X 的总效用：11＋10＝21，6 个 Y 的总效用是从 19 一直加到 10，为 86，这样 2 个 X 与 6 个 Y 的组合的总效用就是 107。当我们面临很多组合时，有没有一种规律可循呢？有，那就是 $MU_X/P_X = MU_Y/P_Y$，在表 4－2－2 中，当面临 2 个 X 与 6 个 Y 组合时，$MU_X = 10$，$MU_Y = 10$，各自的价格都为 1 元，此时该组合的效用比其他任何组合都大。

（三）消费者消费两种商品

假定消费者选择两种商品，两种商品的数量分别为 Q_1 和 Q_2，价格分别为 P_1 和 P_2；同时假定消费者的收入为 m，它与两种商品的价格在消费者的选择过程中保持不变。两种商品的组合可以给消费者带来效用，所以消费者获得的效用（序数效用或基数效用）是两种商品消费量的一个函数，把这一函数表示为：$TU = U(Q_1, Q_2)$。

在假定另外一种商品的消费量保持不变的条件下，类似于一种商品的情形，可以分别定义两种商品的边际效用为：

$$MU_1 = \frac{\Delta TU_1}{\Delta Q_1} \tag{4.2.1}$$

$$MU_2 = \frac{\Delta TU_2}{\Delta Q_2} \tag{4.2.2}$$

在式（4.2.1）和式（4.2.2）中，ΔTU_1 和 ΔTU_2 分别是由 Q_1 和 Q_2 的改变量 ΔQ_1 和 ΔQ_2 引起的总效用的改变量。并且，在另外一种商品的

消费量保持不变的情况下，随着一种商品消费数量的增加，其相应的边际效用递减，即 MU_1 和 MU_2 分别随着 Q_1 和 Q_2 的增加而递减。

在收入既定的条件下，消费者可以将收入配置于不同的商品之上。若消费者选择消费商品的数量分别为 Q_1 和 Q_2，那么，消费者用于第一种商品的支出为 P_1Q_1，用于第二种商品的支出为 P_2Q_2。因此，收入对于消费者购买两种商品的数量 Q_1 和 Q_2 的限制可以表示为：$P_1Q_1 + P_2Q_2 = m$，表明消费者用于购买两种商品的支出之和刚好等于总收入 m。

于是，消费者均衡条件可以表示为：在既定的收入约束条件下，消费者购买每一种商品，最后一单位该商品获得的边际效用与其价格之比均相等，并且都等于货币的边际效用，用公式可以表示为：

$$\frac{MU_1}{P_1} = \frac{MU_2}{P_2} = \lambda \tag{4.2.3}$$

$$P_1Q_1 + P_2Q_2 = m \tag{4.2.4}$$

假如消费者消费几种商品呢?

（四）消费者消费 n 种商品

假定这 n 种商品的价格分别为 P_1，P_2，…，P_n，而消费者选择消费的数量分别为 Q_1，Q_2，…，Q_n，为了使得消费者将自己花费在各种商品购买上的最后一元钱所带来的边际效用相等，则可以推导出消费者实现效用最大化的均衡条件为：

$$P_1Q_1 + P_2Q_2 + \cdots + P_nQ_n = m \tag{4.2.5}$$

$$\frac{MU_1}{P_1} = \frac{MU_2}{P_2} = \cdots = \frac{MU_n}{P_n} = \lambda \tag{4.2.6}$$

其中，MU_1，MU_2，…，MU_n 分别是这 n 种商品的边际效用，λ 为货币的边际效用。

（五）消费者均衡的条件

通过这个例子，我们已经了解了消费者均衡的规律。需要注意，消费者均衡实现的条件如下。

1. 消费者的偏好既定

消费者对各种物品效用的评价是既定的，不会发生变动。也就是消费者在购买物品时，对各种物品购买因需要程度不同，排列的顺序是固定不变的。比如一个消费者到商店去买衣服、点心、盐，在去商店之前，其对商品购买的排列顺序是衣服、点心、盐，这一排列顺序到商店后也不会发生改变。这就是说先花第一元钱购买商品时，买衣服在消费者心目中的边际效用最大，点心次之，盐排在最后。

2. 物品的价格既定

由于物品价格既定，消费者就要考虑如何把有限的收入分配于各种物品的购买与消费上，以获得最大效用。消费者应该使自己所购买的各种商品的边际效用与价格之比相等。

3. 消费者的收入既定

由于收入固定，物品价格相对不变，消费者用有限的收入能够购买的商品，所带来的最大满足程度也是可以计量的。由于货币收入是有限的，货币可以购买一切物品，所以假定货币的边际效用不存在递减问题。因为收入有限，需要用货币购买的物品很多，但不可能全部都买，只能买自己认为最重要的几种。同时，消费者在购买各种商品时最后多花的每一元钱都应该为自己增加同样的满足程度，否则消费者就会放弃不符合这一条件的购买量组合，而选择自己认为更合适的购买量组合。

那么这些条件是否有助于解答“水与钻石的价格之谜”呢？也就是本节一开始提出的问题：为什么水很重要，却很便宜；钻石没那么重要，却很贵？

二 基数效用论的应用

（一）水与钻石的价格之谜

1. 消费者均衡公式的解读

200 多年前，亚当·斯密在其所著的《国富论》中提到过一个著名的价格悖论（Paradox of Price）：“没有什么东西比水更有用，然而水很少能交换到其他东西……相反，钻石几乎没有使用价值，但是通过交换可以得到大量的其他物品。”在亚当·斯密提出该问题之后很长一段时间里，经济学家对如何判断一个商品价值的大小，并没有达成一致。19 世纪 70 年代，边际效用理论的兴起，给“水和钻石的悖论”问题的解决带来了转机，从一个全新的角度阐释了效用论观点。这就是消费者均衡理论。

$$\frac{MU_W}{P_W} = \frac{MU_D}{P_D} \tag{4.2.7}$$

观察水与钻石的消费者均衡条件式（4.2.7），与我们之前介绍过的公式4.2.3类似，只不过是下标发生了变化。左边 W 表示水（water），右边 D 表示钻石（diamand）。依照边际效用递减规律可以做如下解释：因为水是丰富的，到最后，增加一单位水所得到的边际效用，即满足程度的增量很小，在式（4.2.7）中表现为 MU_w很小。与此同时，钻石是极端稀缺的，获得一单位钻石的边际效用 MU_D很高。左边分子很小，右边分子很大，要保持等式左右相等，只能左边的分母，即水的价格 P_w很便宜，右边的分母，即钻石的价格 P_D是昂贵的。通过式（4.2.7），边际学派就轻松解释了困扰经济学界很久的“水和钻石的悖论”问题。

2. 更通俗的解释

接下来，我将用一种更通俗的方法来详细描述这个过程。假定我们只会购买水和钻石，不考虑其他用品。水对我们来说非常重要，所以当我们有钱的时候，我们会把第一元钱用来买水，因为它是必需品；第二元钱还是买水；第三元钱还是买水；第四元钱还是买水……第 1000 元钱还是买水，因为我们太需要水了，可以用它来解渴、喝茶、洗漱、清洁、浇花等。这时候水带给我们的边际效用会怎样？根据边际效用递减规律，水的边际效用在下降，下降到一定程度，到第 1000 元钱的时候，水的边际效用已经相当低了，甚至为零。这时候，我们会动一个念头：用第 1001 元钱买一点点钻石。注意，这里的假设前提是只能买水或者钻石。那一元钱买来的一点点钻石，能够很好地满足我们的虚荣心，于是就把第 1001 元钱用来买钻石。也就是说，从边际效果来看，第 1000 元钱购买的水和第一元钱购买的钻石，给你带来的效用是一样的。

我们平时虽然想到水比钻石更重要，但二者价格的矛盾你可能没想过。合理的答案是它们在每一元钱的边际回报是一样的。大家想想，如果不一样会怎样？如果第 1001 元钱，你觉得还是需要多喝水，你会怎么做？你会继续买水，不会买钻石。反过来，如果第 1000 元钱，你已经觉得买钻石更值得的时候，你就会用它来买钻石。

换句话说，我们怎么才能保证有限的钱能带来最大的效用呢？办法就是我们每个 1 元钱花出去的时候，要确保它永远花在边际效用最大的那个产品上。如果是水给我们的边际效用更大，我们就在水上面花钱，直到水的边际效用跌到跟钻石带给我们的边际效用一样为止，到那一步，我们就开始把钱转向购买钻石。也许有人会说，1 元钱能买多少钻石呢，当我们拥有的不只是 1000 元钱，而是 1 万元、数万元，此时水的边际效用已经非常小的时候，我们就会把剩余的几万元用来买钻石。

3. 边际革命

亚当·斯密提出的著名的“水与钻石的价格之谜”可以通过消费者均衡的条件进行解释。这个困扰古典经济学家约一个世纪的价值悖论，正是在于古典经济学者曾尝试去寻找各种客观且不变的单位去衡量财货的价值，他们视“人不能缺水而生活”的生命现象为客观的叙述，并以此解释与生命和生活相关事务或财货的价值，而忽略了威胁到生存的情境只是一项极端又极不易发生的情况。因此，当经济学家以边际效用去解释人们对物品再需要程度的大小后，水与钻石的矛盾便被化解了。

边际效用论的奠基者是三位几乎同时各自独立提出主观价值论的经济学家：英国的杰文斯、奥地利的门格尔和法国的瓦尔拉斯。他们提出的边际分析方法本身是一种数量分析，在这个基础上，使各种数量工具线性代数、集合论、概率论、拓扑学、差分方程等，逐步渗入经济学，从而边际分析开创了经济学“数量化”的时代；边际分析以个体经济活动为出发点，以需求、供给为重心，导致了以“个量分析”为特征，以市场和价格机制为研究中心的微观经济学的诞生。基于以上原因，我们把 19 世纪 70 年代出现的边际分析方法称为经济学中的“边际革命”。

（二）需求曲线

需求曲线之所以向右下方倾斜是由边际效用递减规律造成的。如图 4-2-1所示，当消费数量少时，商品带来的边际效用是比较大的，消费者愿意支付的价格高。随着消费数量的逐步扩大，该商品带来的边际效用在逐步递减，消费者愿意支付的价格低。所以需求曲线就向右下方倾斜，表示商品的价格与需求量是反向变动的。

另外，需求曲线上的每一个点都是消费者效用最大化的点，即均衡点。也就是说，当我们决定购买某种商品时，此时的消费行为符合式 4.2.3，也就是说实现了效用最大化。需求曲线的每一个点反映的是消费者在这样的消费数量上愿意支付的最高价格，即如果某一单位的某种商品的边际效用越大，消费者的支付意愿就越高；反之，则越小。

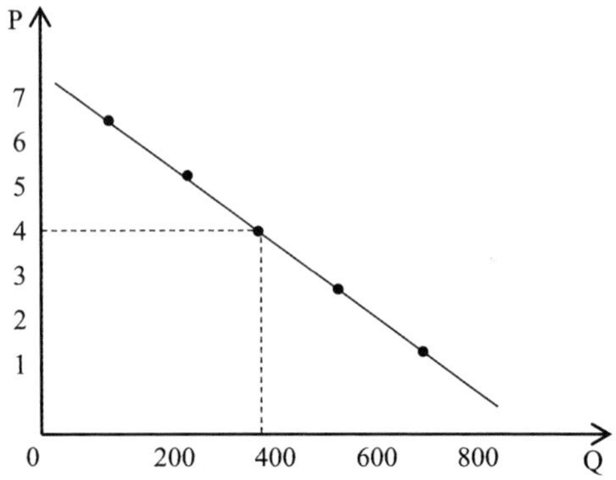

图4－2－1　需求曲线

三　消费者均衡的启示：每个人都应该成为边际平衡的高手

接下来我们思考几个问题：

第一，在现有的收入条件下，你应该考虑去买名表、名包吗？如果你的年薪达到100万元呢，你如何选择？

第二，你应该时时刻刻都和自己的女朋友在一起吗？应不应该把时间分配给你的朋友？

第三，你应该在你喜欢的科目《微观经济学》上花尽心思争取获得100分吗？

现在我们也能够回答为什么有的人宁可饿肚子也要买限量版的鞋子或者背包，其实就是当你给这个东西赋予很高的效用，而消费量又很少时，这种商品的高价格是你可以承受的，你就会去买它。只不过，在我们的生活中，我们的渴求是不一样的。比如，看上去不怎么富裕的学生，怎么也要买一双AJ的运动鞋；有的学生为了见到NBA的球星库里，省吃俭用飞到上海去现场看比赛。生活中，我们偶尔会买一个别人觉得远远超出我们生活水平的高价位的东西。可能是我们真的喜欢，也可能是满足我们的虚荣心。无论怎样，其一，它在我们的支付能力范围内；其二，我们买的不多，并且我们给这个东西赋予的价值很高。对于它的选择是符合消费者条件的，实现了效用组合最大化。

关于第二个和第三个问题的解答类似。即使你非常喜欢自己的女朋友，但随着相处时间的加长，最后一单位的边际效用会不断递减，你会花大量的时间和自己的女朋友在一起，也会挤出一点时间给其他的朋友。同样的，即使你再喜欢《微观经济学》课程，花比较多的时间学习这个科目，也会留出一定的时间去学习其他科目，这样才能保持平衡。

学习完这节内容，相信我们能够很好地利用消费者均衡条件来解释生活中的理性选择，从而有利于我们对金钱、时间、精力等方面做出理性合理的分配，成为边际平衡的高手。

四　小结

本节我们主要学习了消费者均衡的概念及其实现的条件：消费者把有限的收入分配到各种消费品的购买支出上去获得最大的效用的状态。当达到效用最大化时，消费者不再调整自己的消费，就实现了相对均衡的状态。因此，消费者均衡完全等价于效用最大化。接着我们学习了消费者均衡的条件：$\frac{MU_X}{P_X}=\frac{MU_Y}{P_Y}$，消费者应该使自己所购买的各种商品的最后一单位的边际效用与价格之比相等。这个公式帮助我们解释了水与钻石的价格悖论，也让我们明白了生活中看上去并不合理的消费。

第三节　如何花钱？——序数效用论

在第二节中，我们明白了为什么要在有些看上去并不需要的商品上花钱，采用的是基数效用分析方法来研究消费者如何实现消费者均衡。从本节开始，我们用序数效用分析法来研究同样的问题。当消费的时候，我们要面对一个问题：手里有多少钱可以花。当你走进商店的时候，你会遇见成千上万种可以买的东西。但是，由于我们钱包里面的钱是有限的，所以我们没有办法购买所需要的一切。因此，我们就需要考虑商品价格的问题，并且要在我们的财力范围内去选购可以负担得起的商品，那么预算线就用来描述我们是否买得起的问题。

一　预算线

（一）预算线的含义

预算线（Budget Line）：表示在收入和商品的价格给定的条件下，消费者的全部收入所能购买到的两种商品的各种组合。为了让分析简化，假设现在商店里只有两种商品可以供我们选择。举个例子，我有个朋友非常热衷于追求潮流，所以有一段时间每天晚上都不吃晚饭，但并不是为了减肥（她已经够苗条了），而是为了存钱去买两件最新潮的衣服。假设她一个月的零花钱是800元，这样便可以画出她的预算线（见图4－3－1）。

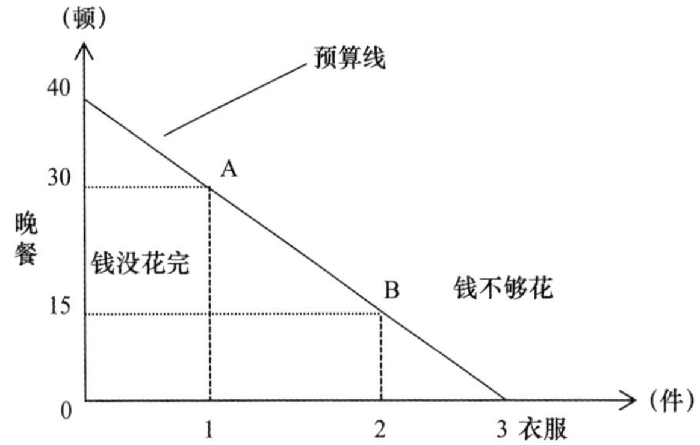

图4－3－1　预算线

纵轴代表晚餐的数量，横轴代表衣服的数量，那么这条向右下方倾斜的曲线就是她的预算线。线上的任意一点代表她800元可以购买的任意商品数量的组合。纵轴40顿的地方表示，她的800元全部用来购买晚餐；而横轴3件的地方表明，她的800元全部用来购买衣服。预算线内表示她的钱没有花完，而预算线外代表她的零花钱不够花，没有办法达到线外的效用水平。

我们要注意：在同一条预算线上，不管是什么样的商品组合，花费都是一样的，但它的效用可以不同。

（二）预算线的平移

其实，预算线所构成的三角形就确定了消费者消费组合可以选择的空间，那么假设我朋友的零花钱从 800 元增加到 1500 元的时候会发生什么样的变化呢？这时候整条预算线就会向右移，如图 4 -3 -2 所示。

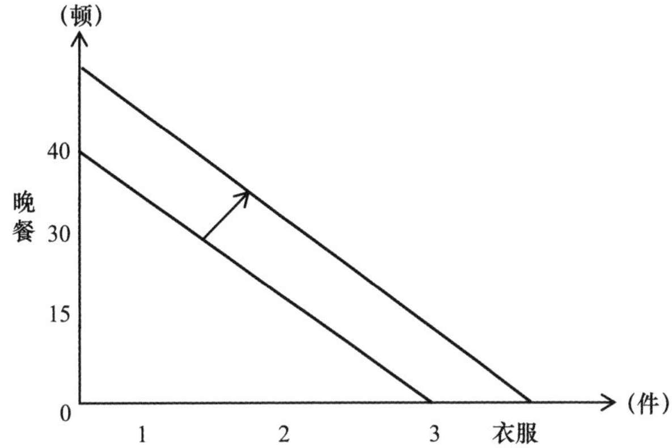

图 4 -3 -2 预算线的平移

右移之后，整个三角形的面积变大了，这就意味着消费者可以选择的商品的范围变大了，那么消费者的福利肯定就变好了。在一定的预算线上，消费者应该选择哪一种商品组合才能实现效用最大化呢，我们需要引出另外一条线——无差异曲线。

二 无差异曲线

(一) 无差异曲线的含义

无差异曲线：表示使消费者同样幸福的消费组合。消费者的选择不仅取决于她的预算约束，还要取决于她对物品的偏好，比如我朋友偏好新潮的衣服。因此，偏好就是我们分析的另一个对象，我朋友的偏好使她在晚餐和新衣服的不同商品组合里做出选择。如果提供两个不同数量的组合，她肯定会选择最适合即她最喜欢的一个组合。如果两种组合同样适合她的偏好，就说明这两种组合之间的效用是无差异的。同样可以用图形来表示我朋友的这种偏好，我们把它叫作无差异曲线（见图 4 -3 -3）。

在无差异曲线上，A 点和 B 点上对应的商品的组合，令她获得的效用是一样的，因为它们都在同一条曲线上。所以，关于无差异曲线，更

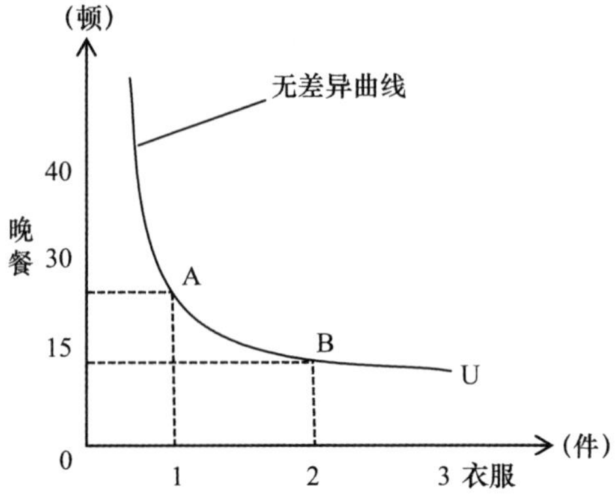

图4－3－3　无差异曲线

为标准的定义是，在既定偏好条件下，带来相同满足程度的不同商品数量组合的曲线。

如图4－3－4所示，如果她消费的晚餐数量减少了，比如说从A点这个组合变化到B点的组合，那么新衣服的消费量就会增加，可以使她获得同样的幸福。如果晚餐的消费量再减少一点，新衣服的消费量还会增加，那么这样就会得到一条无差异曲线。在同一条无差异曲线上，不管是什么样的商品组合，消费者获得的效用都是相同的；在任何一条既定的无差异曲线上，所有的点都使消费者同样幸福。

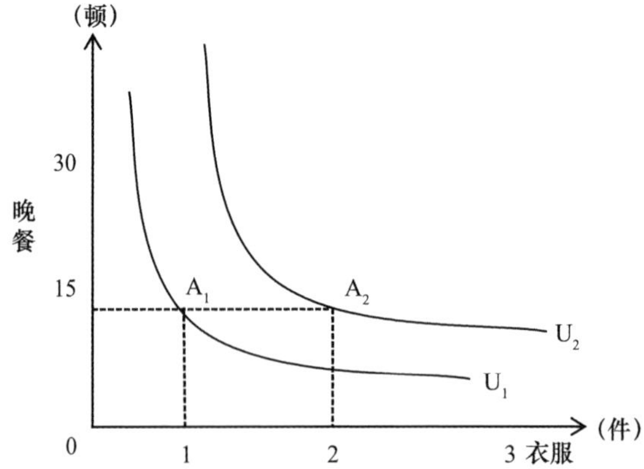

图4－3－4　效用不同的无差异曲线

因为人们对更多的消费的偏好肯定会大于比较少的消费，所以对较高的无差异曲线的偏好大于较低的无差异曲线。如图4－3－4所示，我们会看到当偏好变大的时候，无差异曲线就向右移，比如说纵轴同样是15顿晚饭，但是在U_1这个无差异曲线上的A_1点，对应的只有1件衣服；而在U_2这个无差异曲线上的A_2点，它对应的衣服是2件，即U_2的效用就比U_1更大。

（二）无差异曲线的特征

第一，在同一平面上，可以有无数条无差异曲线，离原点越远，无差异曲线代表的效用水平越高，这符合多多益善的原则。

第二，任意两条无差异曲线不能相交，否则无差异曲线的定义与它的第二条特征自相矛盾。

第三，无差异曲线向右下方倾斜，斜率为负。这意味着为了实现同样的满足程度，消费者增加一种商品的消费，则必须减少另一种商品的消费。

第四，无差异曲线凸向原点，这是由商品边际替代率递减决定的。

三　消费者均衡：把钱花在刀刃上

在前面的学习中，我们已经知道预算线代表某个消费者的有限收入水平，也就是他的零花钱有多少，而无差异曲线反映的是能给他带来相同满足程度的两种商品所有的消费组合。如果在零花钱既定的情况下，消费者如何把钱分配在晚餐和衣服这两种商品的购买中，才能让他觉得每个月的零花钱花得物有所值，这就是我们在经济学里面要研究的消费者均衡。第二节已经介绍过关于实现消费者均衡的一种方法——基数效用分析方法，这一节介绍序数效用分析方法。序数效用是需求理论所用的一种无标度的效用衡量方法。序数效用可以表明个人在A与B两个选项中更偏好A，但并不能表明他究竟偏好多少，也就是说，任何两种商品都可以相对排序，但无法准确计量。这与基数效用概念不同。

（一）消费者均衡

前面已经学过消费者均衡是指消费者如何把有限的货币收入分配在各种商品的购买中，以获得最大的效用。在序数效用分析方法中，需要将预算线和无差异曲线放在同一个坐标系里，如图4－3－5所示。

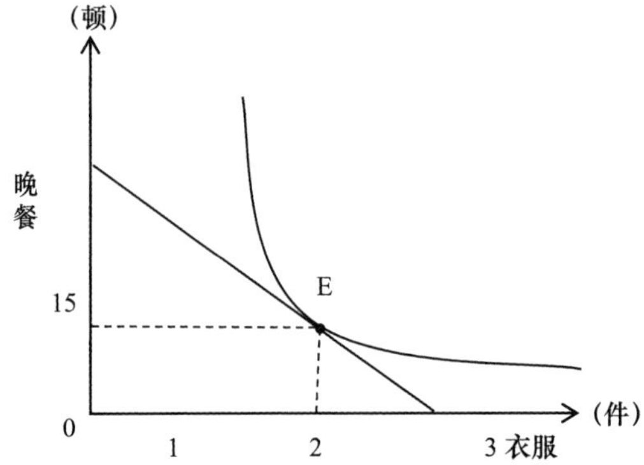

图 4-3-5　预算线和无差异曲线

两条曲线相切的切点所在的位置即 E 点，满足了消费者均衡的两个条件：一是消费者的零花钱刚好花完，因为这个点刚好在预算线上；二是在目前的收入水平下，他能够达到的最大满意程度，虽然还有代表更高水平的无差异曲线，但是它们的位置都在预算线之外，证明他的钱不够花，没有办法达到那么高的效用水平。

所以，在这个两条线相切的最优购买点上，消费者会觉得用一元钱，把它花在晚餐或者衣服上，带来的边际效用相等。我们试想一下，如果消费者觉得花 300 元钱买一件喜欢的衣服，给她带来的效用值是 600，而花 300 元钱吃 10 顿晚餐给她带来的效用值只有 300，那么，花在衣服上的每一元钱带来的边际效用是 2 个单位，而花在晚餐上的每一元钱带来的边际效用只有 1 个单位。作为聪明理性的消费者，一定会迅速调整自己的购买行为，去增加对衣服的购买，而减少对晚餐的购买；当同样的一元钱花在晚餐上，所带来的边际效用要大于花在衣服上所带来的边际效用时，就会增加对晚餐的消费，而减少对衣服的消费。显然，当一元钱分别花在晚餐和衣服上带来的边际效用不相等时，消费者心里总会觉得有落差，此时他便会不断地调整自己的购买行为。只有当一元钱花在晚餐和衣服上带来的边际效用相等时，他才不会去调整自己的购买行为。那么这个时候就表明：消费者对晚餐和衣服的消费数量的组合就是最优的购买点，这时这个消费者就觉得每一分钱都花得很值。这就是我们经常说的，把钱花在刀刃上。

消费者选择理论描述了我们怎么去做出消费的选择，它有非常广泛的适用性。但是可能到这里你会对消费者选择理论产生怀疑，毕竟你也是一个消费者，当你每次走进商店的时候，你要决定买什么，你觉得是不是要画出预算约束线和无差异曲线呢？所以你对自己做出决策的了解是否证明了与这种理论不一样呢？回答是否定的，我们讲的消费者选择理论，它是理想中的一个模型，用于解释我们的消费行为。在现实中，没有一个消费者是明确借助这种理论包含的最大化做出准确决策的。但是，消费者知道他们自己的选择，一定会受到自己财力的约束。当这些约束为既定时，最好的办法就是要达到最高的满足程度，消费者选择理论努力用明确的方法来描述这种隐含的决策心理过程，这也为我们揭开了消费选择的本质。

（二）序数效用论

序数效用论者把无差异曲线和预算线结合在一起说明消费者的均衡。任何一个理性的消费者在用一定的收入购买商品时，其目的是从中获得尽可能大的消费满足。消费者偏好决定了消费者的无差异曲线，一个消费者的关于任何两种商品的无差异曲线簇可以覆盖整个坐标平面。消费者的收入和商品的价格决定了消费者的预算线，在收入既定和商品价格已知的条件下，一个消费者关于两种商品的预算线只能有一条。那么，当一个消费者面临一条既定的预算线和无数条无差异曲线时，只有既定的预算线和其中一条无差异曲线的相切点，才是消费者获得最大效用水平或满足程度的均衡点（见图4－3－6）。切点E满足了消费者均衡的两个条件：一是消费者的零花钱刚好花完，因为这个点刚好在预算线上；二是在消费者收入水平既定的情况下，能够达到最大满意程度的最优商品选择。

四　小结

在这一小节中，我们介绍了预算线的含义：在收入和商品的价格给定的条件下，消费者的全部收入所能购买到的两种商品的各种组合。我们认识了无差异曲线：在既定偏好的条件下，给消费者带来相同满足程度的不同商品数量组合的曲线。通过例子我们明白，当无差异曲线与预

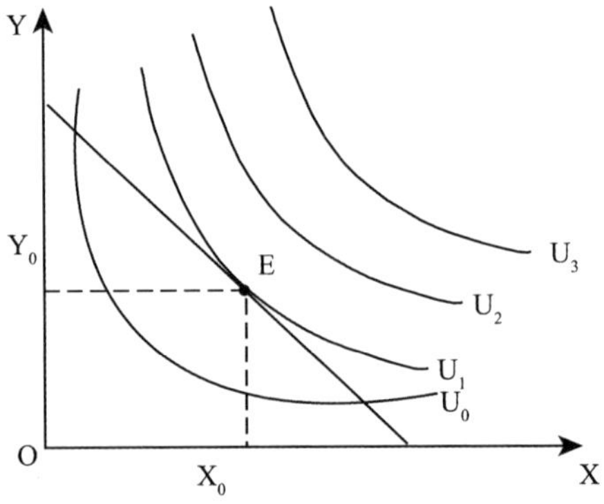

图 4-3-6　消费者均衡

算线相切时，就是在现有预算条件下能够购买到的最大效用的商品组合，从而实现了“钱要花在刀刃上”的消费者均衡。这种被称为序数效用论的分析方法与第二节基数效用分析方法解决的都是同样的问题：消费者在有限的预算条件下，如何实现效用最大化。

思考题

1. 如果你需要一辆 4 个轮子驱动的车子，现在有了 3 个轮子，那么当你有第 4 个轮子时，这第 4 个轮子的边际效用似乎超过了第 3 个轮子的边际效用，这是不是违反了边际效用递减规律？为什么？

2. 有的夫妻相濡以沫很多年，好像不存在“审美疲劳”，这是不是违背了边际效用递减规律呢？

3. 根据边际效用递减规律，数量的增加会引起消费者需求的降低，企业为了克服商品销售量的下降，最可采取的措施是（　）

A. 多做广告　B. 降低成本　C. 产品不断创新　D. 促销

4. 边际效用递减规律的一个重要假设是其他消费品保持不变，你能否举个例子具体说明？

5. 假设你只能得到两种物品——橘子和苹果，如果橘子和苹果的价格翻了一番，你的收入也翻了一番，你选择消费的橘子和苹果会发生什么变动吗？

6. 边际效用递减规律的应用对我们有何启示？

第 五 章

生产者行为理论

第一节 “人有多大胆，地有多大产”吗？
——边际报酬递减规律

本节我们将通过学习边际报酬递减规律阐明“人有多大胆，地有多大产”这一错误行为的理论基础。

一 生产与生产函数

（一）生产与生产函数的概念

生产就是把投入转化为产出的过程。为了考察企业的投入与产出的关系，我们建立生产函数，它是指在生产技术给定的条件下，一定时期内生产要素的各种投入组合与产品的最大产出量之间的物质数量关系。

$$Q = f(K, L, N, E) \tag{5.1.1}$$

其中，Q 代表产量，K、L、N、E 分别表示投入要素资本、劳动、土地、企业家才能。

我们有以下假定：第一，企业经营管理得好，一切投入要素的使用都是非常有效的——最大产出；第二，技术水平给定。

（二）短期与长期生产

了解了生产与生产函数，我们还要再考虑两个概念：短期生产与长期生产。

1. 生产中的短期（Short Run）

就单个企业而言，生产中的短期指短到至少一种投入要素是固定不变（通常是企业的生产规模）的时期。

2. 生产中的长期（Long Run）

就单个企业而言，生产中的长期指长到足以使所有投入要素成为变量的时期。

3. 短期与长期的区别

短期生产和长期生产的区别在于生产要素的投入数量能否随时间而改变。在短期，企业中至少有一种生产要素的投入数量是固定的，一般来说，企业的技术和生产场所的大小是不变的；但是在长期，企业可以改变任何一种生产要素投入的数量，比如企业可以增加或者减少厂房的大小。在现实中，对不同的企业而言，短期的长短时间不一样，比如一个饭店可能在几天内就可以增加一个电饭锅，而对于大型的汽车企业来说，需要安装一些新的设备才能够增加汽车装配车间的产能，可能需要一年或者更长的时间。

因此，在不同行业中类型不同的企业，它们生产的长短期是不一样的，不同于日历上的短期与长期。我们区分长短期的关键在于是否所有的生产要素都可变：如果是，则为长期；如果只是部分生产要素可变，比如只有劳动力要素可变，则为短期。

（三）短期中的生产函数

我们考察短期中投入要素与总产量的关系。

假定农民老刘种植小麦，他有 5 亩土地，这是不变的，他可以雇用任意数量的工人（只有一种生产要素可变）。那么产量的变化则完全由所雇用的工人来确定。总产量（Total Products）指与可变要素投入对应的最大产量，记作 TP_L。边际产量（Marginal Products）指增加一单位可变要素劳动投入量所增加的产量，记作 MP_L。

表 5-1-1　　劳动的总产量与边际产量　　（单位：个）

工人数量（L）	总产量（TP_L）	边际产量（MP_L）
0	0	0
1	1000	1000
2	1800	800
3	2400	600
4	2800	400
5	3000	200

如表 5－1－1 所示，我们看第一列工人数量（L）和第二列总产量（TP_L），当工人为 0 个时，总产量 TP_L 也为 0 个；工人增加为 1 个，总产量 TP_L 增加为 1000 个；工人增加为 2 个，总产量 TP_L 增加为 1800 个……当工人增加为 4 个，总产量 TP_L 增加为 2800 个。总产量与劳动力呈正相关关系。

我们在第一章十大原理中提出，理性人要考虑边际量。在这里，边际产量是指其他要素不变的时候，每增加一单位生产要素投入所增加的产量，因此，就是指当其他要素（比如土地为 5 亩）保持不变时，每增加一单位的劳动所增加的产量。用数学公式表示为：

$$MP_L = \frac{\Delta Q}{\Delta L} \tag{5.1.2}$$

我们再看表 5－1－1，第三列劳动的边际产量 MP_L，第一个工人带来的产量增加为 1000，第二个工人带来的增量是 800，第三个是 600，依次递减。想必大家都发现了这个规律：当其他要素保持不变时，随着工人数量不断增加，每个工人带来的产量增量也就是劳动的边际产量呈现出递减的趋势。

（四）总产量与边际产量的关系

如图 5－1－1 所示，我们可以发现总产量 TP_L 与边际产量 MP_L 的关系：

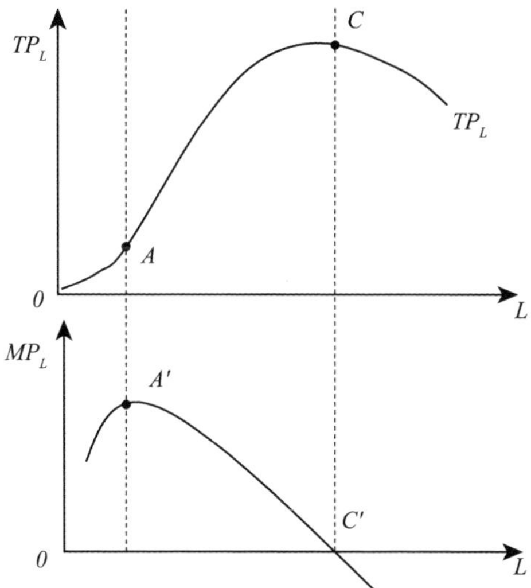

图 5－1－1　总产量与边际产量的关系

TP_L刚开始快速增长，A 点之后慢速增长，MP_L开始上升，A′点之后，MP_L开始递减。当 $MP_L=0$ 时，TP_L取得最大值即 C 点。

二　边际报酬递减规律

（一）劳动的边际产量

在其他条件不变时，如果连续等量增加劳动的数量，新增 1 单位劳动带来的总产量增量为边际产量或边际报酬。比如，3 个人种地的总产量是 1200 斤，增加第 4 个人之后，总产量增加为 1400 斤，增量为 200 斤，这就是第 4 个人带来的边际产量。

（二）边际报酬递减规律的概念

边际报酬递减规律（Law of Diminishing Returns）也称边际产量递减规律。它是指在一定的生产技术条件下，在连续等量地把一种可变要素增加到其他一种或几种数量不变的生产要素上去的过程中，当这种可变生产要素的投入量小于某一特定值时，增加该要素投入所带来的边际产量是递增的；当这种可变要素的投入量连续增加并超过这个特定值时，增加该要素投入所带来的边际产量是递减的，是短期生产的一条基本规律（注意：边际报酬并不是一开始就是减少的，而是先增加到一个最大值然后才减少的）。如图 5 – 1 – 1 所示，边际产量（MP_L）迟早会显示出递减的规律。

那么为什么在短期中会出现边际报酬递减呢？从理论上讲，边际报酬递减规律成立的原因在于：对于任何产品的短期生产来说，产品生产过程中，可变要素投入与固定要素投入之间存在一个最佳的数量组合比例问题，即固定投入有一个容量问题。比如，机器和可变投入要素工人之间会有一个最佳的配合比例，在没有达到这个最佳配合比例之前，我们去增加工人的数量，其边际产量就会增加；一旦达到这个最佳的配合比例，可变要素的边际产量达到最大值之后，如果我们再继续增加工人数量，边际产量不但不会增加反而还会减少。比如在前文的例子中：5 亩地最适合 1 个工人，当工人超出这个比例，虽然总量能够提升，但是每个增加的工人带来的产量增量即边际产量在减少。

其实，在我们很小的时候就知道这个规律的应用了。一个和尚挑水喝，两个和尚抬水喝，三个和尚没水喝。这个故事用我们经济学的术语来说就叫作边际产量递减规律。和尚去挑水的时候，只有两个工具——一根扁担和两个水桶。扁担和水桶是我们生产中的机械设备，它在短期内是固定的。一根扁担，如果没有人，就无法挑水；当第一个和尚出现时，边际产量是最高的；当两个人使用的时候，一根扁担可以两个人一人一头来挑水，那么第二个和尚带来的边际产量没有第一个和尚带来的边际产量高，不过两个和尚的时候喝水仍然是不用愁的。可是，一根扁担最多只能被两个人一起用，当出现第三个和尚的时候，只有一根扁担，那么会出现什么情况？此时第三个和尚带来的边际产量就为零，甚至为负。三个人开始互相推诿，谁都不想多干活，谁都不想去挑水，最后可能导致没水喝的结果。

（三）边际报酬递减规律成立的前提

1. 生产技术水平保持不变

这一规律只能在生产过程中所利用的技术没有发生重大变革的前提下才成立，假如出现了技术革新，可变生产要素所带来的边际报酬就可能会违反递减规律。例如，水稻杂交技术使得水稻产量得到极大的提高，如果在增加劳动投入的同时采用这种技术，将会使得原本递减的边际产量转而增加。

2. 其他要素保持不变

与技术水平保持不变一样，其他生产要素投入量保持不变也是该规律成立的前提条件。例如，农民种植小麦，土地应保持不变。假如在增加劳动投入的同时，增加耕地面积，那么劳动的边际产量也不一定会递减。

3. 边际产量递减在可变要素投入增加到一定程度之后才会出现

边际产量并不是一开始就会出现递减的趋势，原因在于，生产过程中存在固定的不变要素投入，在可变要素投入数量很低时，不变要素投入相对过剩，增加 1 单位可变要素投入可以使得固定不变的生产要素得到更加有效的利用，因此边际产量也会增加。但随着可变要素投入的连续增加，不变要素投入相对不足，从而对产量增加形成制约。在这种情况下，可变要素的边际产量就会递减。

4. 投入要素同等效率

边际报酬递减规律强调的是，在任何一种产品的短期生产中，随着一种可变要素投入量的增加，可变要素的边际产量最终必然会呈现出递减的特征。

（四）边际报酬递减规律的应用

1. 问题的解决

在1958年“大跃进”时期，不少地方盲目推行水稻密植，结果引起减产，原因是这个行为与边际报酬递减规律相违背。在土地和技术水平一定的情况下，光靠增加水稻的密度，边际产量迟早会不断递减至零，甚至为负，导致总产量减少。

经济学家提出了一个著名的反事实来证明边际报酬递减规律：如果边际报酬递减规律不成立的话，全世界的粮食可以在一个花盆里栽种出来。详细解释一下，在一块花盆大小的土地，如果边际报酬不变，不断地增加劳动力，边际产量保持正值不变，一定会使得总产量不断增加，最终全世界的粮食是可以生产出来的。如果边际报酬递增，这个假想就更容易实现。事实上，全世界的粮食不可以在一个花盆里栽种出来，都是因为存在边际报酬递减规律。

2. 封建王朝的兴衰

王朝初期，人少地多，农业中劳动的边际收益较大，经济繁荣，容易出现盛世景象。

王朝中后期，经过多年休生养息，人口数量递增，但耕地面积固定，农业技术没有明显的进步，农业中劳动的边际报酬递减，人民收益极其有限。这时一旦发生天灾或人祸，人民难以应对，揭竿而起，王朝衰亡。

3. 20世纪90年代末期的机构改革

20世纪90年代末期，面对机构臃肿、人浮于事，朱镕基总理主导进行精简机构、裁减人员的改革。机构臃肿的原因在于，在其他条件不变的情况下，随着公务员数量的连续过度增加，必然会造成其边际报酬递减甚至为负的情况，也就是我们常说的“三个和尚没水喝”。这一机构改革，为后来的改革深化减少了负担。

（五）边际报酬递减规律有例外吗？

接下来我们看另外一个例子，边际产量递减规律早在18世纪就由经济学家提出，有人把这一规律应用到农业领域，并且描述出一幅人类前景悲惨的画面来：因为耕地等自然资源毕竟是有限的，要增产粮食最终只能依靠劳动力的增加，但边际产量递减规律表明，劳动力投入带来的边际粮食产量递减，于是人口不断增长的必然结果是，人类不能养活自己。

无独有偶，1994 年，莱斯特·布朗（Lester Brown）重复类似悲观的预言，在《世界观察》刊载了一篇题为“谁来养活中国?”的文章，宣称人口众多的中国将面临粮食短缺问题，进而引发全球粮价猛涨的危机。而在现实中，中国虽然是全世界人口最多的国家，但是劳动人口数量的不断增加似乎并没有使中国的粮食产量递减，袁隆平利用科学技术发明了杂交水稻，每亩单产达到了 1200 千克。那么，你认为中国能够生产出足够养活十多亿人口的粮食是否违背了边际报酬递减规律？其实，中国人养活自己靠的是农业技术进步，布朗先生实际是用错了边际报酬递减规律。那么大家思考：边际报酬递减规律适用的条件是什么？一个非常重要的前提是技术不变。在这里技术发生了变化，边际报酬递减规律就不适用了。目前的中国粮食完全能够养活自己，靠的就是农业技术的革新。

三 长期中的规模报酬

前文我们讲过，长期是指所有生产要素的可变，也就是规模的变化。任何一家企业在经营的时候都在考虑怎样才能获得更多的利润，也在考虑长期中它应该是扩大规模更有利，还是缩小规模更有利。

在企业经营的过程中，我们不得不提到规模报酬。那么，什么是规模报酬？它有哪几种类型？

规模报酬（Returns to Scale）是指在技术水平和要素价格保持不变的条件下，所有投入要素按同一比例变动所引起的产量的相对变动。用以衡量企业规模与产量之间的关系。

规模报酬可分为三种类型：规模报酬递增；规模报酬不变；规模报酬递减。

（一）规模报酬递增

规模报酬递增（Increasing Returns to Scale）：产出变化比例超过投入的一致变化比例，如投入品都增加一倍，而产出增加超过一倍。

设生产函数为 $Q=f(K, L)$，则有 $f(\lambda K, \lambda L) > \lambda f(K, L)$，其中

λ >0。

如图 5 -1 -2 所示，当劳动 L 从 5 变动到 10，资本 K 从 2 变动到 4，产量从 100 变动到 250。在这里，投入要素 L、K 都变为原来的两倍，产量的变动大于两倍。所以，产量变动的比例大于要素变动的比例。

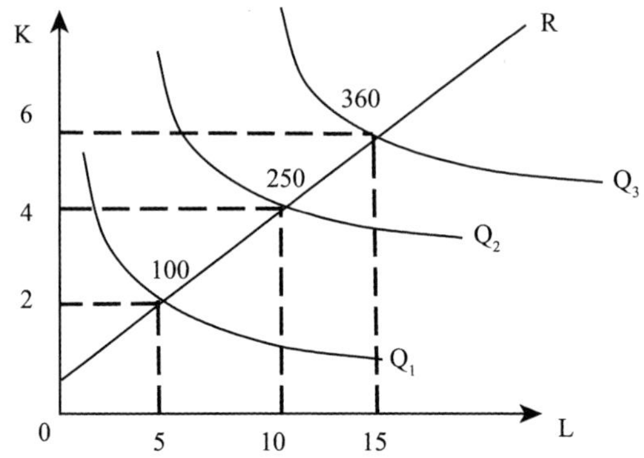

图 5 -1 -2 规模报酬递增

（二）规模报酬不变

规模报酬不变（Constant Returns to Scale）：产出变化比例等于投入的一致变化比例，如投入品都增加一倍，产出也增加一倍。

设生产函数为 $Q = f(K, L)$，则有 $f(\lambda K, \lambda L) = \lambda f(K, L)$，其中 λ >0。

如图 5 -1 -3 所示，当劳动 L 从 5 变动到 10，资本 K 从 2 变动到 4，产量恰好从 100 变动到 200。要素变动的倍数与产量的变动完全相同。

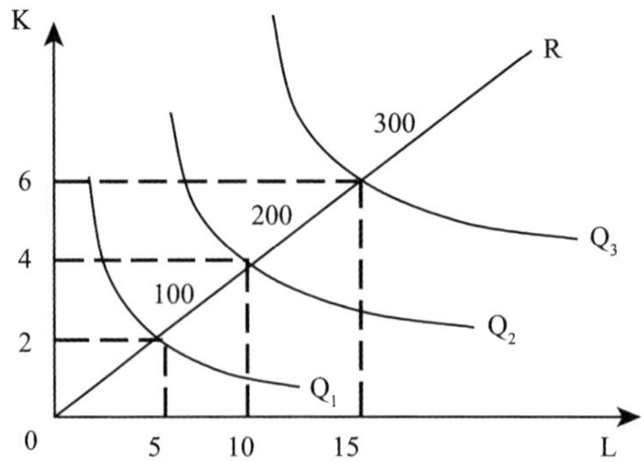

图 5 -1 -3 规模报酬不变

（三）规模报酬递减

规模报酬递减（Decreasing Returns to Scale）：产出变化比例小于投入的一致变化比例，如投入品都增加一倍，而产出增加小于一倍。又称为规模不经济。

设生产函数为 $Q = f(K, L)$，则有 $f(\lambda K, \lambda L) < \lambda f(K, L)$，其中 $\lambda > 0$。

如图 5－1－4 所示，当劳动 L 从 5 变动到 10，资本 K 从 2 变动到 4，产量从 100 变动到 150。产量变动的倍数小于要素变动的倍数。

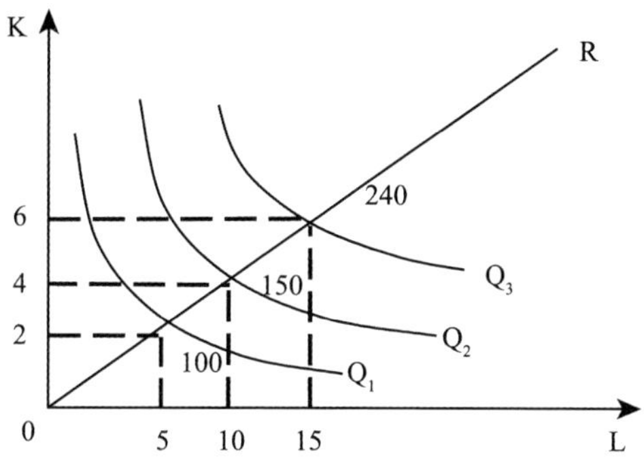

图 5－1－4 规模报酬递减

（四）影响规模报酬递增的因素

总的来说，企业生产规模扩大所带来的生产效率的提高，表现在以下几个方面。

（1）生产技术：生产规模扩大后企业能够利用更先进的生产技术和机器设备，使得每单位产出的制造和维修费用大大降低。

（2）劳动专业化分工：大规模生产后，企业的分工能够更合理和专业化。工人更加有效的分工协作，提高劳动生产率。

（3）财务方面因素：厂商活动大规模化会给企业带来筹措资金、销售方面的好处。

（4）其他因素：人数较多的技术培训和具有一定规模的生产经营管理，可以节省成本。

一般来说，当企业从最初小的规模开始扩大的时候，企业面临的是规模报酬递增的阶段。如果再继续扩大生产规模，企业将保持在规模报酬不变的阶段。在这以后，企业如果继续扩大规模，就会进入一个规模报酬递减的阶段。

四 小结

本节我们给大家介绍了生产及生产函数的概念，明白了生产就是将资本 K、劳动 L、土地 N 等作为投入的生产要素，获取产量的过程。我们重点学习了在短期中，企业的生产遵循边际报酬递减规律。它是指在一定的生产技术条件下，当其他投入保持不变时，一种生产要素的投入增加到一定数量以后，该要素所带来的边际报酬将出现递减的趋势。我们在应用这个规律时需要注意它成立的条件：短期、技术水平一定、其他生产要素不变，还学会了利用边际报酬递减规律理解“亩产万斤”的错误根源、政府精简机构的原因。在长期中，企业同时以相同倍数增加所有的生产要素，可能带来规模报酬递增、不变或递减。

第二节 年收益 10 万元的服装店是不是好的选择？——机会成本

在学习本节内容之前，请大家先思考以下问题。

第一，作为一名学生，周末的时间你将如何度过？是选择去学习、爬山、参加各种社团活动、约会，还是去打工？

第二，作为一名打工者，如果周末每天可以日赚 300 元，你会去吗？日赚 350 元、400 元、600 元……哪个价格会让你放弃休息时间去做兼职呢？

通过第一章的学习，我们懂得了经济学就是一门选择的科学，因为我们的时间、金钱、资源都是有限的，所以我们总是面临权衡选择。在做选择时，成本就是我们选择的基础。本节要学习的内容就是成本中的非常重要的概念：机会成本和经济利润。

一 机会成本

（一）概念

首先我们一起来看看下面的例子。

1. 科比应不应该读大学？

著名的篮球明星科比·布莱恩特（Kobe Bryant）知道机会成本和激励的含义，尽管他有优秀的SAT考试成绩和高中成绩，但他依然决定不去上大学，而是进入职业篮球联赛（NBA）打球。他预计打球可以在4年之内赚取千万美元。事实上他是对的，因为科比去读大学的机会成本实在太高了，而他在篮球的职业生涯中拥有了NBA的5次总冠军，取得了上亿美元的资产，在全世界收获了无数的球迷。

2. 如今考研成为热点话题，那么作为大学生，有没有想过自己考研的机会成本是多少呢？

无可厚非，如果你选择考研，那么你就将比不考研的同学花费更多的时间去学习，就不能花费太多时间去逛街、看电影、打游戏等，这些机会成本是无法用货币来衡量的。然而，这仅仅只是考研前的机会成本，考上研究生以后还有机会成本，因为不考研的同学可能已经找到了好的工作，考上研的这部分同学还要继续读研，放弃的就是读研期间参加工作预期能赚到的钱。因此，身为大学生，要知道你做的任何选择的机会成本是什么，不要丢了西瓜捡芝麻，因小失大。

那么何为机会成本呢？机会成本（Opportunity Cost）作为经济学的十大原理之一，指的是你为了得到某种东西的成本，是所放弃的选择中价值最高的选择。简单来讲，就是把一定资源投入某一用途后而放弃的在其他用途中所能获得的最大收益。比如你拿10元钱买了苹果而没有买桃子，那么你吃不到的10元钱买的桃子所给你带来的享受就是你此时的机会成本。我们可以用一个等式来计算：

$$\text{机会成本} = \text{所放弃最佳选择的收益} - \text{实际选择的收益} \quad (5.2.1)$$

我们在考虑机会成本时，并不是那么简单，因为机会成本是那条我们还未走过的路所产生的，深刻理解自己未选择之路所带来的收益是非常困难的，还需要把时间成本、人的主观感受等考虑进来。例如，一位资深烘焙师决定辞职，自己开烘焙店，这会让他在第一年赚得10万元。但是，如果他不选择辞职，他可以在原公司得到30万元年薪。所以他选择自己创业的机会成本是20万元，同时还要承担创业带来的风险与压力。但是，这位烘焙师非常不喜欢原公司老板，因为原公司老板无视了他很多烘焙创意。通过自己开公司，获得了他想要的独立自主权利，精神上得到了满足。因此从时间维度上看，如果烘焙师创业成功，他之后几年得到的金钱回报将远远多于原来的薪水。

（二）机会成本成立的前提

1. 无穷欲望（Unlimited Wants）

人的欲望是无穷尽的，我们需要衣服、房子、车子、社会地位、财富……我们还需要健康的身体、幸福的家庭、未来的保障等。由于我们的需求很多、欲望很多，因此需要配置土地、劳动、资本、企业家等基本资源才能满足人们的欲望。

2. 资源稀缺（Limited Resources）

相对于人们无穷的欲望，资源总是稀缺的，厂商生产出来的产品也是有限的，这就要求人们不得不进行权衡选择。

3. 选择（Choice）

供人们使用的资源至少有两种用途。机会成本是所放弃的其他用途所能带来的最大收益。如果资源的用途只有一种，就没有选择和比较，也就谈不上各个机会成本的收益和比较。所以，经济学认为，没有“选项”就没有成本，没有“机会”就没有成本。

因此，机会成本产生的前提是稀缺性（Scarcity），即无穷的欲望与有限的资源之间的矛盾，这使得人们必须做出选择。在第一章里，我们也提到，稀缺性是经济学产生的重要前提。假如我们的金钱、时间、精力能够无限使用，我们就不必做出选择，当然也就不会有机会成本的概念。机会成本出现的本源是理性人的选择问题。通俗地讲就是，经济学中假设每个人都是充分理性的，在人们做选择时，总是会选择以最小的成本换取最大的收益。但世界上没有绝对的事情，选择亦是如此。你所做的每一个决定都是相对的，并一定会为此付出代价。因为有选择，所以就会有得失，大多数人做出的选择往往是他们认为的最佳选择，也就是成本最小的选择。

（三）机会成本的特征

第一，机会是可选择的项目。机会成本里机会必须是决策者可选择的项目。如果不是决策者可选择的项目，那就不属于决策者的机会。比如，我们大部分人不必在上大学与 NBA 打球中进行选择，因为我们的备选方案里根本没有 NBA。

第二，谁是机会成本取决于谁的收益高。机会成本是放弃的机会中收益最高的项目，并不是放弃项目的收益总和。比如，科比·布莱恩特不去上大学的4年可以去NBA打球，能够赚得1000万美元；或者不打球而去经商，能够赚取100万美元，那么选择上大学的机会成本是放弃的收益中最高的一项，即打球的1000万美元，而不是剩余两种选择的收益之和1100万美元。

第三，如果只有两种选择，那么彼此就互为机会成本。如果科比·布莱恩特只有去上大学或者去NBA打球两种选择，而没有经商或者其他选择，则上大学和去NBA打球就互为机会成本。

在经济学中，企业的生产成本可以从机会成本的方面来理解。

（四）机会成本的小结

机会成本从来没有真正发生，但是它是我们选择某一方向、道路、方案时考虑的重点因素之一。

二 经济成本与经济利润

在经济学中，机会成本往往和经济利润联系在一起。我们都知道，企业的目标是对利润最大化的追求，企业的经营活动如何能够实现利润就是企业如何继续该经营活动的标尺。

$$利润 = 总收益 - 总成本 \tag{5.2.2}$$

其中，总收益是指企业出售其产品所得到的货币量，总成本是指企业用于生产的投入品的市场价值。总收益的计算很简单，它等于商品的单价乘以销售的数量。所以利润的大小主要看成本是如何算的，而经济学中的成本核算与会计学中的成本核算是不相同的。

例如，某服装公司的总经理王总与他的夫人办了一个服装厂，一年结束的时候，他的会计小张带来了收支报表。他看报表的时候，他的经济学家朋友小李来了。小李看完报表后说："我的算法和你的会计的算法不同。"小李也列出了一份收支报表。

在表5－2－1中，同样的经济活动，左边两列会计师和右边两列经济学家关于成本的计算方法不同，导致利润也不相同。看最后一行，会计利润为10万元，而经济利润为0元。这是什么原因呢？我们首先看第一行，这个活动一年的销售收益是30万元，无论是会计核算还是经济核算方法，这个收益都相等。左边是会计师的核算，会计成本包括原材料费用13万元，水电费1万元，工资5万元，银行利息1万元，会计成本合计20万元。会计利润等于总收益30万元减去会计成本20万元，一年可以获得会计利润10万元。

表5-2-1　　收支报表　　（单位：万元）

会计师的算法		经济学家的算法	
项目	金额	项目	金额
销售收益	30	销售收益	30
原材料费用	13	原材料费用	13
水电费	1	水电费	1
工资	5	工资	5
银行利息	1	银行利息	1
		如果将自用房出租获得的租金	3
		如果将自有资金外借获得的利息	1
		如果打工获得的工资	6
会计成本合计	20	经济成本合计	30
会计利润	10	经济利润	0

右边是经济学家的计算，总收益30万元不变，除了会计成本20万元，还有三项隐性成本，分别是如果将自用房出租获得的租金3万元，如果将自有资金外借获得的利息1万元，如果王总不开公司去打工可获得工资6万元，隐性成本10万元加上会计成本20万元，经济成本共计30万元。当我们用30万元的收益扣除30万元的经济成本，经济利润就为0元。此时说明王总开服装公司和放弃的其他选择带来的收益相同，他可以选择开公司，也可以出租房子、把钱存银行、自己打工。

对比之后发现，同一个经济活动，会计师核算后发现可以获取10万元的利润，而经济学家则认为利润是0元，是什么原因导致这样的结果呢?

如果隐性成本发生变动，又会出现什么结果呢?

第二种情况，如表5-2-2所示，如果外出打工工资从之前的6万元调到 8 万元，这时，隐性成本一共是 12 万元，加上显性成本 20 万元，经济成本是 32 万元，总收益不变，仍然是 30 万元，此时经济利润为 -2 万元。这表明，王总开服装公司不如自己打工、出租房屋、获取银行利息获得的收益高。

表 5-2-2　　**收支报表**　　（单位：万元）

会计师的算法		经济学家的算法	
项目	金额	项目	金额
销售收益	30	销售收益	30
原材料费用	13	原材料费用	13
水电费	1	水电费	1
工资	5	工资	5
银行利息	1	银行利息	1
		如果将自用房出租获得的租金	3
		如果将自有资金外借获得的利息	1
		如果打工获得的工资	8
会计成本	20	经济成本	32
会计利润	10	经济利润	-2

第三种情况，如果我们把工资调整为 4 万元，经济利润又会出现什么情况呢？

如表 5-2-3 所示，此时经济成本一共是 28 万元，总收益不变，仍然是 30 万元，所以经济利润为 2 万元。这表明，王总开服装公司是最佳选择。

表 5-2-3　　**收支报表**　　（单位：万元）

会计师的算法		经济学家的算法	
项目	金额	项目	金额
销售收益	30	销售收益	30
原材料费用	13	原材料费用	13
水电费	1	水电费	1

续表

会计师的算法		经济学家的算法	
项目	金额	项目	金额
工资	5	工资	5
银行利息	1	银行利息	1
		如果将自用房出租获得的租金	3
		如果将自有资金外借获得的利息	1
		如果打工获得的工资	4
会计成本	20	经济成本	28
会计利润	10	经济利润	2

（一）会计利润与经济利润

通过前文的例子，我们发现，同样的经济行为，会计师和经济学家计算的利润却不相同，那么会计利润与经济利润有何区别呢？

会计师计算方法：

$$\text{会计利润} = \text{总收益} - \text{显性成本（会计成本）} \quad (5.2.3)$$

经济学家计算方法：

$$\text{经济利润} = \text{总收益} - \text{（显性成本} + \text{隐性成本）} \quad (5.2.4)$$

显而易见，由于会计师和经济学家对成本的衡量方式不同，在总收益相同的情况下，利润就不同。二者的主要差别就在于经济学家在计算成本时加入了隐性成本。显性成本（Explicit Cost）：从字面上就很好理解，即“显示出来的成本”，它代表你真实的花费。企业在生产要素市场上购买或租用他人所拥有的生产要素的实际支出，也就是会计成本，如支付给工人的工资、购买的原材料等。在前文的例子中，指原材料费用、水电费、工人工资及银行利息等。隐性成本（Implicit Cost）：我们可以理解为“隐藏起来的，不容易被发现的成本”，即生产者自己拥有的且被用于企业生产过程中的那些生产要素的总价格。为了能更好地理解什么是隐性成本，我们经常会这么说：经济学家在做决策的时候，考虑的并不是“我是否应该做 A”，而是“我应该选择做 A 还是做 B”。

因此在前文的例子中，会计利润是总收益 30 万元扣除显性成本 20 万元，结果会计利润为 10 万元。而经济利润不仅要从总收益中扣除显性成本20万元，还要扣除因为开公司带来的隐性成本10万元，即自有房屋可能带来的房租3万元，自有资金可能带来的银行利息1万元以及打工带来的6万元，最后经济利润为0元。我们很容易发现，由于经济成本中所包含的隐性成本通常大于0元，因此，经济利润通常要小于会计利润。

学到这里，大家一定会思考这样一个问题：经济利润可能会等于会计利润吗？理论上讲是可能相等的，当隐性成本为0元时，经济成本只有显性成本，会计利润和经济利润就相等。那么隐性成本什么时候为0元呢？当做出这个选择时，没有其他选择，当然就没有选择的成本，也就没有隐性成本。在前文的例子中，没有自有房子可以出租，没有闲置资金，自己没有机会外出打工，此时隐性成本为0元，经济成本与会计成本相等，经济利润当然也等于会计利润。

（二）经济利润带来的启示

从前文的例子中，我们通过变动隐性成本，发现经济利润可能出现等于0、小于0和大于0的情况。小结一下，在会计利润相同的情况下，隐性成本的变动将导致经济利润的相应变动，从而帮助我们进行正确的生产经营活动的选择。

当经济利润=0时，说明企业目前选择生产与所放弃的行为带来的收益相同，企业既可以坚持现在的选择，也可以选择所放弃的那项经济行为；当经济利润<0时，此时隐性成本很大，说明企业有其他更好的选择，目前的决策失误；当经济利润>0时，说明隐性成本很小，放弃其他选择是正确的，企业决策正确。

总之，会计利润是告诉我们这项经济行为能赚多少钱，而经济利润的核算是告诉我们该项行为是否比其他行为更赚钱。经济利润是否大于0是企业选择某一经济行为的标准。

三 小结

在本节的学习中，我们理解了机会成本的概念、特点及机会成本成立的前提。所谓机会成本，是指“生产者所放弃的用相同生产要素在其他生产用途中所获得的最高收入”，并学习了会计利润与经济利润的差别，差别的核心在于是否考虑机会成本，并从机会成本的角度来理解企业的经济成本。我们还对比分析了经济学和会计学的成本核算，发现由于经济成本中不仅包含会计成本还包含隐性成本，从而得到经济利润通常小于会计利润的结论。经济利润的存在主要是帮助我们思考行为决策是否合理，明确了经济利润是否大于0是企业选择某一经济行为的标准。

第三节　明星应该自己化妆吗?
——比较优势问题

想必大家常常在娱乐新闻里看到，很多流量明星出门，身边都被一群保镖、助手簇拥，为其安保，甚至给他们提鞋、打伞。新闻背后，很多网友纷纷炸锅了："这是什么意思？哪怕是一线明星出门也不需要这么大的排场吧？"那么，对于明星艺人来说，她们为什么需要助手打伞、提鞋，请专门的人化妆？

我们再来思考一下：乒乓球运动员马龙应该自己修剪草坪吗？假如马龙仅需要2个小时就能修剪完草坪；在这同样的2小时中，他能为安踏运动鞋拍一个电视广告并赚到10万元。与他相比，住在他隔壁的小明能用4个小时修剪完马龙家的草坪；在这同样的4个小时中，他可以在广告拍摄中担任群众演员并赚到200元。既然马龙修剪草坪更快，那么他应该自己修剪草坪还是请小明来修剪草坪呢？答案当然是后者。现实中，我们知道的大富翁、大明星基本都雇用大量的保姆来经营生活、打理工作等，因为这样能够帮助他们做自己更擅长的工作。

因此，这道题的回答是不应该，虽然马龙在修剪草坪上有绝对优势，但是他修剪草坪会放弃赚更多钱的机会。如果让小明来修剪草坪，马龙去拍广告，双方的福利水平都能提高。

本节内容，我们将学习到比较优势、机会成本的概念，让大家理解人们为什么要交换、国家之间为什么会进行贸易？从而理解经济学十大原理之一——贸易使双方变得更好。

一　绝对优势

什么是绝对优势？绝对优势（Absolute Advantage）亦称绝对利益，它是指相对于另一个生产者而言，用更少的投入来生产某种物品的能力，由英国古典经济学家亚当·斯密在绝对优势理论中提出。①

如表5-3-1所示，相对于小明，马龙在修剪草坪上只需要2个小时，小明需要4个小时；拍广告或者群演，马龙挣的钱比小明挣的钱多，说明马龙在修剪草坪和拍广告上都有绝对优势。但是，马龙还是应该请小明修剪草坪，他自己去拍广告，这样双方的福利水平都能上升。通常大家的认知是别人比我们做得快、做得好，我们才聘请别人，比如请家政、请保姆等。在这个例子中，小明在修剪草坪和拍广告或者群演中都没有马龙做得好，但马龙还是应该请小明修剪草坪。

表5-3-1　　马龙与小明生产能力对比

	马龙	小明
总可用时	2小时	4小时
修剪草坪	2小时	4小时
拍广告或者群演	100000元	200元

所以说是否进行分工，不是由绝对优势决定的，因此，这里我们还需要引入另一个重要概念——比较优势。

二　比较优势

比较优势（Comparative Advantage）指的是一个生产者依靠比另一个生产者更低的机会成本来生产物品的能力。简单地说，就是即便一个人（或者一个国家）在所有的方面都比另一个人（或者另一个国家）厉害，但他还是不应该做所有的事情，而只应该做最擅长的产品，然后与别人交换。这样做他最后的整体收益是最大的。

回顾一下，机会成本是指做出一项选择后所放弃的选择中最好的一项。假如只有两个选择，则它们互为机会成本。我们当时用的例子是，科比·布莱恩特去NBA职业联赛打球的机会成本是读大学。

我们来看一看两人修剪草坪的机会成本分别是什么？马龙是100000元，小明则是200元。也就是说，在修剪草坪这件事上，小明的机会成本

① 陆雄文：《管理学大辞典》，上海辞书出版社2013年版。

小于马龙的机会成本，说明小明在修剪草坪上具有比较优势。所以，第一个问题解决了，谁的机会成本小，谁就去修剪草坪。第二个问题是马龙应该支付多少钱给小明呢？是不是只要高于小明修剪草坪的机会成本200元，小明就能接受。是的，标准答案是在200元到10万元之间。

所以说，决定我们社会分工的核心是比较优势，而比较优势的实质又是机会成本。换句话说，谁在这件事上机会成本低，谁就具有比较优势。比较优势存在的本质原因是一个人不可能在所有方面都比别人厉害，他有一个最重要的要素同别人是一样的，那就是时间。

三 比较优势与国际贸易

举例说明，假设两个国家——美国和日本，都生产电脑和小麦，只使用一种资源——劳动，用小时为单位衡量（假设不考虑关税、汇率），如表5－3－2所示。

表5－3－2 美国与日本生产电脑和小麦的优势对比

	美国	日本
总可用时间	500小时	300小时
电脑/台	10小时	12.5小时
小麦/吨	1小时	2.5小时
1台电脑	10吨小麦	5吨小麦
1吨小麦	0.1台电脑	0.2台电脑

（一）在电脑和小麦生产上，哪一个国家有绝对优势？

对照表5－3－2，我们发现生产1台电脑，美国需要10个小时，日本则需要12.5个小时，美国具有绝对优势；生产1吨小麦，美国需要1个小时，而日本需要2.5个小时，美国也具有绝对优势。那么美国和日本需要进行贸易吗？刚刚我们才学到，是否需要专业分工或者贸易并不是由绝对优势决定的。

（二）在电脑和小麦生产上，哪一个国家有比较优势？

我们重点关注表5－3－2中后面两行，发现美国生产1台电脑的机会成本是10吨小麦的总收益，在日本则是5吨小麦的总收益，所以在电脑生产上，日本的机会成本更低，日本具有比较优势；另外，生产 1 吨小麦的机会成本，美国是 0.1 台电脑的收益，日本则是 0.2 台电脑的收益，在小麦生产上，美国的机会成本更低，美国具有比较优势。

（三）美国和日本应该进行贸易吗？

根据前文的分析，美国应该去生产具有比较优势的小麦，出口日本；日本则应该专注生产有比较优势的电脑，出口美国。两个国家进行贸易，会让双方都获益。

四　比较优势的相关理论

（一）比较优势理论

经济学中有一个最基础的理论，大卫·李嘉图在其代表作《政治经济学及赋税原理》中提出了比较成本贸易理论（后人称为比较优势贸易理论）。[①]

李嘉图提出的“比较优势理论”。简单说就是，各个国家的自然条件和资源禀赋不一样。每个地方的光热水土、地缘政治、民风民俗，所有条件都不同，但是大家都想过好日子，都想发展经济，应该怎么办？

比较优势理论认为，国际贸易的基础是生产技术的相对差别，而非绝对差别，由此产生的相对成本的差别。每个国家都应该根据“两利相权取其重，两弊相权取其轻”的原则，集中生产并出口其具有比较优势的产品，进口具有比较劣势的产品。比较优势理论认为两步就可以做到：（1）自由国际贸易，互通有无；（2）在国际贸易大网络、大循环中，各个国家作为节点，找到自己的角色，即找比较优势，根据自然赋予的禀赋，确立自己的国际分工。

所以，贸易的利益来源于比较优势。基于这个理论，基本上所有的经济学家都是支持国际自由贸易的。

（二）关于比较优势需要注意的问题

（1）比较优势可以是不同的主体，比如个人、家庭，也可以是地区或者国家。

（2）假设条件：每个主体，无论个人还是国家，资源都是有限的，

---

① ［英］大卫·李嘉图：《政治经济学及赋税原理》，郭大力、王亚南译，译林出版社 2011 年版。

这也是经济学产生的前提。

（3）比较优势来源于机会成本。与他人相比，我们生产某种物品的机会成本低，就是我们的比较优势。

（4）所有个体都从事有比较优势的产品生产，社会效益的总量最大。

（三）分工与合作

经济学之父亚当·斯密认为，分工与合作能够给双方带来更大的财富，原因如下。

1. 分工可以提高劳动生产率，增加国民财富

亚当·斯密认为，交换是出于利己心并为达到利己目的而进行的活动，是人类的一种天然倾向。人类的交换倾向产生分工，社会劳动生产率的巨大进步是分工的结果。他以制针业为例说明其观点。根据斯密所举的例子，分工前，一个工人每天至多能制造 20 枚针；分工后，平均每人每天可制造 4800 枚针，每个工人的劳动生产率提高了几百倍。由此可见，分工可以提高劳动生产率，增加国民财富。①

2. 分工可以减少工作之间往返的成本

大家可能都有过在图书馆占座的经历，如果一天三次要去图书馆占座，会浪费很多时间。如果大家可以一直拥有不变座位的自习室，就可以节约很多时间。

3. 分工可以增加熟练度

专业化的操作能够熟能生巧。大家在中学里应该学过一篇古文《卖油翁》，卖油翁能够从一枚钱币中间的空隙中将油一滴不漏地倒过去。“无他，但手熟尔。”

4. 分工使机器成为可能

亚当·斯密这样描述：一个没有受过训练的工匠，即使竭尽所能，一天也做不好一枚别针；但如果把工作分为 18 道工序，配备很多工人，一天一个人能做 4800 枚别针。②

---

① ［英］亚当·斯密：《国民财富的性质和原因的研究》，郭大力、王亚南译，中国华侨出版社 2018 年版，第 4—5 页。

② ［英］亚当·斯密：《国民财富的性质和原因的研究》，郭大力、王亚南译，中国华侨出版社 2018 年版，第 3 页。

两位经济学大家——亚当·斯密和大卫·李嘉图为我们当今的社会分工、自由贸易奠定了理论基础。

五　比较优势的应用

无论在国家、企业还是个人层面，遵循比较优势做重大决定是经济学的一个核心原理。

（一）企业竞争力的关键是相对竞争力

企业比拼的不是绝对优势，而是在特定时空环境中的比较优势。比如数字化提速了，但这个风口对大家都是成立的，对于没有现成模式惯性束缚的企业反而更有优势。如何把这样的优势和自身能力结合，转化成商业机会，成为创业企业发展的关键。相反，一个大的风口，往往是既有模式的危机。新冠疫情使很多行业停摆了，某些企业受到的影响会更大，坚持下来的企业就会占有更大的市场份额。所以很多历史上伟大的企业都是在外部环境的恶化中脱颖而出的，要在比较优势中思考企业战略。

（二）聚焦和专业分工

因为一个企业资源有限，在与外部市场的关系上，需要构建的是有比较竞争力的产品和商业模式。只有这样，才更有效率，你才有底气和别人合作。例如，宁波方正汽车模具股份有限公司成立于 2004 年 3 月，公司一直专注汽车塑料模具的研发、设计、制造和销售，历经十余年，公司现已发展成为国内生产规模、综合实力都处于领先地位的汽车模具系统方案解决提供商。2021 年 6 月，该企业在深圳证券交易所成功上市。民营企业要积极投身国家战略建设，围绕“十四五”产业布局规划，聚焦创新创业，不断提升企业竞争力，积极培育新就业增长点，争做共同富裕的引领者。

（三）合作和并购

一个好的合作对象，应该是在比较优势上互补，但是在业务上又可以互相促进的“1 +1 >2”的对象。从并购上看，除了看并购者是不是资金雄厚，还有一个关键是在其比较优势的排序中，你是不是重要的。如果不重要，显然后期难以得到很多的资源支持。这是一个并购伙伴选择的经济学逻辑。

例如，深圳能源置业管理公司经过一年多的努力，随着最后一批员工于2021年8月底全部上岗完毕，大厦分公司与物业分公司的合并工作基本完成。合并后发挥原两家公司的优势，着力打造集行政服务、集团招投标中心配套服务等为一体的综合管理平台。截至2021年8月26日，大厦—物业分公司克服了合并过程中出现的各种问题及重重困难，在保障日常工作有序正常开展、维护员工队伍稳定的情况下，平稳完成了两公司的人员上岗工作。接下来，大厦—物业分公司将在集团的指导和支持下，努力在党的建设、经营管理及创新发展等各个领域，力争达成“1 + 1 > 2”的目标，继续为集团“十四五”发展争创佳绩!

（四）从比较优势看机会成本

因为时间有限，一个人的时间成本取决于他做的最有价值的事情的成本——时间的成本是看长板，而非短板。这个道理经常被忽略，很多人可能觉得时间是没有成本的，就什么都自己做，最后什么都做不好。所以，在野蛮时代，一个能干的人是全能的人。在发达、劳动分工和协同越细致的时代，一个能干的人是专长突出的人。这里的专长，是广义的概念。

无论对于企业还是个人，比较优势都是其寻找自身定位和成长的一个基本原理。时间和资源的机会成本是核心的考量标准。

六　小结

通过本节内容，我们学习了绝对优势和比较优势的概念。绝对优势是指相对于另一个生产者而言，用更少的投入来生产某种物品的能力；比较优势指的是一个生产者依靠比另一个生产者的机会成本更低来生产物品的能力。重点理解了机会成本是衡量比较优势的标准，比较优势是各国贸易的前提，学习了两位经济学家关于贸易、社会分工的理论，了解了比较优势在企业与个人层面的应用。

我们有时候会看到这样的新闻：某某明星耍大牌，出门有人接送、打伞、拎包、拿话筒……学完这一节，你对这样的新闻会有自己的见解吧。

第四节　贸易战为何不可避免?
——可变化的比较优势

前文我们学习了机会成本、比较优势，以及亚当·斯密和大卫·李嘉图的理论，讨论了社会分工、国际贸易如何使各方都能受益。但是关于国际贸易仍然存在一些错误的观点，或者说在现实中各国未能真正坚持自由贸易。

2020 年 10 月 6 日（当地时间），世界贸易组织发布《全球贸易数据与展望》更新报告：中国进出口贸易为全球贸易做出积极贡献。世界贸易组织高级经济学家科尔曼·尼（Coleman Nee）认为：2020 年上半年中国不仅在进口方面促进了区域内贸易，在出口方面的表现也好于预期。例如，全球个人防护装备出口增长率为 49%，预计贸易额将达到 980 亿美元，而中国就贡献了其中的 43.8%。他表示："2020 年上半年亚洲区域内贸易同比下降了 6%，但中国从亚洲其他国家的进口仅下降了 1%。中国支持了亚洲区域内贸易，如果不包括中国在内，亚洲区域内贸易会下降 9%。中国不仅在出口方面表现突出，在进口方面也为全球需求作出了贡献。"随着全球化的不断深入以及中国不断加大开放力度，中国在世界贸易中是自由贸易的执行者。

一　关于贸易的一些错误观点

（一）贸易的顺差与逆差很重要

贸易的净出口 NX = Export - Import。当净出口 NX > 0，则这个国家是顺差国；当净出口 NX < 0，则这个国家是逆差国；顺差和逆差重要吗？从个人来看，我会购买食品、衣物，还要理发、使用滴滴打车等服务，都是在付钱，都存在贸易逆差；但我同时也在上班，存在贸易顺差。总体来说，我的收支是平衡的，具体我是跟谁产生顺差或逆差并不重要。对于国家来说，道理也是如此。中国、美国、日本之间存在着两两之间的交易，但收支是相互抵消的。国际分工使得每个国家都发挥着比较优势，专注于自己擅长的产品，再进行交换，最终大家都获益。

正如曼昆的十大经济学原理所讲的那样，贸易通过各自的比较优势都能使双方状况变好。也许大家在新闻里听到过，在世界经济中，日本是美国的竞争对手。在某些方面确实如此，美国和日本生产的产品许多都是相同的。福特公司和丰田公司在汽车市场上争夺同样的顾客，康柏公司和东芝公司在个人电脑市场上也争夺同样的顾客。但是，在考虑国家间的竞争时，这种想法很可能会形成误导。曼昆指出，贸易并不是体育竞赛，双方必定一输一赢。

为了更好地说明原因，我们考虑贸易如何影响家庭。当各个家庭去商店购物时，会相互竞争，因为都想以最低的价格购买到最好的商品；当你的家庭中某个成员升学时，同样会与其他家庭成员竞争。因此从某种意义上说，每个家庭都与其他家庭相互竞争。尽管有这种竞争，但是把你的家庭与其他所有家庭隔绝开来并不会使大家都过得很好。因为如果是这样的话，每个家庭都必须自己种粮食、盖自己住的房子。无可厚非，你的家庭会在与其他家庭的交易中获益。无论是在耕种还是盖房子等方面，贸易能使每个人专门从事自己最擅长的活动。通过与他人交易，人们能通过付出较低的成本获得各种各样的产品和服务。国家同家庭一样也能从相互交易中获益。贸易可以使各国专门从事自己擅长的活动，同时享有别国提供的各种各样的商品和服务。

当我们观察世界逆全球化、反自由贸易的变化时，往往很难理解。全球化带来的好处显而易见，为什么会遭受到怀疑和抵制？比如美国发动贸易战、为美墨边境墙方案争执、英国脱欧、法国右翼政党崛起、巴西版“特朗普”保尔森竞选上台，整个世界正在急剧转向。为什么总有声音反对自由贸易、反对分工合作？所谓的国家利益，最终都会落实到一个行业、一个地区、一个集体，最后是个人。任何一宗国际贸易，至少都涉及三个方面：本国的消费者、本国的生产者、国外的生产者。反对自由贸易的人认为：当国家进口产品时，花了钱，损失了很多工作岗位，所以应该拒绝进口产品。他们没有想到，一方面自己享受了质优价廉的物品，另一方面本国可以集中力量生产更能发挥比较优势的产品，赚取更多的收益。

（二）贸易保护主义（Protectionism）存在的原因

1. 贸易保护主义

贸易保护是通过设置贸易壁垒来有意限制进口或促进出口的行为，

以保护一国产业不受外国竞争的影响。

2. 反对自由贸易的原因

（1）扶持“幼稚工业”

所谓“幼稚工业”，是指一个国家还没有发展完全的工业。很多人认为，如果不保护幼稚产业，大家都去买舶来品，那么幼稚产业就发展不了。历史上，经过扶持的产业，越扶持越难以发展。“幼稚工业”能否得到发展的根本在于国家政策是否得当。

（2）把钱留在本地

这种观点是指不能让外地人赚钱。假如每种产品都这么执行，结果可能是我们只消费自己产出的产品，这就回到自给自足的社会了。

（3）工作流失

自由贸易容易导致失业，因为劳动力成本较低的国家进入了市场。特朗普曾说，我要把工作岗位从中国人那里抢回来，从日本人那里抢回来，从墨西哥人那里抢回来。著名诺贝尔经济学奖得主曼昆教授说，自由贸易让大部分美国人享受到更多物美价廉的产品，因此对消费者有益；美国可以在擅长的领域中得到更多的收益，也能提供更多的工作机会。

（4）自由贸易可能会造成环境破坏

发达国家常常将污染较重的工业转移到发展中国家，严重破坏了发展中国家的环境。除此之外，发达国家也常常从发展中国家进口稀缺资源，使得资源和技术等生产要素更具流动性，且流动无序，使经济运行速度加快。这不仅增加了政府实行宏观调控的难度，还使政府面临更多的不确定性。面对这类问题，发展中国家应充分重视环境保护，建立健全环境保护制度。在对外交往中，制定双方共同遵守的贸易、环境规则。

（三）贸易保护主义的好处

如果一个国家采取多项保护主义措施，贸易逆差就会减少；政府可能会采取保护主义措施来改善经常账户赤字或者保护国内就业；保护主义可以用来纠正市场失灵，处理不良商品，维持社会秩序。

二 现实中的贸易战

据世界贸易组织2018年发布的《全球贸易数据与展望》报告，当年全球贸易总额大概是 39.342 万亿美元，增长达到 3.0%，几乎占全球 GDP 总额的一半。全球贸易总额中，中国贸易进出口占比达 11.75%，而美国贸易进出口占比 10.87%。同样的，世界上的贸易战也在不断地发生，美国与欧盟、日本与韩国的贸易战，中美的经贸摩擦。许多国家不仅推行贸易保护政策，还在搞贸易战，甚至在政治盟友中（比如美国和欧盟、美国和日本）相互对抗得也很厉害。这是为什么呢？既然比较优势理论是对的，那可能是因为理论宣传不到位，没有深入人心，再加上政治家愚昧自私。

为什么贸易战时有发生？专家以不同的视角进行解读，我们仅从比较优势的角度进行探讨。

贸易战的原因：比较优势是可以变化的——以下主要观点来自拉尔夫·戈莫里和威廉·鲍莫尔的著作《全球贸易和国家利益冲突》。①

（一）比较优势提出的背景

由于两个国家刚好具有不同商品生产的绝对优势的情况是极为偶然的，亚当·斯密的绝对优势理论仍然面临一些挑战。而自由贸易的基础普遍认为是前文我们讲过的大卫·李嘉图提出的比较优势理论。大卫·李嘉图是英国 19 世纪早期的经济学家，他的名著《政治经济学及赋税原理》于 1817 年发表，距今 200 年左右。200 年前的全球贸易是什么样的？那个时候工业革命才刚刚开始，农业还是主要的生产部门，全球贸易主要交流的是农产品，农业生产高度依赖自然环境。即便是今天，农业技术发达到了这个地步，要想在寒温带地区生产出热带作物，还是非常困难的，且成本极高、质量差，还不如通过国际贸易去进口，这是由比较优势所决定的。一个地方的优势，人力无法改变。因此国家只能通过自由贸易和全球分工来改善自己的经济，这就是李嘉图理论的现实基础。

（二）比较优势是可以改变的

如今的后工业时代，已经进入了信息化社会。工业生产，大部分是在室内进行，对自然环境的依赖当然要小得多。就算自然条件相差很大，

---

① ［美］拉尔夫·戈莫里、［美］威廉·鲍莫尔：《全球贸易和国家利益冲突》，文爽、乔羽译，中信出版社 2019 年版。

也可以生产出质量、成本一致的工业品。不过相对于投入的资本量，相差有点儿大。举个例子，汽车原来主要在欧洲和美国生产，如奔驰、大众、福特等。相比起来，日本国土面积狭小，生产汽车所需要的资源——铁矿、橡胶、石油……几乎都没有。但是那又怎样呢？后来，日本仍然成功发展起了强大的汽车工业，还在竞争中把欧美汽车产业打得狼狈不堪。

比较优势的理论仍然有效，但是它的内涵发生了变化。各个国家的比较优势不再是被“发现”的，不再是天定的，而主要是“创造”或“建设”出来的，也就意味着比较优势是可以通过人的主观能动性改变的。如今，人为努力的空间比农业时代大多了。比如河南的形象一直是农业大省，比较优势难道不是生产优质小麦吗？原来的确是这样。但经过一番努力，河南现在已经具备了生产最先进手机的比较优势。据说在全世界范围内，在郑州生产的苹果手机的成本最低且质量最高。贵州以前在我们心目中的印象是“天无三日晴，地无三尺平，人无三分银”，但是现在一跃成为全国 GDP 增速最快的地区，变为大数据中心。自 2011 年以来，以交通水利为引领的基础设施建设投资拉动成为贵州经济高速发展的引擎，贵州连续 39 个季度经济增速位居全国前三，创造了贵州经济发展历史上的“黄金十年”，这也离不开它自身所创造出的比较优势。一是气候环境优良的生态优势。贵州是一个气候宜人、资源富集、民族众多的内陆省，素有“公园省”“温泉省”之美誉，平均海拔 1100 米，冬无严寒夏无酷暑，是理想的避暑胜地。植被丰厚，森林覆盖率超过 60%，全年空气质量优良天数占比达 99% 以上，地质结构稳定、无破坏性地震影响。优良的生态环境为发展大数据基础设施提供了独特的优势。二是水煤资源丰富、电力价格低廉的能源优势。能源优势能够为大数据企业提供廉价、稳定的电力资源，降低企业运行成本。三是地理位置和交通便利的优势。贵州率先在西部实现县县通高速，高速铁路四通八达，通航机场市州全覆盖。深度融入“一带一路”、长江经济带和粤港澳大湾区建设，开放发展格局实现历史性重塑，使贵州省经济走廊的地位进一步凸显。四是具有西部重要增长极、内陆开放新高地的战略优势。

再看中美经贸关系，21 世纪之后，中国能迅速成为制造业大国，最根本的保证就是，中国的大学每年可以培养出几百万工程师——扩招带来的巨大福利。特朗普要求苹果把生产线搬回美国，大家认为可能吗？在美国也许根本就找不到那么多工程师。这不是简单的工资价格原因，是人才储备不支持苹果这么做。特朗普算账的方式是，你们搬回来就能创造多个工作机会。但是在现实中呢？这个逻辑恰恰是反过来的。如果没有提前努力，储备这么多人才，制造业它就搬不回来。

《全球贸易和国家利益冲突》观点小结：贸易战是不可避免的。农业时代的全球化可以无为而治，从而达到自然均衡，因为人为也改变不了的比较优势。在现在的信息时代，天赋的比较优势作用不是决定性的，比较优势是能够创造和改变的。按照“比较优势决定分工格局”，应该放弃哪怕暂时没有比较优势的产业（如果要发展，也应该等比较优势条件成熟后再发展）。通过一段时期的人才、技术与资本积累，形成内生优势，改变原有的比较优势格局。在当今逆全球化的趋势下，认清这一问题对于形成以国内大循环为主体、国内国际双循环相互促进的新发展格局，保持中国经济安全、高质量且有一定速度的发展，具有重要的现实意义。

（三）中美经贸摩擦不可避免

不难发现，在中美经贸摩擦下，越南捡到的便宜最多，越南出口增加64亿美元，接着是墨西哥，增加了40多亿美元，中国台湾地区，也增加了30多亿美元，接下来是马来西亚、印度、韩国、俄罗斯等。但从2020年开始，世界进入了特殊模式。在新冠疫情席卷全球的背景下，很多原有的计划和规则被打破，中国制度显示出了抗疫优势，而美国则内部乱作一团：黑人危机、疫情失控、占领国会等。很多经贸摩擦时期的关税和限制进口措施都被暂时停止。

自疫情暴发以来，美国从中国的进口额再次直线上升，中国占美国“进口总额”的比例又重回21%。中国的口罩、呼吸机等医疗物资，以及一系列本来被制裁的电子零部件、汽车部件和医疗部件，全都获得了大幅的出口增长。

我们发现，美国对中国征税的行业主要涉及高铁装备、航空航天、信息和通信技术、机器人、新一代信息技术及新能源汽车等，包括华为、中兴等高科技公司都成为美方重点征税的对象。美国的这一行为其实是打算控制中国在高科技产业方面的比较优势，比较优势仍然是贸易的前提，只是比较优势的发展与创造会改变各国的优势，进而改变贸易的内容。

三　小结

学完本节内容，我们厘清了关于贸易问题的几个错误观点：贸易顺差和贸易逆差很重要，贸易保护主义很有必要，贸易导致工作岗位流失，等等。

重点从比较优势的角度讨论了当前贸易战的原因：讨论了以农业产品为主要贸易品的时代，比较优势更多取决于自然条件，而在工业化、信息化时代，比较优势是可以创造和改变的。而目前美国挑起的中美经贸摩擦更多的是想通过遏制中国在科技方面的发展，以防止中国改变比较优势。

第五节　是否放弃已经购票却难看的电影？——沉没成本

案例分析：如果你已经用 50 元买了一张电影票，并且按规定已经付款了无法退款。观看了半小时后，你觉得这场电影简直是场灾难，太枯燥、太沉闷了，此时你应该离开电影院吗？又或者坚持把这场你觉得枯燥无味的电影看完？在做这一决策时，你需要学会经济学家的做法，即你应该忽视花费的 50 元。因为这 50 元是沉没成本，不管是继续看还是离开，这钱你都已经花了，并且是无法收回的成本。

2017 年诺贝尔经济学奖得主——理查德·泰勒（Richard Thaler），在《“错误”的行为》中举过一个例子：文斯（Vince）花费 1000 美元，成为一家室内网球俱乐部的会员，他可以每周在室内打一次网球。两个月后，他患上了“网球肘”，打球时肘部非常疼痛。但他不想浪费会员费，于是忍痛坚持打球 3 个月，直到疼痛再也无法忍受，他才停止打网球。即使我们不是经济学家，从普通旁观者的角度来看，文斯也应该在患上“网球肘”时就尽快休息，而不是忍痛继续打球。

我们不妨试想一下，假如你在一家网红餐厅排队准备就餐，已经等了 30 多分钟了，但是前面的队伍依然很长。询问餐厅的服务员后，被告知预计至少还要等一个小时才轮到你就餐，但也说不准，也可能会更快。这个时候你会怎么办呢？是选择继续等下去，还是选择换一个餐厅吃饭？

面对这个生活中这么常见的例子，大多数人都会纠结以下几个难题。

（1）假如你选择放弃继续等待，而去其他餐厅排队就餐，你会觉得已经排了半个多小时了，现在离开无疑是前功尽弃，还不如继续等下去。

（2）假如你选择继续在这家网红餐厅排队候餐，你又会觉得太浪费时间了，谁知道还要等多久才到呢，考虑到自己的机会成本，你也许会选择离开而去其他餐厅。

（3）假如你换到了其他餐厅就餐，也一定会觉得有遗憾，认为这家的味道不及那家网红餐厅，那么多人排队，味道一定会更好，要是再坚持排队就一定能吃到更美味的食物。

一个这么常见的例子，背后却隐藏着经济学道理：任何一个选择，就好比是一枚硬币的两个面，我们做选择时面临权衡取舍。其实作为消费者，我们的想法都没有错，关键的原因在于，我们的思维方式出了问题。当我们在做选择时，仅仅看到了我们“失去”的那部分，而往往忽视了做选择时我们所“得到”的东西。

诺贝尔经济学奖得主斯蒂格利茨（Joseph Eugene Stiglitz）教授说，普通人常常不计算“机会成本”，而经济学家则往往忽略“沉没成本”。他在《经济学》一书中说：“如果一项开支已经付出，并且不管作出何种选择都不能收回，一个理性的人就会忽略它。这类支出称为沉没成本。”但是，这些建议并不容易被遵从，正如行为清单上所列的冒着暴风雪看球赛、有“网球肘”的文斯坚持打网球、继续为无情的前男友哭泣等。

一 沉没成本

（一）沉没成本的概念

沉没成本（Sunk Cost）是指由于过去的决策已经发生了，而不能由现在或将来的任何决策改变的成本，又称为沉淀成本。简单说就是已经发生并且不可收回的支出，如时间、金钱、精力等。沉没成本常用来和可变成本作比较，可变成本可以被改变，而沉没成本则不能被改变。沉没成本是一种历史成本，对现有决策而言是不可控成本，会在很大程度上影响人们的行为方式和决策。

如果你花了300元买了一支明星推荐的口红，用了两次发现非常不适合自己的肤色，此时明智的选择是什么？答案当然是放弃使用。因为这300元已经是无法收回的沉没成本，继续使用的话只会增加负面影响。

（二）为什么沉没成本很重要？

为什么人们会认为开展某项行动是值得的，比如去看球赛、听音乐会，或让一场徒劳的战争继续下去？当你以某一价格购买东西却没有产生任何交易效用时，你不会认为这是一种损失。你已经付了钱，当你使用产品并享受获得效用带来的乐趣时，这个账户就会清零，你之前的成本与后来的收益相抵消。但是，如果你花500元买了一张音乐会门票，却没有去听，会怎么样呢？你会觉得自己损失了500元。用财务报表做个类比，如果你买了门票却没有使用，在你的心理账户中这将被认定为损失。

同样，对于已买到的产品而言，使用的次数越多，你就会觉得这笔交易越划算。假如你买了一双鞋，原因可能是它正在打折。虽然折后价还是很高，但已经比原来便宜不少了，你无法拒绝这么大的交易效用。一天，你穿着这双鞋去上班，但到中午的时候，你的脚就开始疼了。你决定让脚休息一下，几天后你再穿上这双鞋。这次只穿了一个晚上，结果脚还是很疼。现在你面前有两个问题：假设无论穿多少次这双鞋，你的脚都会不舒服，你还会再穿吗？你决定不再穿它们之后，这双鞋会在你的鞋柜里待多久呢？如果你和大多数人一样，那么答案将取决于你买这双鞋花了多少钱。投入的成本越高，你就会忍受越多的疼痛，这双鞋待在鞋柜中的时间也会越长。

健身中心也常常会发生类似的事情。如果你办了一张健身卡但没有去健身，你会觉得这是一种损失。但实际上，有些人办健身卡的目的就是自我控制。假设你想去健身，并且会心疼会员费被浪费，办健身卡就可以从两个方面帮助你克服惰性：不去健身的时候，会员费会一直萦绕在你的心头；每次去健身时，不用当场交钱。市场营销学教授迪利普·索曼（Dilip Soman）和约翰·古维尔（John Gourville）在一家健身中心做了一个巧妙的研究，正好证明了这一点。该健身中心一年会收两次会员费，而索曼教授和古维尔教授发现，交完会员费的那个月，人们的健身次数增加，然后逐渐下降，直到交第二次会员费。他们将这种现象称为

“支付贬值”（Payment Depreciation），意思是沉没成本效应会随着时间的推移不断降低。

所以，沉没成本是有影响的，至少在交易刚完成的那段时间里，但最后很可能会被忽略。

（三）为什么人们往往会陷入沉没成本的误区呢？

对于沉没成本，其实正确的做法是忽略它、忘记它。因为沉没成本实际上与当前决策并无直接关系，你付出就付出了，不应该让这些已经付出的成本影响你的决策，及时止损，这是人生的智慧。不能因为惋惜一开始付出的成本而陷入一个更大的成本之中。新的时间发生的错误消耗又成为新的沉没成本。

在我们的生活中，对于消费者来说，沉没成本应该是一种被忘记而不是让它干预我们决策的成本，为什么明明已经吃了亏却没有悬崖勒马，而是宁愿选择较劲呢？主要有两个原因。

（1）“自我辩护”：当我们的认知和行为相违背时，我们会用各种理由去支撑我们的行为，使我们的行为看起来更加合理化。无论是我们购买的不合适的鞋子，还是选择的无情的男友，我们都不想承认这是一个错误的选择。

（2）“厌恶损失”：人们天生对损失产生的痛苦远远大于得到产生的快乐，所以在损失已经产生时，人们更容易选择逃避。我们买回的鞋子只要不扔掉，就意味着我还没有失去它。我们选择的男友其实对自己不够好，但只要自己不主动结束这段关系，感觉我还拥有他。这些行为都源自“厌恶损失”，其实质是一种逃避。

二　如何减少沉没成本带来的损失？

（一）可供选择的行为

1. 生产者尽量避免决策失误导致的沉没成本

对企业来说，沉没成本是企业在以前经营活动中已经支付的成本。当然，市场及技术发展瞬息万变，投资决策难免失误。在投资失误已经出现的情况下，如何避免将错就错对企业来说才是真正的考验。英特尔公司（Intel）2000 年 12 月决定取消整个 Timna 芯片生产线就是这样一个例子。Timna 是英特尔公司专为低端 PC 设计的整合型芯片。当初在这个项目上马的时候，公司认为今后计算机减少成本将通过高度集成（整合型）的设计来实现。可后来，PC 市场发生了很大变化，PC 制造商通过其他成本降低方法，已经达到了目标。英特尔公司看清了这点后，果断决定让项目下马，从而避免更大的支出。

2. 个人应该调整投资心态

比如一只持续在下跌的股票，投资者是否应该抛售呢？对于“沉没成本”，投资者应该自问：如果手中没有这只股票或基金，或者另外给你一笔钱，你还会买它吗？如果答案是否定的，那么最好卖了它，否则就会“错上加错”。如果一只股票或基金已经让你亏损太多，且短期内基本面没有改善迹象，与其盲目追加，换来无期限的望眼欲穿，不如快刀斩乱麻，接受“沉没成本”，重新开始。结论：如果一项开支已经付出并且不管做出何种选择都不能收回，就应该止损。不要因为惋惜放不下，而使自己陷入新的沉没成本中。

有时候企业或者个人难以决策，是因为不确定是否有转机。对于个人来说，辞职一年考研还差两分过线，这个时候要不要继续再考的决策就很难。如果不考，之前的一年就是沉淀成本，无法收回；如果继续复习考上了，之前一年的付出就有回报。企业研发的新产品也可能面临类似的问题，中途放弃的确是一笔大的沉淀成本，继续尝试可能突破，但也可能是更大的成本。

（二）可供选择的思维方式

怎样做才能不被“沉没成本”拖垮人生呢？这里提供两种可选择的思维方式。

第一，当我们在做选择的时候，注重去看自己所“得到”的，而不是去计较自己在选择时所“失去”的东西。任何一个选择都有利有弊，做选择时聚焦于利，不再去想自己的“机会成本”，专注于自己得到的。因为我们都明白，世界上没有一个选择是完美的，不管做何选择，总会失去一些东西。既然注定会失去，那失去的东西就不重要了，重要的是我得到的是我想要的，是现有选择中我觉得最适合自己的，我得到了就是最好的。

第二，把我们的人生看作一个体验的集合，做选择时抛开经济学的成本论，不去计较沉没成本，重视自己人生中五彩斑斓的体验与滋味，注重享受。

三 沉没成本可能是企业进入市场的关键

对于具有明显规模经济和庞大固定投入的资本密集型产业或行业来说，沉没成本是它们进入市场的一个关键，比如通信、交通、能源、房地产等。这些行业初始的固定资产投入是很大的，而这些固定的投入无形中构成了市场的进入壁垒，这也是为什么许多中小企业望而却步、不敢轻易进入市场的原因。这些行业虽然沉没成本非常高，但是只要他们占领市场之后，边际成本就会变得很低。比如对于移动电话公司来说，它多一个移动电话用户边际成本几乎可以忽略。类似的，对于共享单车公司而言，新增的用户带来的成本几乎可以忽略，而带来的利润却很可观。因此，当这些企业占领一定的市场份额之后，所获得的利润就会大大的增加，那么最后留在市场上的企业就变成了市场的赢家。了解了沉没成本以后，大家对最近这几年风起云涌的共享车、网约车以及各种各样的外卖平台是怎样在市场上竞争厮杀的，就会有一个更理性的认识。

四 注意区分沉没成本与机会成本

与前文所学的机会成本不同，沉没成本是指已经发生而无法收回的成本。沉没成本基本上是现在电话和短信诈骗的核心支撑理论，一般这些公司一开始都让你交很少的钱，等你交了，就让你慢慢地越交越多。很多人会觉得，如果后面不交，前面交的就都拿不回来了，所以心存侥幸，一再追加投入，最后越陷越深。很多投资公司也是如此，让你一开始出点小钱做一些评测、资质、标准，很多人想到万一成了可以拿到上千万元的回报，就咬牙坚持一路投入下去，最后血本无归。

而机会成本是选择做一件事而不做另一件事时，必须放弃的能够带来最大收益的成本。举个例子，对于学生来讲，你选择在宿舍看美剧，就丧失了去图书馆看书的机会，去图书馆学习看书就成了你在宿舍看美剧的机会成本。

由此可见，无论做什么选择，沉没成本都不可避免，因此不能作为决策者未来决策的参考因素；而我们做选择时通过机会成本的比较，可以帮助决策者进行最优选择。

五　小结

为了更好地帮助个人和企业进行选择，在学习机会成本的基础上，我们又学习了生活中特别常见的一种成本——沉没成本。通过本节内容的学习，我们了解了沉没成本的概念。它是指发生后不可收回的支出，如时间、金钱、精力等。通过学习，我们理解了对于沉没成本最好的办法是及时止损。无论我们在未来做出何种行动，都不会对沉没成本产生影响，无法挽回任何损失。我们也分析了在现实中，人们为何很难理智地放弃沉没成本，最后从行为和思维的角度就如何减少沉没成本给我们带来的损失分别给出了建议。

第六节　海底捞为何进行快速扩张?
——规模经济

通过学习本节内容，我们可以了解海底捞公司扩张背后隐藏的经济学原理。

海底捞成立于 1994 年，以川味火锅为主，融会了各地火锅特色，是一家大型的跨省直营餐饮品牌火锅店，在我国众多城市以及新加坡、美国等国家都有直营连锁餐厅。2018 年 5 月 17 日，海底捞国际控股在港交所递交了上市申请，截至 2019 年 10 月，海底捞市值高达 2 千亿港元。2019 年的智慧零售潜力 Top 100 排行榜中，海底捞排第 35 名。2020 年 1 月 9 日，海底捞以市值 1570 亿元在胡润研究院发布的“2019 胡润中国 500 强民营企业”中排第 34 名。

现实生活中，我们发现有的企业能够快速地开设很多分店，比如喜茶、海底捞；我们也会看到不少企业大幅度缩减规模，关闭很多门店，比如我们熟悉的运动品牌李宁、休闲品牌凡客等。我们不得不思考：为什么有的企业在规模扩大的过程中获益，而有的企业在规模扩大的过程中受损呢？这里就涉及一个重要的问题：企业在长期中如何取胜，也就是规模经济和规模不经济的问题。

一 规模经济与规模不经济

（一）规模经济与规模不经济的概念

1. 规模经济

规模经济（Economy of Scale）又称“规模利益”，指在给定的技术条件下，生产规模的扩大会引起企业产量的增加、收益的增加，使得长期平均成本下降，即长期费用曲线呈下降趋势。

规模指的是生产的批量，具体有两种情况：一种是生产设备条件不变，即生产能力不变的情况下生产批量的变化；另一种是生产设备条件变化，即生产能力变化时生产批量的变化。规模经济包括部门规模经济、城市规模经济和企业规模经济。在西方经济学里，规模经济主要用来研究企业内部的经济，因此又称为内在经济。随着产量的增加，长期平均总成本呈下降的特性。但这并不意味着生产规模越大越好，因为规模经济追求的是能获取最佳经济效益的生产规模。一旦企业生产超过一定的规模，平均效益就会逐渐下降，甚至跌破趋向于零，乃至变成负值，引发规模不经济现象。

2. 规模不经济

规模不经济（Diseconomy of Scale）是规模经济的反面，因生产规模扩大而导致单位产品成本提高的现象。规模不经济一词来源于西方规模经济理论。该理论认为，当生产规模扩大时，开始为规模经济阶段，继而为规模经济不变阶段，如继续扩大生产规模，在超过一定限度之后，便会产生种种不利，使同种产品的单位成本比原来生产规模较小时提高，从而形成规模不经济。它表现为规模收益递减，即生产规模扩大后，收益增加的幅度小于规模扩大的幅度，甚至收益绝对地减少。规模不经济一般指内在不经济，内在不经济亦称内部不经济，是指一个企业由于规模扩大，企业内部因素发生变化，引起平均成本提高与收益下降。

（二）规模经济与规模不经济的图形表示

如图 5－6－1 所示，如果横坐标表示产量 Q，纵坐标表示成本 C，那么长期平均成本曲线（Long Term Average Cost，LAC）就呈“U”形。在 Q_1 以前，长期平均成本曲线是随着产量下降而下降的，这就是规模经济；

在 Q_1 到 Q_2 之间，当长期平均成本不随着产量变动而变动的时候，我们可以说存在规模收益不变；在 Q_2 之后，长期平均成本随着产量的增加而增加，这就是规模不经济。所以，大家应该能够将前文列举的品牌对号入座：发展中的喜茶、海底捞处于 Q_1 以前规模经济阶段，也就是说，通过产量的扩大能够进一步降低平均成本；与之相反，曾经的李宁、凡客则处于 Q_2 之后规模不经济阶段，也就是说，产量的扩大、规模的扩张会导致长期平均成本上升。

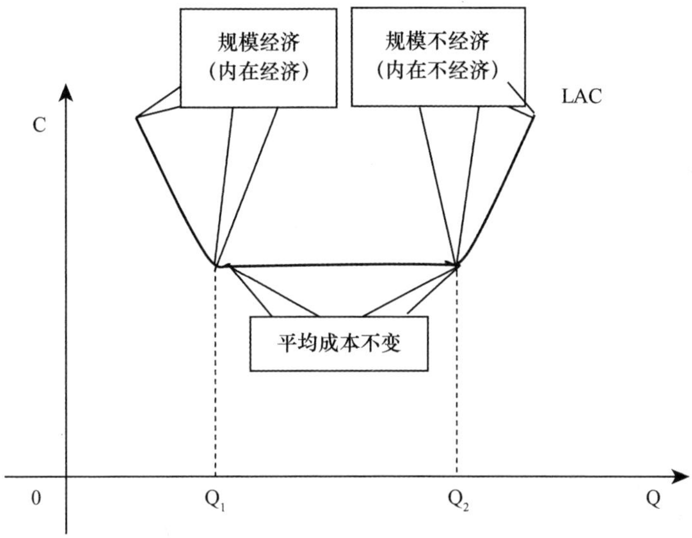

图 5－6－1　内在经济与内在不经济

这样一来，我们就明白并不是说企业的生产规模越大越好，而是因为规模经济，追求的是能够获取最佳效益的生产规模。一旦企业生产规模扩大到一定的程度，规模效益就会逐渐下降，甚至趋向于负。因此，在长期平均成本曲线中，那个最低点才是企业最适度的规模。

（三）规模经济与规模不经济产生的原因

大家可能会想是什么原因导致规模经济，又是什么原因导致规模不经济的呢？

1. 导致规模经济的原因

亚当·斯密在其名著《国富论》中描述了别针生产的过程。他写道：

一个人抽出金属丝，另一个人拉直，第三个人切断，第四个人削尖，第五个人磨光项端以便安装圆头；做圆头要求有两三道不同的操作；安装圆头是一项专门的业务，把针涂白是另一项；甚至将别针装进纸盒中也是一门职业。

（1）规模经济源于专业化分工

斯密表示，因为这种专业化加上工人合理分工，别针厂的每个工人每天能生产几千枚别针。最后他得出的结论是，假如工人分开工作，不作为一个专业的团队，那他们可能每天连一枚别针也造不出来。换句话说，专业化会使大别针厂可以比小别针厂实现人均产量更高和每枚别针平均成本更低的目标。斯密在别针厂观察到的专业化导致的规模经济在现代经济中普遍存在。当公司雇用了大量的工人进行生产的时候，就可以用生产流水线去降低成本，比如20世纪的福特汽车公司，就用此方法大幅降低了汽车的生产成本，从而让更多的普通人拥有了汽车。

（2）规模经济还源于生产成本的大幅下降

比如，沃尔玛、家乐福等大企业能够以比小企业更低的价格购买到原材料。实际上，当沃尔玛不断扩张时，它相对于供货商的议价能力一直在增强，也就是说它能够以更低的成本拿到更多的商品。现在日趋火热的直播带货主播，比如李佳琦等之所以能够以更低的价格来出售同类的商品，与他们的规模形成的议价能力有直接的关系。

另外，大规模的厂商可能具有较雄厚的资金实力，可以配备更加先进的机器设备，实行企业内部合理的资源调配，实行科学的管理制度，提高副产品的综合利用效率，减少要素购买和产品销售等环节的资源消耗，等等。海底捞公司的疯狂扩张和盈利就是规模经济的体现。

但是，规模经济也不会无限地持续下去，许多行业的长期平均成本曲线都会有一段不变的部分，也就是图5-6-1中长期平均成本曲线上Q_1到Q_2的部分，几乎是水平状，规模收益不变，这意味着这些可能产生规模经济的因素已经达到饱和状态。

2. 导致规模不经济的原因

如图5-6-1所示，LAC到达Q_2之后出现规模不经济，原因是什么呢？

（1）管理效率的降低。

通常，企业的规模与管理的难度成正比，与管理的效率成反比。大企业需要设计复杂的管理层次，设置许多的激励和监督机制，这会增加企业非生产人员和设备的数量，使得企业的成本上升、费用增加。

（2）产品相关性降低。

随着规模的扩大，许多从事多种产品生产的企业，其产品之间的相关性越小，需要投入的技术设备和劳动就越多，产品成本也越来越高。除此之外，产品的相关性越小，各类产品彼此之间的管理体制就越不同，从而相互之间的协调配合就越复杂，导致管理和生产效率下降。

（3）技术因素的制约。

企业规模与一定的技术条件是彼此适应的。企业规模的扩大会提高其生产能力，而生产能力的扩大需要技术进步。企业规模既存在伴随技术进步而逐步扩大的趋势，又受技术条件的制约。因此，企业规模是与生产技术密切相关的一种动态组合。

二 外在经济与外在不经济

规模经济与规模不经济是由企业内部因素所引起的，那企业外部因素变化会导致什么结果呢?

（一）外在经济

外在经济（External Economy）是指整个行业生产规模扩大以后，给个别厂商带来的产量增加和成本降低。引起外在经济的主要原因是整个行业生产规模扩大后，个别厂商可以从中获得诸多便利，如获得低价优质的原料、吸纳优秀人才、利用便捷的交通运输设施、提高信息交流的效率等，从而增加产量和降低成本。

如图5－6－2所示，长期平均成本曲线整体上移或者下移。此时，就不是企业规模导致的，而是因为企业外在环境的变化。外在经济指企业的长期平均成本随着行业规模的扩大而下降的现象，在图形上就是整条长期平均成本曲线下移，它源于企业外部环境优化、新技术在该行业的应用、政府在该行业的减税或者补贴等扶持。

比如，最近的直播经济就是外部环境优化的表现。随着智能手机的普及，各类直播平台在丰富人们生活的同时，也带来了新的销售模式。

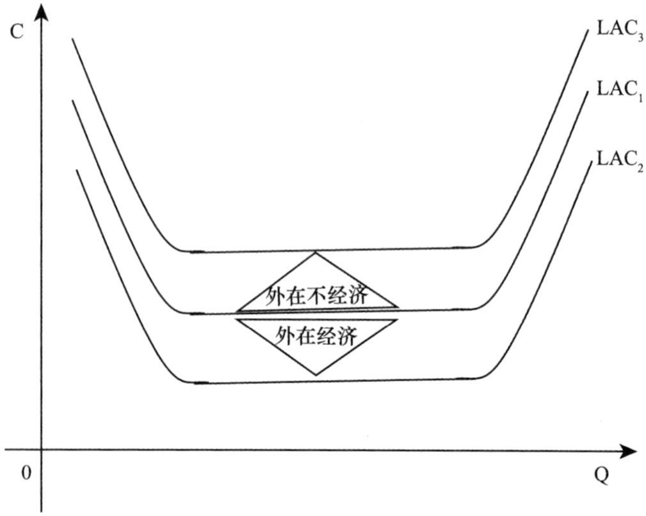

图 5-6-2 外在经济与外在不经济

从普通人到直播大咖，这个行业的快速崛起就使得企业的平均成本曲线下移。

（二）外在不经济

相反，当整条长期平均成本曲线向上移动，就是外在不经济（External Diseconomy）。它是指企业的长期平均成本随着行业规模的扩大而上升的现象，它源于行业扩张引起的企业外界环境的恶化，比如要素价格的上升、销售市场行情的下跌等。外在不经济使长期平均成本曲线向上垂直移动，表示在每单位产量水平上，花费的长期平均成本都比过去增加了。

面对外在经济和外在不经济，对于企业来说，应该尽可能地了解本行业的现状和发展，掌握经济发展的未来趋势；尽可能地降低外在环境给自身带来的风险，抓住发展的机遇。雷军说过一句话：站在风口上，猪都能飞起来。这个风口就是势能，普通人只要利用好势能，就可以花很小的力气，获得更大的收益。

企业要想扩大规模就必须明确地把握时机，一方面要对市场供求状况和变动趋势做出正确的预测，另一方面要对产品的相关行业和社会供求总量的平衡状况做出正确的判断。格兰仕微波炉一直被当作规模经济的成功案例。1992 年，格兰仕进入家电业。在十多年里，格兰仕微波炉从零开始，迅速从中国第一发展到世界第一。格兰仕用了规模经济降低成本的战略，迅速扩大规模和市场占有率，产量高速增长，已经达到了 1500 万台，成为全球微波炉巨头。虽然格兰仕实施多次的降价战略，但是企业的收益依然高速增长，这是为什么呢？是因为格兰仕知道规模每上升一个台阶，生产成本就会下降一个台阶。所以，从 1993 年格兰仕进入微波炉行业到 2003 年，十年之内，微波炉的价格由每台 3000 元以上降到了每台 300 元左右，降掉了 90% 以上的价格，这既是规模经济也是外在经济带来的效果。到现在，我们很少听到格兰仕的消息了，毕竟整个市场需求也是有限的，而且人们对产品的需求会不断变化。

三　小结

本节介绍了在长期中，随着企业产量的增加，平均成本可能会减少、不变或者增加，从而带来规模经济、规模报酬不变和规模不经济。接着我们了解到专业化分工、原材料的下降是规模经济的主要原因，而管理成本的上升则可能导致企业规模不经济。因此，对于企业来说，生产规模不是越大越好，长期平均成本曲线达到“U”形曲线的最低点才是企业最适度的规模。另外，我们学习了行业需求的变动、技术的引入、政府的扶持等因素可能导致外在经济或者外在不经济，从而认识到企业应该如何平衡和应对外在经济和外在不经济。

思考题

1. 什么是边际报酬递减规律？这一规律适用的条件有哪些？

2. 一些高科技行业，如手机制造业、机器人制造业等，核心芯片研制出来之后，大量投入生产，就可以获得大量的收入。这些行业在一段时间内，技术水平保持不变，但是在不断生产中仍可以保持收益递增，这是否违背了边际报酬递减规律？

3. 办公室的均衡租金每月上涨了 500 元，在以下情形，比较对会计利润与经济利润的影响：

a. 你租用办公室

b. 你自己拥有办公室

4. 法国和巴西每个月都有10000个劳动小时。在法国，生产1磅咖啡需要2个小时，生产1瓶红酒需要4个小时；在巴西，生产1磅咖啡需要1个小时，生产1瓶红酒需要5个小时。

思考：哪个国家在生产咖啡上有绝对优势？哪个国家在生产红酒上有比较优势？

5. 你本人有什么比较优势？具有可持续竞争力吗？你是否可以创造新的比较优势？

6. 假如有个大学生毕业以后打算考研，如果没有考上，他还想再考，两年后还是没考上，你认为第三年还要不要考呢？他该怎么选择？

7. 对于已经投入部分资金的股票，一直在走低，如果卖掉又担心它走高；如果不卖，又担心它继续跌。如果是你，会怎么选择？

第六章

市场结构与企业决策

第一节　所有企业都是价格的接受者吗?
——完全竞争市场

正如你看到的，所有经济学书籍中都强调企业的经营目标是获得最大化利润，但是在不同的市场结构中，由于客观市场条件的限定，不同市场结构中企业想要实现最高利润目标的方式是不一样的。当你在购物的时候，你会发现某些商品如穿的衣服、喝的奶茶，常常都有商家进行的各类打折活动，尤其是同一条街上的几家奶茶店更是经常扎堆打折，这家买二送一，那家可能就跟风买二送一，或者是第二杯半价。但你或许能发现另外一些与奶茶、衣服不同的商品，它们在折扣活动或者说定价中呈现的是另一种特质，例如汽油，消费者只能被动地接受卖家给定的价格，这一类型的商家也很少进行商品促销活动。为什么汽油与衣服同样都是与我们日常生活息息相关的商品，但是消费者在购买的时候这些商品的价格却有不同的表现呢？比较一下衣服和汽油这两种商品，可以从前几章所学的知识——需求价格弹性出发来进行判断然后得出一个结论：这是由于衣服的需求价格弹性大，而汽油的需求价格弹性小，所以商家采用了不同的价格策略。这是从需求的角度来看的，事实也的确如此。

但是如果从供给的角度来看待这个问题就会发现：生产衣服的企业有千千万万家，而生产汽油的企业却少之又少，并且不同企业生产的衣服款式、颜色、原料、设计千差万别，而不同企业提供的汽油差别却很小。请你试想一下，在这两种不同的行业中，商家能在哪一个行业赚取更多的利润？你肯定会毫不犹豫地选择生产汽油的企业。那么请你再思考一下：当你在有启动资金并且想创业的情景下，你会选择开服装店，还是开一个炼油厂生产汽油呢？一般人当然是选择服装店。这是因为对一个普通人来说，开服装店相对炼油而言要容易得多。因此，从这个例子中你或许能得出一个结论：不同的商品由于企业数目的多少、产品是否有差别以及新的企业是否容易进入这个行业等方面的差异，会形成不一样的市场。划分不同市场的依据同样也可以从这个例子中得到启发：一是本行业内部的生产者数目或企业数目，一个行业内企业数目越多，其竞争程度就越激烈；反之，一个行业内企业数目越少，其垄断程度就越高。二是本行业内各企业生产者的产品差别程度。三是商家进入行业障碍的大小，进入障碍是指一个新的企业要进入某一行业所遇到的阻力。一个行业的进入障碍越小，其竞争程度越高；反之，一个行业的进入障碍越大，其垄断程度就越高。在不同类型的市场上，生产者对商品的供给和消费者对商品的需求都是有不同选择与决策的。

一　市场结构

根据企业的数目、产品的差异程度、对价格的控制程度以及新企业进退的难易程度，通常情况下市场被分为完全竞争、垄断竞争、寡头垄断以及完全垄断市场。表6－1－1中4种不同市场结构各自的特征会使你对市场结构的认识更清晰，理解更深刻。

表6－1－1　　市场结构及划分依据

	完全竞争（1）	垄断竞争（2）	寡头垄断（3）	完全垄断（4）
卖者数量	非常多	很多	少数	一个
产品差异	无差异	有差异	有差异或无差异	差异极大
价格控制力	无控制力	有一定控制力	有较大控制力	有很大控制力
进退难易	容易	较容易	很难	非常难
现实例子	农产品市场	零售业	电信巨头	水、电

在表6－1－1中的第（1）类完全竞争市场的行业中，企业数量很

多，并且各个企业的产品几乎无差异。由于各个企业的产品在市场上所占的份额小到可以忽略不计，企业改变产量的行为对价格的影响非常小，企业对价格的变化无能为力，只能被动接受市场价格。企业进入与退出市场都很容易，最具有代表性的例子是农产品市场。

表 6-1-1 中第（4）类的完全垄断市场，它和完全竞争市场是两个极端。在完全垄断市场的行业中，企业数量是唯一的，这意味着它们的产品与其他企业的产品存在极大的差距，故该市场中的企业完全能够操纵产品价格，但随之而来的是企业进入与退出市场都无比困难。例如，国家垄断的水、电行业。

非常接近完全垄断市场的第（3）类市场叫作寡头垄断市场，它的特点是市场中只有几家企业，产品可以有些许差别，但是实质上各个厂商的产品差别不大，进入与退出该市场都很难。现实中最具有代表性的是移动通信行业，如中国移动、中国联通、中国电信。从这些例子中或许你已经发现，寡头垄断市场与垄断市场具有一个相似点：对消费者而言，选择的余地很小，最多只能在这几家企业中选择。所以，消费者也只能被动接受寡头垄断市场的定价。

第（2）类垄断竞争市场的特征实际上更接近第（1）类的完全竞争市场。在垄断竞争市场的行业中，进入与退出该市场是很容易的，所以市场中有许多企业，各个企业生产有差别的产品，并且各个企业对价格都有一定的控制力。生活中大部分行业都属于此类市场，比如服装、食品等零售行业。对于消费者而言，同一类型的产品，能够在这个市场中根据自己的能力或者偏好拥有多种选择。

二 完全竞争市场

了解了 4 种不同的市场类型后，再来进行完全竞争市场的深入学习，我们首先来看看理想中的完全竞争市场具备哪些特点。

第一，市场上必须有大量的买者和卖者。所以，任何一个卖者都不会对市场的价格产生影响，而每个消费者和每个生产者都必须接受市场决定的价格。完全竞争市场中的商家就拥有了最具它们特质的称号，它们被称为价格的被动接受者，英文表达其实更加贴切：price taker。它们只能接受市场给予的价格，这也是完全竞争市场中商家最重要的特点。

第二，市场中各个商家提供的商品都是完全同质的。换句话说，商品必须是一模一样的。基于这种情况，对消费者而言，所有企业的产品都是完全替代的，买谁生产的商品都一样，所以市场中任何一个企业都只能按照市场给定的价格来进行销售。这里引出一个问题：如果商家把它的产品的价格提高到市场价格之上，会发生什么？在完全竞争市场的条件下，由于商品的完全同质，提高价格至市场价格之上并不意味着更多的利润，反而会失去顾客。除了涨价这种情况外，单个的企业会选择降价的策略吗？在完全竞争市场，在一定的价格 P_0下，对于单个厂商而言，市场的需求量太大，甚至是接近于无限的，它的供应对市场需求来说就像大海里的一滴水，所以企业也没有必要自己去单独降价。

第三，所有的资源都具有完全流动性。换言之，商家进入或者退出这个市场都是完全没有障碍的。在完全竞争的市场中，价格信息是透明的，所有的买方和卖方都知道商品的市场价格。如果某一家企业去提高自己商品的价格，消费者就会转向其他的企业。所以，在完全竞争市场上，商品的价格完全由市场的供给和需求来决定，所有的企业和消费者都只能是被动地接受市场决定的价格。

第四，每个商家只能得到与行业平均水平相当的利润。那么一起来思考一下：在完全竞争市场中，商家能否获得高额利润呢？以白菜的市场为例，若白菜卖家获得了高于卖猪肉的利润水平，这会导致什么样的结果？卖猪肉的商贩当然就会转来卖白菜，但是卖方增多形成的市场中供给的增加，就会导致白菜的价格水平下降。当卖白菜的利润水平逐渐走低后，卖白菜的商家就会渐渐退出这个市场，转向能够带来更高利润水平的行业，这样白菜市场中的商家就会维持原有的利润水平。

如图6－1－1 所示，这是完全竞争市场中企业的需求曲线。你认为在完全竞争市场上，单个企业的产品需求状况是怎样的呢？以一个农场为例，假设老李是这个农场的老板，他在完全竞争市场上去出售农场生产的大米，那么老李必然是市场价格的被动接受者。在这一市场中，大米的价格对于所有人都是透明的——10 元/千克，老李按照这个价格就可以出售任何数量的大米。假如老李并不满足于这样的利润水平，他想涨价到 11 元/千克，这会导致老李 1 千克大米都卖不出去。因为在质量完全相同的情况下，没有消费者愿意买高价大米。

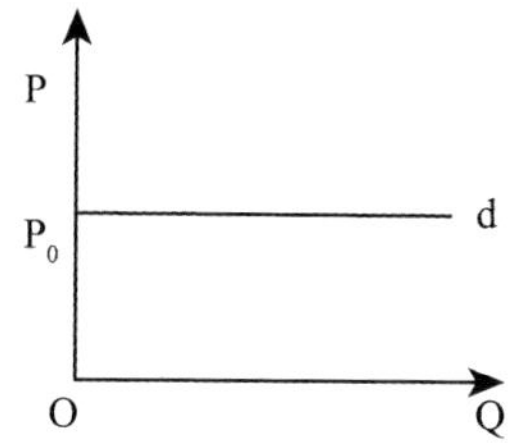

图 6-1-1　完全竞争市场需求曲线 $P=P(Q)=P_0$

如果引入大米的供求均衡价格来进行分析，你会更加清晰。如图 6-1-2 所示，大米市场的供给曲线和需求曲线相交于 E 点。

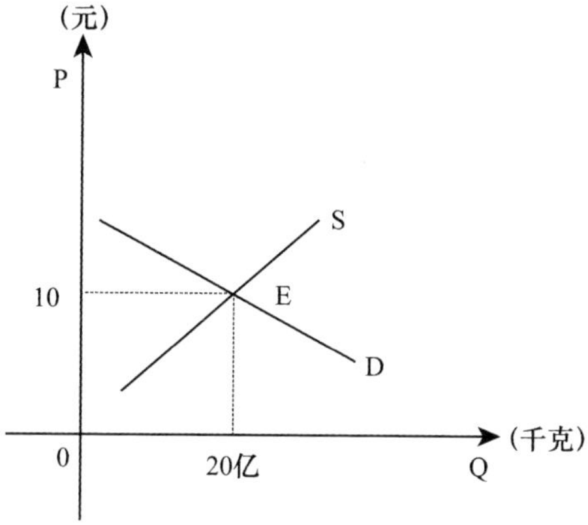

图 6-1-2　大米的市场均衡

如图 6-1-2 所示，根据前文学过的市场均衡价格，大米的市场均衡价格为 10 元，它对应的市场均衡数量是 20 亿千克，那么老李销售的 20 万千克大米在这个市场上就微不足道，就像大海里的一滴水，所以他根本没有办法影响整个大米市场的价格，他只能被动地接受市场价格，必须以 10 元/千克出售大米，老李出售大米的需求曲线 d 就是一条按照既定市场价格的水平线。这意味着老李只要按照 10 元/千克卖大米，那么他所面临的市场需求就是无限大的，他可以出售任何数量的大米，而且无论销售量是多少，都不能改变大米的市场价格。因此，在完全竞争市场中，任何一家企业都只能被动接受既定的市场价格，既不可能也没有必要去改变这个价格水平。整个行业对某个企业的需求曲线就是一条由市场价格决定的水平线。这些特点决定了完全竞争市场上的商家不可能获得超额利润，只能得到与行业平均水平相当的利润。

三 小结

这一节学习了根据卖者数量、产品差异、价格的控制程度以及进出市场的难易程度 4 个标准划分的 4 种市场结构，它们分别是完全竞争市场、垄断竞争市场、寡头垄断市场和完全垄断市场。接下来我们学习了以农产品为代表的完全竞争市场所具有的几个特征：市场中有大量的卖者；每个卖者都是市场价格的接受者；进入与退出该市场很容易；该市场中的企业只能获得平均利润，无法获得超额利润。纯粹的完全竞争市场在现实生活中并不存在，但这并不妨碍我们认识何为完全竞争市场。

第二节 超额利润的商家为何能够存在？——垄断市场

一 垄断的概念

如果问大家什么样的公司能够获得长久的超额利润，你可能会想到那些能够提供其他企业不能提供同类商品的商家，比如水厂、电厂等。接着你可能就会想到一个词——垄断。这就是我们在市场结构中讲过的，在整个行业中只有唯一一家公司提供商品，企业想要进入或者退出这个市场都几乎不可能的完全垄断市场。

在经济学中有一个经典案例就是微软公司的 Windows 系统。微软公司在设计 Windows 系统的时候，它向政府申请并且被给予了专利。当消费者想要使用 Windows 系统时，只能向微软支付费用。因为在当时的市场上只有微软一家公司生产出了最适配电脑搭载的 Windows 系统，该系统具有独一无二的特性，所以微软在当时的电脑市场上拥有完全垄断地位。这种整个行业只有一家企业的市场组织称为完全垄断市场，那么像微软这样的公司就被称为完全垄断企业，也通常是没有相近替代品的唯一卖方。由于它是独此一家的买卖，所以垄断企业可以根据它要出售的产品的数量去控制或者操纵市场价格。在对市场价格进行操控的时候，它就是价格的制定者。例如微软的 Windows 系统，即使它的成本低于 10 美元，甚至是 1 美元，但是它却仍然能够立足于自身的营收，为了实现商品最大化的商业价值将 Windows 系统定价到将近 100 美元。

除了我们所熟知的 Windows 之外，被称为硅谷“钢铁侠”的马斯克创立的 SpaceX 也是一家完全垄断企业。虽然现在商业载人航天旅行领域百花齐放，不少科技巨头都想在这市场中分一杯羹，甚至维珍银河公司也具备一定的载人航天旅行能力，但是当前的商业航天领域只有 SpaceX 一家公司掌握了载人航天飞船进入轨道的航行技术，在绕地轨道的载人商业航天旅行中 SpaceX 处于完全垄断地位，不具备宇航员背景的普通人想要拥有这一趟旅行的宝贵经历，当前只能通过 SpaceX 公司。完全垄断市场的唯一卖家 SpaceX 掌控了市场价格，普通人想要进行三天的太空旅行就需要花费 5200 万美元的票价。价格虽然昂贵，由于在市场中仅有这一家企业提供载人商业航天服务，仍然出现一票难求的局面。

二　垄断的特征

作为市场结构中与完全竞争市场相对应的另一种极端，完全垄断市场又具有什么样的特点呢？

第一，完全垄断市场中有且只有一家企业。所以，这唯一的企业对市场价格具有完全的控制力。通俗地讲，它被称为价格的制定者。对于市场来说，这一家企业的供给就是整个市场的供给。完全垄断企业可以通过限定产量等手段抬高自身商品的价格，这是完全垄断市场最明显也最重要的特点。

第二，完全垄断市场中的商品与其他商品的差异极大。可以说完全垄断市场的商品几乎没有替代品，就像我们生活中的水和电。如果你选择不用国家电网提供的电，你就无法在商品市场中买到电。从这一例子就能看到，由于完全垄断市场中商品有着人为或天然的稀缺性以及独特性，消费者想要获取这些商品，就需要付出完全垄断商家追求利润的相应代价。

第三，完全垄断市场中的资源几乎没有流动性。所以，其他商家想要进入或者退出市场都非常困难。由于生产资源被独一家的垄断企业占有，新的企业难以进入市场，完全垄断市场可以说是排除了竞争。但是竞争是什么？竞争是市场运行发展和技术进步的推动力。完全垄断市场排除了市场竞争后，垄断企业几乎不会有市场竞争压力，它不用改进生产技术也能获得高额的垄断利益。基于此，社会在一定程度上失去了技术进步的推动力。同样以微软的例子来看，微软的 Windows 系统是基于窗口命令的系统，从 Windows 系统垄断市场至今，我们所用的系统都是窗口命令的系统，只有改进而无创新。

第四，完全垄断企业中的商家能够获得超额利润。首先需要明确的是，什么是超额利润？超额利润是指其他条件保持社会平均水平而获得超过市场平均正常利润的那部分利润。为什么完全垄断企业能获得超额利润呢？这是因为垄断形成了行业强大的壁垒，新的竞争者无法进入行业，市场竞争不完全。垄断企业的供应几乎等于社会的需求，垄断企业能通过价格对消费者进行剥削，压榨出消费者的消费者剩余从而获得超额利润。

三　垄断形成的原因

垄断是如何形成的呢？一般来说，有以下四个原因。

第一，独家厂商控制着生产某种商品的全部资源或基本资源的供给。这种对生产资源的独占，能够排除经济中其他厂商生产同种产品的可能性，例如 20 世纪 80 年代，世界上最大的钻石公司戴比尔斯，它占据了全球 90% 的天然钻石矿产资源。

第二，独家厂商拥有生产某种商品的专利权。这使得独家厂商可以在一定时期内垄断该产品的生产。在前文的例子中，微软公司的 Windows 系统就属于这种情况。

第三，政府的特许。政府往往在某些行业实行垄断的政策，尤其是关系国计民生的产业，例如中国的铁路运输部门，供电、供水部门，等等，于是独家企业就成了这些行业的垄断者。

第四，自然垄断。有些行业的生产具备这样的特点：当企业生产的规模经济需要在很大的产量，以及很大的资本设备的运行水平上才能够实现，以至于整个行业的产量只能有一个企业来生产，才能达到这样的规模。回忆前文所讲的规模经济，产量越大，平均成本越低。比如，需要大量基础设施建设的电信行业。

与完全竞争市场类似，垄断市场的假设条件非常严格。完全垄断市场在现实中几乎是不存在的。

四　垄断的危害

（一）超额利润及缺乏创新

那么，垄断会带来哪些危害呢？由于行业中的唯一性，垄断巨头不仅可以获得超额的利润，而且缺少创新的动力，还会想方设法扼杀别人的创新，或者将其据为己有。

在微软公司垄断了电脑系统市场后，发生了什么呢？网景公司于1994年发布了最新的上网浏览器，对当时的电脑市场冲击非常大，微软公司并没有开发过上网浏览器这一产品，Windows也没有配备内置的上网方式。为了打击网景公司，巩固自己在电脑系统行业的垄断地位，微软公司就从望远镜娱乐公司（Spyglass）购买了权限，推出了微软自己的上网浏览器——IE浏览器。通过捆绑IE浏览器与Windows系统，将IE浏览器作为免费下载的赠品，同时威胁试图在Windows系统中将网景浏览器设置为默认浏览器的用户。对于一个新兴的互联网公司来说，经过微软的这一套组合拳，网景公司很难不倒。最终，微软打垮了互联网行业的“明日之星”，成功攫取了浏览器这一胜利果实，同时实现了自身的巨大转型——从PC软件系统的技术提供商到以Internet为基础的服务提供商。

（二）寻租行为

寻租行为（Rent-seeking Behavior）是指垄断企业为了创造或保持垄断权以获得或保持垄断利润而采取的一些行动。这些行动通常是利用政府对市场的干预来实现自身的利益，即垄断利润。

关于寻租行为，我们来看一则新闻。GE医疗（GE Healthcare）、飞利浦（Philips）、西门子（Siemens）在国内医院CT、核磁共振、造影设备等大型医疗设备供应中占据绝对市场份额，被业界称为“GPS”，随着近十几年来中国医疗市场的快速增长，中国也成为三巨头公司全球主要的市场之一。因此，三巨头在华业务竞争也非常激烈，代理商行贿案件多次发生。2016年，原西门子广西一区域经理行贿原广西钦州市第一人民医院院长陈凤坤案发，涉案金额600万元。有记者梳理西门子涉行贿案件发现，仅2014—2015年间宣判的案件中，涉及西门子医疗器械行贿的就有19件，波及12个省级行政区。2017年年底，山东省核磁共振设备采购受贿案发。在此案中，西门子医疗与GE、飞利浦竞争投标，西门子医疗代理商以90万元行贿医院院长从而成功中标。[①]

只要寻租的成本小于垄断利润，就会产生寻租行为。在寻租行为中，垄断厂商个体利益与社会利益具有不一致性，其行为本身不仅会浪费资源，降低经营效率，影响社会福利，还会扭曲市场的资源配置功能，改变社会分配功能，败坏社会风气，触犯法律。

五　如何遏制垄断？

针对垄断企业高额的垄断利润及遏制创新、一家独大的现实，政府必须采取措施加以控制。

（一）定价管制

政府一方面采取定价管制，通过边际成本定价法、平均成本定价法、双重定价法等方式来遏制垄断的超额利润。水、电行业都是政府特许而形成的垄断。在生活中，我们发现水、电的价格并没有肆意上涨，因为政府通过各种方法控制了价格。

（二）反垄断法

如果垄断企业出现了以下行为：第一，滥用市场支配地位，其表现主要有占支配地位的经营者实施不正当的价格行为，比如微软公司对网景公司采取的手段；第二，限制竞争协议，也称为横向的限制竞争行为；第三，企业合并，牟取市场支配地位的行为；第四，行政性垄断，指行政机关或者其授权的部门滥用行政权力限制竞争行为。政府就通过反垄断法来制裁企业，反垄断法是反对垄断和保护竞争的法律制度，它是市场经济国家基本的法律制度，又称反托拉斯法。

接下来，继续以微软的例子来看垄断行为最终的结果。网景公司的失败虽然巩固了微软公司的垄断地位，但是微软公司收到了来自法院对其垄断指控的传票。1998—1999年，微软公司站到了被告席上，受到法庭严厉斥责。法院的判决认为，微软公司利用其Windows系统的垄断地

---

① 《顶层设计严打医药贿赂　西门子GE医疗等行贿细节曝光》，2020年9月23日，新浪网，https://finance.sina.com.cn/roll/2020-09-23/doc-iivhvpwy8257050.shtml。

位，试图获得对其他领域的支配权，是违法行为。反垄断审判对微软公司产生了巨大冲击。一方面，微软很难再吸引到最优秀的程序员，因为大家认为给微软工作缺乏道德底线；另一方面，微软公司内部也开始反省自己的“强盗行为”，直接导致它在与谷歌公司的搜索大战中，不敢把对网景浏览器的套路用到谷歌搜索引擎上。谷歌公司度过了最危险的成长阶段，赶上互联网开始繁荣的风口，很快成长为互联网巨头，硅谷也迎来3.0时代。①

多年来，尽管反垄断在美国争议不断，但有一点毋庸置疑：给科技巨头戴上镣铐后，美国确实迎来了一波又一波的产业创新浪潮。需要明确的是，美国反垄断反的不是市场垄断。实际上，在美国占据超过80%的市场份额并不违法，而且也不一定招致惩罚，微软公司垄断了桌面操作系统和文字办公市场，谷歌公司垄断互联网搜索市场，英特尔公司垄断X86 CPU市场，Adobe公司垄断数字图像处理市场，它们都好好地赚钱赚到现在。那么，美国反垄断反的是什么呢？如果巨头公司利用自身在某一领域的垄断地位，实施在另一领域的垄断行为，这种行为就会受到垄断指控。从AT&T、IBM、微软、英特尔等受到的垄断指控来看，莫不如此。

欧盟对微软开出16.8亿欧元罚单，英特尔的则是10.6亿欧元，谷歌的罚单更是高达82.3亿欧元。与欧盟的真金白银罚款不同，美国的反垄断大棒往往是高举轻打。如果被指控垄断的巨头能及时收手，再加上一定的交换条件，大棒就不会砸到头上。前面提到的巨头，几乎均安全着陆就是明证。说到底，美国的反垄断不是要打死巨头或割巨头的肉，而是摁住巨头给创新型中小企业成长的机会。所以，每次反垄断之后，往往会有一波创新浪潮。

回顾这些反垄断案件，实质上都是政府为了市场良性、有序发展做出的努力。从第一次工业革命到今天，资本经过几百年的发展，它们为了保持自己的垄断地位以攫取超额利润，总是做出伤害市场发展的垄断行为。企业一旦获取垄断地位，市场无法调节他们的垄断行为，只有通

① 《美国71年反垄断：摁住3个巨头，收获3波创新浪潮》，2020年12月14日，华尔街见闻，https：//wallstreetcn.com/articles/3610048。

过政府手段才能遏制垄断企业的不法行为。

六 小结

通过例子，我们认识了何为垄断、垄断的特点，垄断产生的原因主要是资源的独占、专利权、政府特许以及规模经济。接下来，我们通过案例认识了垄断的危害，以及国内外政府对于垄断的治理。

第三节 为什么花重金参加电影的首映式？——价格歧视

不知道你是否去观看过《复仇者联盟 4》，你是什么时候看的呢？2019 年，《复仇者联盟 4》的首映式的票价是 300 元，可仍然一票难求。不过，票价很快降为 200 元、100 元，然后回归正常。同样的电影，成本没有差别，为何前后几天价格如此之大，是谁愿意支付高价格？这是什么经济学现象呢？

看另一个现象：又是一年开学季，大家有没有在校园里办理电话卡业务？移动、电信、联通等各大运营商开始在校园营业厅为学生们办理校园电话卡业务。如果我们对比校园内外的各种优惠活动，你会发现学校的优惠力度要大很多。请大家思考校园卡为什么如此优惠？为什么优惠卡只能在大学校园里办理，不能在营业厅办理？

这些经济现象虽然看起来对消费者并不公平，但是这其实是符合客观经济规律的，我们如何理解这些活动背后的经济学理论呢？这一小节的主题是价格歧视，我们将认识价格歧视的概念、实施的前提条件及应用，回答为什么相同的产品可以收取不同的价格这一问题。

一 价格歧视的概念

1. 什么是价格歧视？

价格歧视（Price Discrimination）是指对同一消费者或不同消费者以不同价格出售同一商品。生活中什么时候会出现价格不同的情况呢？刚才说到的学生的通信资费优惠及火车票、景区门票学生票优惠，这些是属于基于身份的价格歧视；购物时买五赠一、两件八折、打卡集赞，这属于基于数量的价格歧视；季末清仓，这属于基于时间的价格歧视。

2. 实现价格歧视的前提条件

为什么相同商品可以有不同价格的情况呢？为什么经常有学生的优惠票呢？你可能觉得这是对学生的一种爱护，其实从经济学的角度看，是因为学生普遍比较穷，对价格的变动比较敏感，就是需求价格弹性大，商家降价能够促进他们购买；而对价格不敏感的人，其需求价格弹性小，商家则可以对他们实施高一点儿的价格。

价格歧视的第一个前提条件是商家知道不同消费者对商品具有不同的需求价格弹性。对价格敏感的人，商家就实行低价格；对价格不敏感的人，商家则实行高价格。

大家可能会想，我们能否以学生的身份购买了票后转让给他人，这样大家不就都可以使用低价票了吗？那么，商家不但不会多赚钱，反而可能亏钱。因此，价格歧视的第二个前提条件是商家必须能够有效地分割和控制不同的市场，即阻止商品在不同消费阶层之间的倒卖或转卖行为。在现实中，我们发现要享受低价票，几乎都需要出示身份证来证明。比如，通过学生身份购买的景区门票、火车票都需要出示身份证才可使用。这样的要求就能够有效地区分不同消费者人群，根据他们对价格的敏感程度来实行不同的价格。

二　价格歧视的应用

（一）应用一：身份的歧视

你观察过麦当劳店里的顾客吗？他们有什么不同？有人使用券，有人却没有？你觉得哪些人会使用券，哪些人不会？奶茶店呢，是不是有的人在使用打折卡，而有的人没有？商家是如何进行市场分割的呢？从图 6－3－1 可以发现，通过一张优惠券，商家就能将 A、B 两类人分开。

A 类人群（不使用券的人群）与 B 类人群（使用券的人群）可能存在以下方面的不同：职业方面，前者多为公司白领、高校教师、公务员，后者多为在校学生、退休老年人（带小孩）；活动场所，前者多为火车站、机场、校园，后者多为小区、商场、公园；收入方面，前者多为收入水平相对较高的群体，后者则较低。

总的看来，这种对顾客实行价格歧视满足了前文讲到的两个条件。

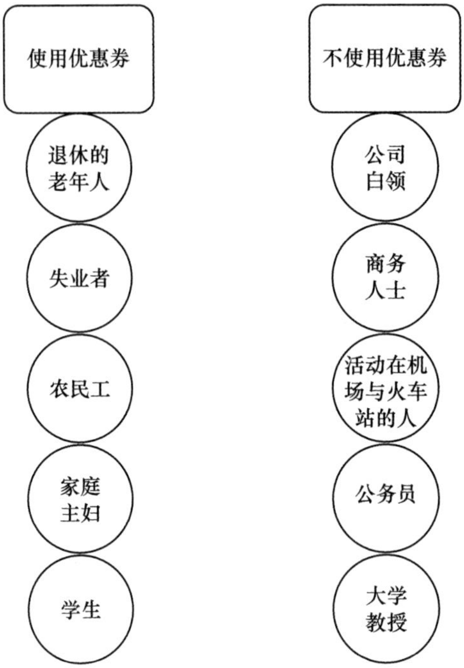

图 6 -3 -1　市场如何被分割

第一，两类消费者的需求价格弹性不同。前者对价格不敏感，后者对价格敏感，所以敏感者就可以使用优惠券享受低价，这样哪怕对于同样的商品，商家也能区分价格。第二，卖方能够清晰地区分不同群体，并阻止群体间进行转让。对价格不太敏感的 A 类人群不需要也不可能向敏感者借卡或者以其他方式享受打折。

那么优惠券是如何发放到 B 类人群手里的呢？第一，向学生发放学生卡或者在一些校园招聘会、新生报到日等特定场合发放优惠券。第二，发放优惠券给居民小区的老年人。第三，通过网站提供、打印优惠券。对价格敏感的人群就会收集这些优惠券，并实时使用。

那么，如何让 A 类人群得不到优惠券呢？第一，增加在网站搜索、打印优惠券的时间。有钱人的时间更为宝贵，当需要注册、验证的时间增加之后，有钱人就会放弃优惠券的机会，就可以对他们实行高价格。第二，给优惠券设置有效期，只有对价格变动敏感的人才会更加关注有效期，而那些对价格不敏感的人群则不会关注到有效期。第三，为优惠券设置一些特定的套餐组合，让高收入者使用起来也不方便。第四，尽量不在店内提供优惠券，或者说并不能在所有人都可见的地方提供优惠券。优惠券在点餐的页面上并没有明显的体现，顾客只有通过专门的小程序或者 App 才能找到。

总之，要成功实行价格歧视，就要想方设法把对价格敏感的买家——穷人和对价格不敏感的买家——富人区分并隔离，让富人支付高价。

（二）应用二：跨期价格歧视

跨期价格歧视是通过不同时点把具有不同需求函数的消费者分为不同组别，并索取不同价格。目标是把消费者按照不同的需求价格弹性进行时间的分组，开始时索取高价格，之后索取的价格降低。

你能够想出例子来吗？我提示一下，产品上市初期，商品的需求价格弹性较小，就会实施高价。比如，新上市的 iPhone 12 价格是 6299 元，半年后是 5299 元。主要原因在于，刚上市就去购买的消费者是“果粉”，他们希望在第一时间获得自己心爱的产品，所以需求价格弹性是很小的，商家对他们可以实施高价格。然后随着时间的推移逐步降价，半年后购买的人相对来说是对价格更敏感的人，所以商家通过在不同时期执行不同的价格，就是对价格不敏感的人实施价格歧视。

再比如本节开篇的例子：2019 年，《复仇者联盟 4》首映式时电影票价为 300 元，之后的电影票价渐渐降低。谁去购买首映式的电影票？是那些不在乎价格的真正的粉丝，他们就是价格歧视的对象。另外，新发行的书、新款电脑、刚上市的名牌包等都是通过不同的时间进行的价格歧视，这就是跨期价格歧视。

（三）应用三：高峰负荷定价

高峰负荷定价：当负荷能力限制造成边际成本很高时，在高峰时期索取更高的价格。

在某一特定时间，一些商品的需求会出现高峰期，如上下班交通高峰时段的高价过路费，国庆节假期的酒店价格，夏天傍晚时分的电力需求。例如，在昆明的居民生活用电实际上就实行了高峰时期和非高峰时期的电价差别定价，昆明的 12 月至次年 4 月采用阶梯电费，5 月至 11 月采用固定电费。这是因为对四季如春的昆明来讲，12 月至次年 4 月是一年当中最寒冷的时期，需要利用电取暖，而其他时段则是温度适宜、空调都极少使用的时期。12 月至次年 4 月就是昆明一年中的高峰用电时间。由于供给能力的限制，在高峰时期，消费者对价格的敏感程度不高，会被索取一个更高的价格；在低峰时期，消费者对价格的敏感程度较高，在消费时会选择对比价格，厂家只能选择降低价格来获取竞争上的优势。

我们再来看一个例子，昆明七彩云南欢乐世界普通门票单次票价为 185 元，年卡优惠价为 680 元，单次票只能一次入场，年票全年都可以入场。价格上二者肯定有区别，年票的单次使用价格比单次票便宜。大家想一下，谁会买年票，谁会买单次票呢？购买单次票的绝大多数是外地游客，一年之内重复入园的可能性很小；而购买年票的绝大多数是本地居民，他们会重复入园。通过这样的价格歧视策略，就能够吸引更多的本地居民，在平日非高峰时段入园游玩，提高非高峰时段的客流量，增加收入。现在我们能够明白，很多地方的景区门票其实是方便了当地的老百姓，同时也增加了景区的收入。

（四）应用四：数量差别定价

什么是数量差别定价呢？商家将消费者在一定时间内的消费量分为不同的消费量区间，消费者在这一时间内的消费量如果是在第一段消费量区间，将支付一个高价；如果消费量超过第一段消费区间但未起过第二段消费区间，超过部分可以享受一定的折扣；如果消费量超过了第二段消费区间，则超过第二段消费区间的部分还可以享受更大的折扣，以此类推。无论是商场购物还是网络购物，我们都能感受到来自商家的关于商品购买数量的歧视，商场或者电商平台中我们常常遇见某件商品第二件八折、第三件半价的定价策略，我们也常常碰到满 200 减 30 或者买 3 送 1 的定价策略。可能在普通消费者眼中，这仅仅是一种营销手段或者销售策略，但是商家的这种行为其实是价格歧视，这是因为顾客对购买的第一单位付出的支付意愿高于第二单位。数量折扣通常是一种成功的价格歧视方法，因为随着购买量的增加，顾客对增加的一单位的支付意愿减少了。这些行为的实质就是在根据支付意愿划分顾客，也是攫取利益的过程。所以，下次看到商场的各种数量折扣的促销活动时，我们需要更加理性地决策：只买需要的，不买便宜的。

三　关于价格歧视的争论

（一）价格歧视“存在即合理”

无论消费者是否接受，价格歧视始终是一种存在于生活中的客观经济现象。价格歧视方法应用最多，人们看到价格歧视最先想到的一个领域就是机票。乘客在机场进行登机时，被通知率先登机的是购买高价机票的头等舱和商务舱的旅客，购买低价机票的经济舱的旅客则需要排长队、等候才可登上飞机。对不同乘客而言，飞机上的服务也是有差别的。经济舱里30个乘客可能只有一个空姐服务，而头等舱、公务舱的乘客，5个乘客可能就有一个乘务员进行服务。现在请你动脑筋思考一下这种区别对待是谁被歧视了呢？也许你会说经济舱的乘客不能享受高级别的服务，当然是经济舱乘客被歧视了。但事实上，被价格歧视的是那些购买同质商品时被收取高价格的人。因此，在这一例子中被歧视的是支付了高价格但享受的物品和服务并无本质差别的头等舱和商务舱的旅客。这是由于和经济舱旅客相比，商务舱或者头等舱的旅客对飞行服务的要求有一些是共同的，比如安全、时间、路线；有些服务是不一样的，比如服务质量、舒适程度。机票这一商品的实质是飞行服务，花三四倍的价格享受头等舱的顾客，多出来的仅仅是更舒适一点儿，但是商务舱旅客与经济舱旅客享受的仍然是同质商品。谁会做出这种选择呢？通常是对私密性、舒适度要求高而对价格不太在意的顾客。他们的身份可能是明星、高端的商业人士，这些传统意义上的有钱人对价格肯定不具有敏感性，而我们普通人则对价格更敏感。因此，从这一例子中我们能做出一些总结：那些受到价格歧视的人群就是对价格不敏感的人，换句话说，他们是需求价格弹性小的人。机票的价格几乎每天都处于变化之中，甚至有可能同一天的不同时段价格都不同，但是我们坐飞机的时候，从来不会问旁边的人你花了多少钱，我们会坦然接受这里面的价格差异。

（二）价格歧视需要被制裁

什么是大数据杀熟？你和身边的人同时打开手机你就会发现，同样的商品或服务，老客户看到的价格反而比新客户要贵许多。近期，网上不少用户反映自己遇到了“杀熟”经历。北京市消费者协会调查发现，近九成人认为“大数据杀熟”现象普遍存在，56%的被调查者表示，自已有过被“大数据杀熟”的经历，其中以网购、在线旅游、酒店住宿、网约车、外卖、影视等消费场景最多。央视在一档新闻节目中称，常见的“大数据杀熟”套路有三种：第一种是根据不同设备进行差别定价，比如，针对苹果用户与安卓用户制定的价格就不同；第二种是根据用户消费时所处的不同场所定价，比如，对距离商场远的用户制定的价格更高；第三种是根据用户的消费频率差异定价，比如，消费频率越高的用户，平台认为他们对价格的承受能力就越强。①

2021 年 2 月，《国务院反垄断委员会关于平台经济领域的反垄断指南》（以下简称《指南》）发布，强调反垄断法及配套法规规章适用于所有行业，对各类市场主体一视同仁、公平公正对待，并明确“大数据杀熟”可能构成滥用市场支配地位差别待遇行为。专家说，有了这一条，反垄断执法机构就可介入调查，这无疑比消费者个体取证维权更具优势。一旦电商平台被认定为滥用市场支配地位，将面临“没收违法所得，并处上一年度销售额百分之一以上百分之十以下的罚款”的重磅处罚。所以，《指南》有望成为反杀“大数据杀熟”的利器。

四 小结

我们首先学习了价格歧视的概念：对同一消费者或不同消费者，以不同价格出售不同单位的同一商品。其次认识了价格歧视实施的前提：第一，商家根据消费者的消费意愿或者说需求价格弹性将消费者划分为不同的群体；第二，商家能够有效地将不同的消费者群体隔离。我们还可以将价格歧视应用到不同的经济现象中：同时期不同消费者群体，跨期定价，高峰时期与非高峰时期差别定价，对不同数量的商品实行差别定价，等等。最后，我们通过“大数据杀熟”这一现象，进一步讨论了价格歧视的现状和未来。

---

① 《大数据杀熟？别怕，教你四招“反杀”！》，2021 年 5 月 18 日，网易新闻，https：//www.163.com/news/a/GB3L497P051795VD.html。

第四节　广告为何无处不在？
——垄断竞争市场

垄断竞争市场是怎么样的？与之前讲的完全竞争和垄断有何区别？为什么这一市场中的企业需要不断开发新产品，花费巨资去做广告？

先来看一个开篇案例：一个免费相声——三星与华为的广告大战。

2015年3月1日，三星在世界移动通信大会的邀请函上采用“What's next”的宣传语，为新手机S6预热；与此同时，华为发布“Next is here”的海报，与三星相映成趣。4月，三星为S6打出“Next is now”的广告语，华为紧随其后上线“Now is P8”为P8造势。三星与华为在广告上打起了口水仗，一开始本来三星是胸有成竹，不知华为其实是运筹帷幄，最后当然三星只能偃旗息鼓。这一场手机两巨头之间的广告战最终演变为一场激烈的品牌公关战。由此可见，市场竞争实在是太激烈了。

第二个则是百事可乐与可口可乐之战的经典案例。20世纪80年代，可口可乐和百事可乐之间的竞争非常激烈。可口可乐为了赢得市场竞争，对20万名消费者进行了市场调查，结果显示有55%的被调查者认为可口可乐不够甜。于是可口可乐公司耗资4000万美元去研制一种新的、更科学、更合理的饮料，并开展了声势浩大的广告宣传和促销活动，制订了非常周密的计划将这种新型的可口可乐饮料推向市场。1985年，可口可乐公司开始以新配方的可口可乐去代替原先的产品，不到一个月的时间，结果完全出乎可口可乐公司的意料：消费者发出了一片反对声，指责抱怨可口可乐公司的这个举措，公司还收到数万封抗议信，称公司对消费者感情的背叛。这个时候百事可乐趁虚而入，一度占据了饮料市场销售第一的位置。这个被动的局面，直到可口可乐重新恢复老口味之后才得以扭转。

在生活中，我们发现手机、饮料市场中各个商家的新产品层出不穷，矿泉水、酒、零食的广告铺天盖地。这些公司为何花费重金进行创新？公司为何不遗余力地通过广告宣传自己？让我们一起学习垄断竞争市场。

一　垄断竞争市场的定义和特征

垄断竞争（Monopolistic Competition）是一种既有竞争因素又有垄断

因素，即竞争和垄断相结合的市场结构。根据市场结构的划分标准，垄断竞争市场共有四个特点：第一是买卖双方人数较多。第二是厂商进入与退出这个市场都比较容易，这两点与完全竞争市场类似。第三是各厂商生产的产品有差别。例如，可口可乐与百事可乐虽然相近，但他们的口味、包装还是有差别的。这就决定了垄断竞争的第四个特点——厂商是市场价格的影响者。

从接触经济学开始，我们就发现，经济学从研究市场的角度出发设置了许多的假定。假定市场是完全竞争的，即存在许多的买家和卖家，而且每一个企业售卖的产品都是一样的，它们之间存在竞争，但是每一个企业的产量与整个市场相比都只是微不足道的一点点；另外，企业虽然希望实现利润最大化，但是不能通过抬高价格来实现，因为这样会使消费者流失。随着技术的进步、时代的发展，企业的规模开始增大，就会出现规模更大、更有价格控制力的企业。但是垄断指的是一个行业只有一家企业，在现实中市场内只有一家企业的完全垄断情况实际是很难存在的。就拿垄断程度较高的石油生产来讲，一家企业占有全世界的石油资源，生产全世界所有的石油，没有任何其他公司同它竞争，那是不可能的。虽然苹果公司希望所有的消费者都使用苹果手机，但它的竞争者华为、三星、OPPO 等，这些手机生产者会努力通过改善与提升自己的产品，甚至是模仿苹果手机的功能，以阻止它成为手机的唯一提供者。新的企业不断涌现，跟现有企业之间展开激烈的竞争，从而使商品价格保持在一个合理水平，这一点与完全竞争市场几乎相同，但是这个市场中的企业能在一定程度上影响商品的市场价格。这是现实中最常见的市场结构，被称为垄断竞争。企业商品的激烈竞争只是垄断竞争市场的竞争方面，这个市场还存在垄断方面，为何说垄断竞争市场存在垄断方面？因为这个市场中的商家激烈的竞争与创新（包括广告创新与产品创新）都是为了在市场中获得一定的垄断地位，从而获得垄断利润。换言之，垄断竞争市场中，垄断是目的，竞争是实质。

二　垄断竞争企业的利润

我们前面学习过，完全竞争企业只有行业的平均利润，而完全垄断企业则可以通过其独有的地位获得超额利润，那么垄断竞争企业的利润如何呢？其实我们可以通过垄断竞争的第二个特点——进入或者退出该市场很容易而得到结论。例如，如果在矿泉水市场上可以获得超额利润，那就会吸引大量企业进入该行业，供给的大幅增加会导致市场价格下降，从而使该行业的利润下降。当太多企业充斥到该行业中，其获益就会低于平均利润，那么就会有部分生产成本高的企业退出市场，市场供给减少后，产品价格及利润就会回升，达到与其他行业利润相当的水平。由于在垄断竞争市场中，企业很容易进入或者退出该行业，所以长期来看，垄断竞争企业只能获得与其他行业相当的平均利润。

三　垄断竞争市场的缺点和优点

（一）垄断竞争市场缺乏效率

垄断竞争市场有何缺点呢？经济学家常说完全竞争市场能够更好地利用社会资源，因为它能以低价去供应我们想要的产品，但是垄断企业做不到这一点，因为它会导致更高的价格以及更少的供应，两者截然不同。

事实上，垄断竞争的产量高于平均总成本的最低点，即没有达到有效规模，存在多余的生产能力。从这个意义上讲，垄断竞争并没有充分地利用社会资源，缺乏效率，这就是我们生活中常常出现生产过剩产品的行业。所以，每个企业都希望通过不断地扩大生产规模来降低生产成本，这就需要制造一些卖点，吸引消费者来购买自己的产品，从而对市场产生一定的控制力。

（二）垄断竞争市场的优点

垄断竞争市场一方面是缺乏效率的，另一方面也出现了很多符合消费者的优点。其一，垄断竞争市场有利于创新。当一个企业通过创新引入一种新的有差别的商品，这会暂时增加自己的产品需求，同时暂时提高自己产品的价格，它就可以获取新产品创新带来的经济利润。其他具有生产同质商品条件的企业发现创新企业的产品能获取经济利润，就会通过模仿以及生产这一新产品的替代品等手段来分享市场利润。当利润被分享，市场中的企业就会尝到创新的甜头，从而通过创新，继续创造产品差异来获得先发优势从而获取利润。正如苹果公司最先开发出全触摸屏智能手机，但是现在的手机市场中并不止苹果公司一家能够提供智能手机，同时手机市场中的企业也在不停地通过创新对产品进行迭代以获取经济利润。

其二，垄断竞争市场提供了多样化的产品，使消费者有更多的选择。再以手机为例，消费者在手机市场里，可以根据自己对拍照方面的需求、私密性的要求、打游戏的要求等来衡量比较不同种类的品牌，选择自己心仪的商品。通常来讲，性价比高的商品在价格方面的影响力会更大。

（三）垄断竞争市场中大量使用非价格竞争手段

企业为什么要采用非价格竞争的手段？垄断竞争市场上，为了显示自己与别的产品不同，企业会通过非价格竞争手段来扩大自己产品的影响力。非价格竞争包含品质竞争、营销竞争等。品质竞争，即产品差异化竞争，包括提高质量、改进性能和结构、增加功能、完善服务等，吸引更多消费者。大家会发现高品质的商品，就连包装、外形都会如此的令人喜欢。一些产品开发是通过设计和开发新产品实现的，比如苹果的运动手表，价格高达两三千元，它们跟其他产品确实是有一些不同，可即使是在实际产品差别很细微的时候，企业也通过一些手段努力创造消费者对产品的差别的感觉。当你使用苹果运动手表时，你就更像热爱运动的成功人士，这就是我们能直观感受到的一些广告的作用。广告更像是一种说服别人的艺术，说服的关键步骤就在于广告必须要能将商品的信息准确地传达给消费者，吸引消费者的注意力从而创造迎合消费者的品牌形象，调动消费者的感觉。

广告竞争是品质竞争的补充，它将差异化的作用通过营销特别是广告而得以充分发挥，包括广告宣传、销售网点、委托代理、售后服务等。广告和包装是企业最常用的基本手段，开展广告营销，则是努力使消费者的需要适应产品的差别，即“广告创造需求”。广告有助于垄断竞争市场的企业产品从同类竞争产品中脱颖而出，甚至某些广告并不会向消费者宣传产品的实际性能。比如在一则宝马汽车广告里，并没有直接介绍新款宝马车的的信息，而是这样一幅画面：新晋流量小生易烊千玺及他年轻漂亮的拍档——木村光希，坐在宝马车中享受美好时光。该广告的实质是将宝马车与一种奢侈、幸福的生活方式联系在一起，这就让消费者有拥有宝马车的冲动。这类广告旨在创造一种全新的品牌形象，可以向消费者传达企业产品与众不同的特质。通过这种差异化表达，企业在同类品牌的竞争中就得到了一小部分的垄断权，它就能够获得更多的经济利润。现在大家能理解开发新产品，铺天盖地的广告宣传大多是来自垄断竞争市场了吧。

四　小结

我们认识了垄断竞争的含义及其特点，垄断竞争是指市场中有许多厂商生产和销售有差别的同类产品，它的主要特征是市场上有许多的卖者，垄断竞争的产品是有差别的，企业对价格有一定的控制力，能够自由进入或者退出市场，因此市场上企业的数量一定要一直调整到利润与其他行业利润相当的时候。

从垄断竞争未能完全利用资源的特点理解企业竞相创新，采用品质竞争、广告竞争来垄断更多的消费者，认识到广告充斥的垄断竞争市场的根本原因。

第五节　合作还是违约？——寡头垄断市场

来看一则新闻，“据英国《金融时报》网站 2021 年 10 月 4 日报道，美国白宫呼吁有关方面协助应对日益严重的全球能源危机，但石油输出国组织（欧佩克）及其盟友不予理睬，拒绝加速推进增产原油的计划。在这之后，美国油价升至 7 年来的最高水平。能源供应紧张推动天然气和煤炭价格达到历史最高水平，欧洲和亚洲深受其扰。与此同时，随着世界经济从新冠疫情的深渊中复苏，油价一直在稳步上涨。但‘欧佩克＋’周一表示，它将坚持今年夏天制订的逐步增产计划，即每月将石油产量上调 40 万桶/日，尽管有人警告称，供应和需求之间的缺口将不断扩大。‘欧佩克＋’的决定有可能加剧美国等大型能源消费国与这个产油国集团之间的紧张关系。‘欧佩克＋’会议结束后，美国等国担心能源成本上涨可能会破坏自己的经济复苏进程；‘欧佩克＋’控制着半数以上的全球石油供应。‘欧佩克＋’会议结束后，美国基准原油西得克萨斯中间基原油价格上涨 3%，自 2014 年以来首次突破每桶 78 美元”。[①]

当今世界的原油产出都是被少数国家或组织垄断的，以沙特阿拉伯

① 《“欧佩克＋”拒绝加速增产　美国油价创 7 年来新高》，2021 年 10 月 6 日，百度网，https：//baijiahao. baidu. com/s？ id = 1712852058259098250&wfr = spider&for = pc。

为代表的部分国家控制了大部分的石油储藏。这些国家在20世纪70年代，形成了石油输出国组织（OPEC），也称欧佩克。OPEC的成立将世界的石油从几美元一桶成功地拉升至几十美元一桶，这成为全世界第二次经济大危机“滞涨”的导火索。经济危机蔓延全球，谁是获益者？当然是OPEC的成员国。由于石油市场里面只有几个卖者，所以当他们合作起来，像一个垄断者那样生产少量的产品，那么成员国就能获得高于平均利润的垄断利润。

这种类型的市场就是我们今天要重点学习的寡头垄断市场。我们将探讨寡头垄断市场的可能结果是什么？为什么寡头企业很难合作？反托拉斯法如何用来增加竞争？

一 寡头垄断市场的含义与特征

（一）寡头垄断市场的含义

市场结构可以分为完全竞争、完全垄断、寡头垄断和垄断竞争市场。作为比较极端的类型，完全竞争市场和完全垄断市场方式比较单一，也比较好理解，但在现实中几乎不存在。寡头垄断市场在现实中比较常见。

寡的意思是少，寡头垄断市场是指只有少数几个卖者的市场，也称寡头市场（Oligopoly）。在寡头市场中，每个卖者都提供跟其他企业有一定相似度的产品。例如，与我们生活息息相关的中国移动、中国联通、中国电信三大电信运营商，阿里、京东、拼多多等电商平台，美团、饿了么等外卖平台以及滴滴、曹操等打车平台。这些行业内的企业，存在大部分的垄断因素以及少部分的竞争因素。

（二）寡头垄断市场的特征

寡头垄断市场中，少数几个大企业会控制着全部或者大部分的产品生产和销售。这就导致了无论是与完全竞争或垄断竞争市场相比，还是与完全垄断市场相比，寡头垄断市场的情况都要复杂得多。完全竞争和垄断竞争企业由于规模非常小，故在决定自己行动的时候，没有必要考虑其行动对其他企业的影响，从而没有必要考虑其他企业可能因此而产生的反应；完全垄断企业由于在市场上“只此一家”，也没有必要考虑自己的行动对其他企业的影响。市场上任何一个卖者的行为对其他企业的利润都可能有极大的影响。寡头企业以一种竞争企业所没有的方式相互依存，从这样的初步认识中我们来进一步剖析寡头垄断市场的特征。

第一，一个行业只有几家大厂商，每一家厂商的产量都占有很大的份额。行业被寡头垄断的程度一般用集中度来衡量，集中度是指市场上最大的四家企业供应的产量占市场总产量的百分比。集中度越高，垄断程度越高，竞争越少。在表6－5－1中，我们能看到美国的行业集中度最高的是网球行业。在美国，如果你去商店买网球，回家时你拿的网球可能是Wilson、Penn、Dunlop或Spalding四种牌子中的一种。在美国销售的全部网球几乎都是这四家公司出品的。这几家公司共同决定了网球的生产数量，而且在市场需求曲线为既定时，也就决定了网球的销售价格。因此，在美国的网球行业中，这四家企业占据了相当大的份额，这使得这四家企业具有了相当强的垄断能力。它们既可以使用合作的手段加强垄断，排除竞争，也可以采取独立竞争的手段来相互竞争。所以对于寡头垄断市场来讲，由于市场中只有少数几家企业，它们的行为反而更加多样化。

表6－5－1　　　　美国行业的集中度　　　　（单位:%）

行业	集中度
网球	100
信用卡	99
电池	94
软饮料	93
网络搜索	92
谷类早餐	92
烟草	89
啤酒	85
移动电话服务	82
汽车	79

资料来源：U. S. Census Bureau（www. census. gov），Federal Trade Commission（www. ftc. gov）。

第二，进入市场相当困难。一个大的寡头市场本质上是一个竞争企业集团。竞争企业在决定生产多少时只考虑产量效应，因为竞争企业是价格接受者，不存在价格效应。因此，随着寡头市场上卖者数量的增加，寡头市场就越来越像竞争市场。其价格接近于边际成本，生产量接近于对社会有效率的水平。寡头们为了维持市场中只有少数卖者的格局，保持自身的垄断利润，通常会采用合作手段排除新进入企业可能导致的竞争，行业壁垒的难度实际上与完全垄断市场相差无几。

第三，厂商之间存在明显的相互依赖性。由于厂商数目少而且占据市场份额大，不管怎样，一个厂商的行为都会影响对手的行为，影响整个市场。所以，每个寡头在决定自己的策略和政策时，都非常重视对手对自己这一策略和政策的态度和反应。作为厂商的寡头垄断者是独立自主的经营单位，具有独立的特点，但是它们的行为又相互影响、相互依存。例如在寡头进行生产决策时，每一家企业都知道，它的利润不仅取决于它生产多少，还取决于其他企业生产多少。在做出自己的生产决策时，寡头市场的每一家企业都要考虑它的决策会如何影响其他企业的生产决策。寡头喜欢像垄断者那样行事，但利己使它们趋近于竞争。

二　寡头企业产生的原因

寡头企业是如何产生的？寡头企业产生的原因与完全垄断企业产生的原因相差不大，形成寡头企业的原因也包括资源控制、规模经济、专利技术和政府特许等。

第一种是资源控制。当产品的生产需要某种关键性的生产资源，而这种关键性的生产资源大部分为少数企业所控制。这少数的几家企业就会成为寡头，就像 OPEC 成员掌握了原油资源。

第二种是规模经济。某些产品的生产具有相当大的规模经济，使得只有少数大企业才可以充分地利用规模经济的效率。在所有这些情况下，这些少数企业都有可能成为所谓的寡头。寡头垄断企业是在市场因素作用下，由于资本积聚和资本集中等而形成的，是市场自发作用的结果。例如，德国汽车行业的宝马、戴姆勒和大众。

第三种是专利技术。少数几家企业掌握了产品生产所需要的某种关键技术，一般只有高科技产业才会出现专利技术导致的寡头垄断。例如，全球的半导体市场基本由 5 家企业垄断：日本的信越半导体（Shin-Etsu）、日本的胜高科技（SUMCO）、中国台湾的环球晶圆、德国的 Siltronic、韩国的 LG Siltron。这 5 家企业占据半导体硅片 92% 的市场份额，形成寡头垄断的市场格局。在 300 毫米大硅片上，以上 5 家企业的垄断形式更加明显，占据近 98% 的市场份额。

第四种是政府法定的行政垄断。政府利用行政或法律手段，把生产某种产品的权利给予少数企业，即政府通过法律法规赋予行业中的某个企业垄断权力，同时对其进行一定的管制以改善效率。这种市场形态主要出现在一些具有自然垄断属性的行业中，比如供水、管道煤气、供电、电信、军工等。

三　寡头企业可能的结果

正式勾结在一起共同运作的一群企业被称为卡特尔，它谋取利益的通常做法是限制其成员的产量以抬高价格。迄今为止世界上最著名的卡特尔当属欧佩克（石油输出国组织）卡特尔。卡特尔为法语 cartel 的音译，原意为协定或同盟。生产同类商品的企业为了垄断市场获取高额利润而达成有关划分销售市场、规定产品产量、确定商品价格等方面的协议所形成的垄断性企业联合。卡特尔是资本主义垄断组织的一种重要形式，1865 年最早产生于德国（德语：Kartell），随着垄断资本的国际化产生了国际卡特尔，第一次世界大战后在各资本主义国家迅速发展。

要在某个市场上形成卡特尔，至少需要以下三个条件。

第一，卡特尔必须具有提高行业价格的能力。只有在预计卡特尔会提高价格并将其维持在高水平的情况下，企业才会有加入的积极性。这种能力的大小，与卡特尔面临的需求价格弹性有关。弹性越小，卡特尔提价的能力越强。由于石油是一种需求价格弹性小的产品，石油输出国组织才能够持续存在。

第二，卡特尔成员被政府惩罚的预期较低。只有当成员预期不会被政府抓住并遭到严厉惩罚时，卡特尔才会形成，因为巨额预期罚金将使得卡特尔的预期价值下降。国际上的罚款很难执行，这也是国际卡特尔相比国内的行业结盟能够持续存在的原因。

第三，设定和执行卡特尔协定的组织成本必须较低。使组织成本保持在低水平的因素有涉及的厂商数目较少，行业高度集中，所有的厂商生产几乎完全相同的产品，行业协会的存在。

石油输出国组织并非唯一成功提高价格的国际卡特尔。在 20 世纪 70

年代中期，国际铝矾土联合会将铝矾土价格提高 4 倍；一个秘密的国际铀卡特尔提高了铀的价格；一个被称为水银欧洲的卡特尔将水银价格保持在接近于垄断的水平；一个国际卡特尔一直垄断着碘市场。可是，大多数卡特尔都没能提高价格。一个国际铜卡特尔一直运作到今天，但它从未对铜价有过显著的影响。还有试图抬高锡、咖啡、茶和可可的价格的卡特尔也都失败了。

四 勾结的不稳定性

事实上，主要有两个因素导致卡特尔具有天然的不稳定性。

第一，潜在进入者的威胁。一旦卡特尔把价格维持在较高水平，那么就会吸引新企业进入这个市场，而新企业进入后，可以通过降价扩大市场份额，此时卡特尔要想继续维持原来的高价就很不容易。

第二，卡特尔内部成员所具有的欺骗动机。如果其他企业的生产数量和价格都不变，那么一个成员企业增加产量将会获得额外的巨大好处，这会激励成员企业偷偷增加产量。如果每个成员企业都偷偷增加产量，那么市场总供给就会大量增加，市场价格必然下降，卡特尔限产提价的努力将被瓦解。如果卡特尔不能有效解决这个问题，最终将导致卡特尔的解体。事实上，经济学家研究得出，世界上卡特尔的平均存续期间约为 6. 6 年，最短的两年就瓦解了。

欧佩克成员常常就减少产量达成协议，然后又私下违背协议。1973—1985 年，欧佩克最成功地维持了合作和高价格。原油价格从 1972 年的每桶 2. 64 美元上升到 1974 年的 11. 17 美元，然后在 1981 年又上升到 35. 10 美元。但在 20 世纪 80 年代初各成员国开始扩大生产水平，欧佩克在维持合作方面变得无效率了。到了 1986 年，原油价格回落到每桶 12. 52 美元。近年来，欧佩克成员继续每两年开一次会，但卡特尔在达成或实施协议上不再成功了。如今欧佩克成员主要是相互独立地做出生产决策，世界石油市场是相当具有竞争性的。根据总体通货膨胀调整的原油价格现在与欧佩克成立之前一样。正如大多数卡特尔一样，欧佩克在达成与实施其成员国之间的协议上也遇到了麻烦。

五　寡头垄断市场的危害

寡头垄断市场的第一要素是垄断，垄断的最大特点是缺乏竞争，这意味着更高的价格与更次的产品。寡头垄断市场也存在一定的竞争因素，如京东公司与阿里巴巴集团时常存在的利用促销活动的竞争行为。寡头对待其他寡头会采取竞争的策略，但是对待想进入市场的其他竞争者通常会采用合作策略一起打压，以削弱寡头垄断市场的竞争。由此会导致缺乏经济活力，伤害中小企业，造成经济资源和财富的过度集中。

曾经，阿里巴巴集团利用自身垄断地位来冲击其他寡头或者说竞争者。例如，强迫商家在“双十一”线上购物狂欢节中，只能在其他线上平台或者天猫平台活动中“二选一”。有业内人士表示，“经济社会只有竞争才能使市场趋于理性，没有竞争的垄断市场，不仅伤害商户和消费者，对于行业也是阻碍。多平台的竞争给消费者的选择更多，价格也会更有竞争性。如果‘二选一’的行为继续发展下去，从行业角度分析，势必会形成垄断，商家的权益被剥夺，从而陷入完全的被动环境中，最终损害的仍是消费者的利益”。

几年前，传统零售行业时常出现零售渠道商为控制品牌逼迫商家站队的现象。电商的本质仍是商业，正因如此，电商也正在步传统商业的后尘，让这样的闹剧在电商行业重演。或许，电商企业在向传统零售企业“取经”时，市场希望可以更多地看到后者在商誉、体验、模式上的正面经验，而应避免重蹈覆辙。①

六　如何遏制寡头企业的垄断行为?

如何遏制寡头企业的垄断行为？单纯地依靠市场，只能使寡头企业利用自身的资本、技术等优势无序扩张，伤害消费者以及其他竞争者的利益，只有通过政府的干预手段才能遏制住寡头企业的无序扩张。

1890 年，美国国会制定的第一部反托拉斯法——《保护贸易和商业不受非法限制与垄断之害法》，简称《谢尔曼法》，也是美国历史上第一

① 《电商“双 11”造势忙　商家被迫“二选一”?》，2013 年 11 月 6 日，央视网，http：//jingji. cntv. cn/2013/11/06/ARTI1383700467841536. shtml。

个授权联邦政府控制、干预经济的法案。该法规定：凡以托拉斯形式订立契约、实行合并或阴谋限制贸易的行为，均属违法，旨在垄断州际商业和贸易的任何一部分的垄断或试图垄断、联合或共谋犯罪。违反该法的个人或组织，将受到民事的或刑事的制裁。该法奠定了反垄断法的坚实基础，至今仍然是美国反垄断的基本准则。但是，该法对什么是垄断行为、什么是限制贸易活动没做出明确解释，为司法解释留下了广泛的空间，而且这种司法解释会受到经济背景的深刻影响。1914 年颁布的《克莱顿法》是对《谢尔曼法》的补充，其主旨是保护个人被企业的反竞争措施损害的权利。

阿里"二选一"的垄断行为导致高达 182.28 亿元的处罚。2021 年 4 月 10 日，市场监管总局根据反垄断法第四十七条、第四十九条规定，综合考虑阿里巴巴集团违法行为的性质、程度和持续时间等因素做出行政处罚决定，责令阿里巴巴集团停止违法行为，并处以其 2019 年中国境内销售额 4557.12 亿元 4% 的罚款，计 182.28 亿元。同时，按照行政处罚法坚持处罚与教育相结合的原则，向阿里巴巴集团发出《行政指导书》，要求其围绕严格落实平台企业主体责任、加强内控合规管理、维护公平竞争、保护平台内商家和消费者合法权益等方面进行全面整改，并连续三年向市场监管总局提交自查合规报告。①

健康的社会不能放任寡头企业伤害群众利益，需要制定限制寡头企业的惩罚性政策。否则，不断积累财富的寡头企业难免加冕为隐形皇帝。

七 小结

本节我们学习了寡头市场的含义、特征及产生的原因。通过欧佩克的例子，理解了寡头市场中企业结盟的原因及违约的可能性。我们认识到寡头会带来过高的财富集中度，并降低市场效率，必须依靠政府对其进行适度的限制。

---

① 《市场监管总局对阿里巴巴"二选一"垄断行为作出行政处罚》，2021 年 4 月 12 日，《经济参考报》网站，http：//www.jjckb.cn/2021-04/12/c_139874650.htm。

第六节　我们都会陷入囚徒困境吗？
——应用广泛的博弈论

前文讨论寡头垄断市场，我们发现市场中每个寡头企业之间的行为是相互影响的。因此每个寡头企业都会去了解该行业中其他企业的决策及对自己的影响，从而制定最有利于自己的决策。

通常把类似寡头市场的环境叫作“策略性环境”，在该环境中进行的决策和行动叫作“策略性决策”和“策略性行动”，它是指每个参与者都根据他人可能的反应来决定自己的决策和行动。

在策略性环境中进行策略性决策和采取策略性行动，就是所谓的“博弈”，针对博弈开展的研究就是博弈论。第二次世界大战后，数学家约翰·冯·诺依曼（John von Neumann）提出的博弈论为经济学家分析寡头垄断提供了新的研究方法和工具。

那么，什么是博弈呢？

一　与博弈有关的故事

我们知道田忌赛马的故事，讲述的是在春秋战国时期，齐国的大将田忌同齐威王进行赛马，参赛双方的马都分为上、中、下三等，各方必须从自己的上、中、下马中各选一匹与对手进行一一较量。因此比赛共分三局，三局两胜者为赢家。由于齐王是王，田忌是臣，所以，齐王的上马、中马和下马分别都优于田忌的上马、中马和下马，显然田忌在总体上处于劣势。然而孙膑给田忌出了一个主意，先弄清齐王的出马顺序，然后采取如下对策：用下马对付齐王的上马，用上马对付齐王的中马，用中马对付齐王的下马。而田忌的上马和中马又分别优于齐王的中马和下马，最终田忌获胜。①

我们再看另一个西方经典的博弈故事：曾经有一个乞丐小孩，面对他人施舍，他只要 1 美元，而不会要 10 美元。由此，他因“傻”而出名，结果不断有人闻讯前来试验，每次都发现小孩真的“傻”。小乞丐通

① （西汉）司马迁：《史记》，萧枫主编，北方文艺出版社 2007 年版。

过“装傻”的策略性行为，树立起“傻”的声誉，获得长期接受他人施舍的好处。

这两个故事都展现了博弈的精髓：一个人的行动结果不仅取决于自己的策略选择，也取决于他人的策略选择。

二　博弈论

（一）什么是博弈论

博弈论（Game Theory）就是研究个体或组织之间，在存在利益冲突的情况下如何进行最优决策。博弈论又名对策论、游戏论。

博弈论不是经济学的分支，但因为和经济学一样，都以参与者的收益最大化作为目标，博弈论能够很好地用于寡头市场的分析。现有模型不能完全解释寡头市场或总结出所谓的主要规律，为此人们发展出了新的工具——博弈论。

（二）博弈论的历史

中国人研究博弈论是有优势的，《三国演义》《孙子兵法》《三十六计》《厚黑学》都是博弈论教材，教人们如何在人与人的博弈中取得成功。现代的博弈论始于西方，最早是由约翰·冯·诺依曼提出来的。1994 年的诺贝尔经济学奖颁发给了三位博弈论专家，之后多位经济学家因为博弈论获奖。

（三）博弈的三要素

（1）博弈参与者（Player），博弈论分析假定参与者都是理性的（追求个人利益最大化）。

（2）策略空间（Strategy），参与人可选择的行动或策略。博弈参与者必须知道他自己及其对手的策略或行动选择范围。

（3）决策行为结果（Pay off），博弈论用数字表示这类结果（可评价优劣高下）。

（四）囚徒困境的经典案例

下面我们通过囚徒困境的经典案例来认识博弈的三要素。

甲乙两个人因盗窃被捕。警方怀疑他们有抢劫银行的动机，但是警方缺乏有力的证据证明他们犯有严重的抢劫罪，除非有一个人供认或两个人都供认。如果两人都不供认，只可判他们犯盗窃物品的轻罪。囚徒被分离审查，不允许他们之间互通消息。警察出于起诉证据考虑，向甲乙两个匪徒都提出台下交易：在两人都不承认犯罪事实的情况下能关甲乙一年；如果有一人承认银行抢劫案并且供出合伙者，那么承认的这个人就可以无罪释放，抵赖的同伙将在狱中度过 8 年；如果两个人都承认罪行，两人都将被监禁 5 年。

从有罪推定的角度来看，如果甲乙都是银行的抢劫犯，他们只关心自己的刑期，你预计他们会怎么办呢？

表6－6－1 表明了他们的选择，每个囚犯都会有两种策略：坦白和不坦白，他们每个人的刑期就取决于他所选择的策略以及他的犯罪同伙所选择的策略。

表6－6－1　　　　　　　　　　囚徒困境支付矩阵

		乙	
		坦白	不坦白
甲	坦白	－5，－5	0，－8
	不坦白	－8，0	－1，－1

首先来考虑一下甲的策略，他的推理如下。假如你是甲，由于你和乙处于隔离的环境，这时你并不知道乙将会怎么做。如果他不坦白，你最好的策略只能是坦白，因为可以立即无罪释放，获得的支付为 0；如果他坦白的话，你最好的策略仍然是坦白，因为在这样的情况下，你会在狱中待 5 年，获得的支付是－5，而不是－8。因此从甲这个角色中你能够得出一个结论：无论乙怎么做，甲都会觉得自己选择坦白会更好一些。用博弈论的语言来说，如果无论其中一个参与者采用什么样的策略，它是另一个参与者所遵循的最好的策略，那么这个策略就被称为优势策略。

当甲这么想的时候，乙也这么想。所以对于二者来说，最好的选择都是坦白。那么他们每人被判 5 年监禁，获得的总支付是－10，比任何其他一种策略的总支付结果都更糟糕。但是对于被隔离审查的囚徒来说，他们只能这样选择，这就是著名的囚徒困境。在这个例子中，甲乙两个人就是参与者，坦白或者沉默就是策略，不同行为的选择后果被判处的年份就是收益，可为正也可为负，在这个案例中就是负值。

（五）我们会陷入囚徒困境吗?

以爱情的博弈为例。你的恋人，既是你的合作伙伴，也是你的对手，有时甚至是你的敌人。在恋爱这场博弈中，谁能熟练地驾御博弈规则，谁就是爱情的赢家。我们要想成为爱情的赢家，就要学会爱情中的博弈方法：与“亦敌亦友”的恋人“合作”或者“斗争”。

处在恋爱中的人们，就像是走进了一个“囚徒困境”。从大的方面说，双方都有“变心”和“不变心”两个决策选择；而从小的方面看，需要博弈的情境就更多了。

从博弈论的角度出发，关于变心分开与不变心相守的结果，恋人之间最理性的选择究竟是什么呢？是分开。单纯从博弈模型来讲，分开的可能性是3/4，相守的可能性只有1/4。与其一方变心另一方折磨，不如一开始就选择分开。但是为什么大家会选择结婚呢？现实生活中结婚的是多数，而不结婚的是少数。大家都不理性吗？不是的。因为关于这个变心的博弈模型，其与囚徒困境不同。因为恋爱双方并不是相互隔离的，恋爱中的双方会通过各种手段和方法来反复确认对方不会变心以及防止对方变心，试图使对方相信不变心的可能性更大，从而增加相守的机会。

三　小结

本节我们学习了博弈的概念，它是指一个人的行动结果不仅取决于自己的策略选择，还取决于他人的策略选择。博弈的三要素是参与者、策略选择和决策行为的后果。我们通过囚徒困境的经典案例深刻认识了博弈。

思考题

1. 现在有很多软件都在利用大数据“杀熟”，比如同一个时间点，同样一家四星级酒店，我搜的价格是580元，我的朋友搜的价格是680元，你觉得这种情况是什么原因导致的？这种现象是否公平？它会越来越普遍，还是会逐渐消失？

2. 学习了价格歧视，你能举出生活中价格歧视的其他例子吗？

3. 你怎样看待OPEC成员之间的博弈？

第七章

生产要素的决定和收入分配

第一节　如何认识明星的天价片酬？
——收入的决定

2020 年，中国人均年收入已经达到 3 万元，但有 6 亿人每个月收入仅为 1000 元。有的明星 4 天赚取 6000 万元，而一个普通的垃圾清运工工作 4 天的劳动收入可能还不到 600 元。我们的生活可以数月没有电影，但几天不清理垃圾就会造成各种各样的麻烦。如此看来，明星的社会贡献要远低于垃圾清运工，垃圾清运工得到的报酬应该要比明星高才合理。那么，到底是什么决定了我们的收入？

在本章内容之前，主要涉及的是日常生活中消费的商品市场，而关于收入决定的市场是生产要素市场，本章主要解答以下几个问题：第一，什么是生产要素？它包含哪些内容？第二，劳动的供给和需求。第三，收入（主要是工资的水平）是由什么决定的。要素市场的分析与商品供求市场的分析思路类似，我们需要知道重要的一种生产要素——劳动的供给和需求是什么样的，就能根据劳动的供给和需求曲线来寻找劳动价格，也就是工资的决定。所以分配理论的基本逻辑是分配问题——为谁生产的问题，为谁生产取决于人们的货币收入，人们货币收入的多寡取决于他们所提供的生产要素的数量和价格。

一　生产要素

在讨论前文的问题之前，首先要清楚一个概念，到底什么是生产要素？它是指用于生产物品与劳务的投入。第五章提到，一般来说，我们把生产中使用的各种资源区分成4种，第一种是劳动——带来工资，即劳动的价格；第二种是土地——带来地租，土地的数量是由自然地理情况决定的，通常不会有太大的改变；第三种是资本——带来利息，而资本依赖于企业、家庭以及政府，短期内的资本存量是固定的，长期资本供给会考虑风险和回报的影响；第四种是企业家才能——带来利润。

一般来说，大多数生产要素长期供给与要素价格之间是正相关关系，即生产要素曲线向右上方倾斜（见图7-1-1）；而土地的供给不受价格影响，是一条垂线，也就是无弹性的（见图7-1-2）。

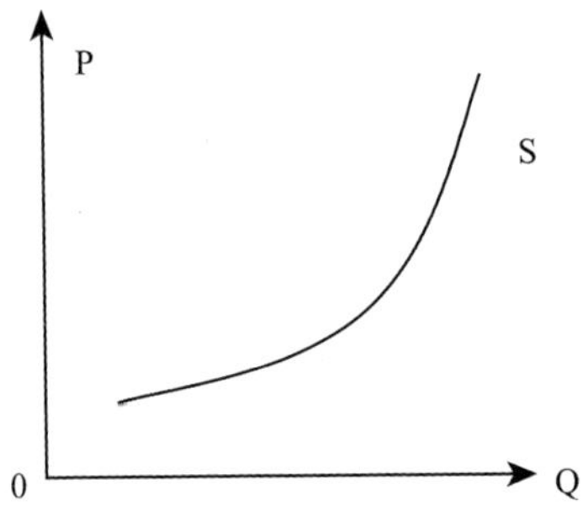

图7-1-1 一般要素供给

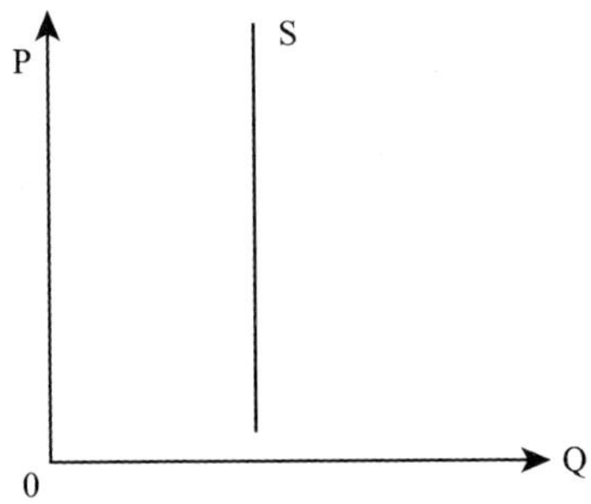

图7-1-2 土地供给

那么企业为什么需要这些要素呢？需要多少呢？这就涉及要素市场跟其他商品一个最大的区别，企业对要素的需求是派生需求，它源自对要素所生产产品的需求。因为要素本身并不是直接的最终消费品，而是通过要素生产形成产品，人们对产品的需求，间接派生出对要素的需求。要素需求是相互依赖的，单一的要素是无法进行生产的，产出需要不同的要素相互作用。比如，农场需要雇用工人，工人雇用的数量与农场生产的小麦的产值有关。

因此，我们不仅要考虑要素的价格，也要考虑基于要素所生产的产品的市场需求。在这个过程中，使企业利润最大化的需求的要素的数量到底是多少？本章的学习就是对这个过程的分析。

二 劳动力市场

我们先来认识一种重要的生产要素——劳动。与经济学的其他市场一样，劳动的价格——工资也是由它的供求均衡决定的。先找到劳动的需求曲线和供给曲线，再把两条线放在一个图里，寻找二者的交点，就得到劳动的均衡价格。劳动力市场是大多数人都会参与的市场，在劳动力市场中进行交易的不是劳动的人，而是人所提供的劳动。比如一家农场，每周决定多少工人来收割小麦。在农场主决定他的雇用政策之后，工人就尽可能地收割小麦，农场主则出售小麦，支付工人工资，剩下的就是利润。

（一）两个重要假设

这里提出两个假设：第一，假设所有市场是竞争的，这意味着农场在生产产品的市场以及劳动市场中都只能是一个价格接受者；第二，假设农场以利润最大化为目标，小麦的产出供给和工人的需求都是由这个利润最大化目标派生的。

（二）生产函数与劳动的边际产量

看一个例子，为了决定雇用多少工人，农场主需要考虑工人数量是如何影响产量的。当他决定雇用多少工人时，他需要考虑劳动的边际产量来实现利润最大化：如果增加雇用一个工人的收益（边际收益，简称MR）大于使用这个工人的工资（边际成本，简称MC），即 MR > MC，农场主会雇用那个工人；反之，则不会。收益的大小取决于生产函数，前面我们学过，生产函数用于说明生产一种物品的投入量与该物品的产量之间的关系。在短期中，如果只有劳动一种投入要素，它的变化会对产量造成影响。如果劳动力为横坐标，边际产量为纵坐标，那么可以得到一条向右上方倾斜的曲线。如图7－1－3所示，这条线的增长速度在逐步变小，这是边际产量递减规律导致的。我们之前学过，在技术和其他投入要素不变时，劳动的边际产量随着劳动数量的增加而逐步递减。

（三）劳动的边际产值与劳动的需求曲线

为了确定工人对收益的贡献，我们需要把劳动的边际产量变为以货币的形式表现的边际产值（Value of the Marginal Product，VMP_L）。$VMP_L = P \times MP_L$，P 是小麦的价格，MP_L是劳动的边际产量（见表7－1－1）。

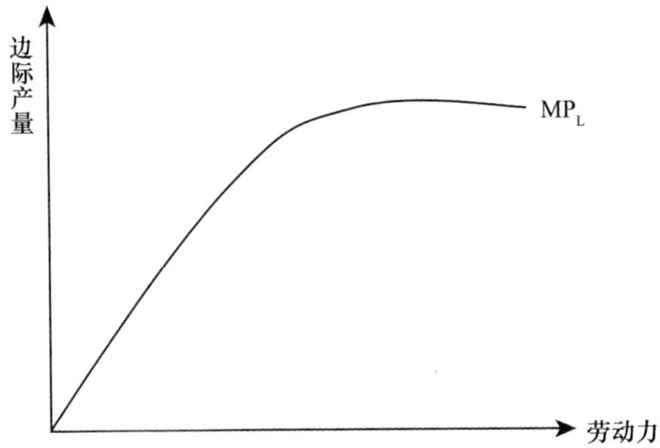

图 7-1-3 劳动的边际产量递减

表 7-1-1 生产函数

L（工人的数量/个）	Q（小麦/千克）	$MP_L = \Delta Q/\Delta L$	$VMP_L = P \times MP_L$	MC = W（工人的工资/元）	边际利润 = $VMP_L - W$
0	0	0	0	0	0
1	1000	1000	10000	500	500
2	1800	800	8000	500	300
3	2400	600	6000	500	100
4	2800	400	4000	500	-100
5	3000	200	2000	500	-300

表 7-1-1 中第一列是工人的数量，用 L 表示，分别是 0—5。第二列是小麦的产量，用 Q 表示，随着工人数量的增加而增加。第三列是劳动的边际产量，记作 MP_L，$MP_L = \frac{\Delta Q}{\Delta L}$，遵循劳动边际产量递减规律。第四列边际产值就是第三列的每一项乘以小麦的价格。第五列是工人的工资，也是边际成本 MC。第六列是边际利润 = $VMP_L - W$，也就是第四列减去第五列。很显然，当雇用到第四个工人时，农场主支付的工资大于工人带来的产值，这样就会亏本，所以他只会雇用 3 个工人。

如图 7-1-4 所示，横坐标为工人数量，纵坐标为边际产值 VMP_L，那么曲线 VMP_L 是一条向右下方倾斜的曲线，工人工资则为经过 500 元的一条水平线。两条线的交点就是边际产值与工人工资相等的点，即工人数量为 3 的点。在之前，多雇用一个工人，边际产值大于工资，所以农场主会增加工人；在之后，多雇用一个工人，边际产值小于工人工资，所以不会增加工人。农场要实现利润最大化，农场主会雇用工人直到 $VMP_L = W$。如果把工资 W 看作企业的边际成本 MC，那么当 $VMP_L = MC$ 时，企业就实现了利润最大化。企业的劳动需求曲线是指在任何一种既定工资水平下，企业需要的劳动量。企业选择劳动量的决策原则是使边际产值等于工资，因此 VMP_L（劳动的边际产值）曲线是劳动的需求曲线。来观察一下，劳动的需求曲线与普通商品的需求曲线一样，也是向右下方倾斜，说明劳动价格（工资）越高，企业对劳动的需求越小。由于边际效益递减，只有当生产要素的边际产品收益等于投入的边际成本时，才能实现收益的最大化，这也是生产要素的最佳组合。

（四）影响劳动需求的因素

在前面解释劳动需求曲线的时候，实际上已经假定影响企业劳动需求意愿的其他变量是不变的，工资的上升或降低会导致劳动需求数量的增加或者减少，这就表示为在需求曲线上的移动。

如果工资之外的因素发生变化，就会使整条劳动需求曲线发生移动。那么这样的因素有哪些呢？一般来说，经济学家认为第一种因素是产品的价格，劳动的需求来自边际产值 VMP_L，而边际产值又是边际产量与产品价格的乘积。在前文的例子中，如果小麦的价格上升，必然会导致劳动需求曲线向右移动。第二个因素是其他投入品数量的变化，一般认为，当更多的机器和其他投入品可以投入使用，就会使劳动的边际产值下降，

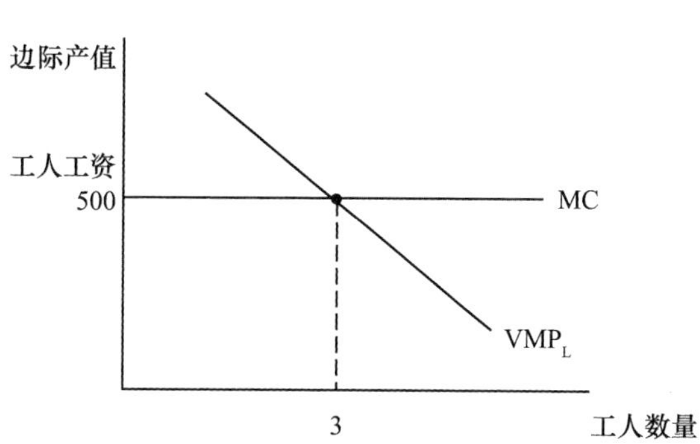

图 7-1-4 劳动需求

从而导致劳动的需求曲线向左移动。19 世纪初，英国纺织机器设备的发明让工人感受到了严重的威胁，工人发起了反对新技术的暴动，他们捣毁设备、烧毁厂房，就是认为机器可能会替代人。第三个因素是技术，技术变革发生在 20 世纪 50—60 年代，美国的工人劳动生产率飞速增长，20 世纪 50 年代美国工业生产平均增长率为 4%，20 世纪 60 年代为 5%，20 世纪 70 年代已接近 50 年代的 1. 24 倍。[①] 为什么呢？最重要的原因是技术进步——科学家和工程师一直在寻求新的、更好的做事方法。这对劳动市场有深远的含义。技术进步可以改进生产工具和方法，使得同样的劳动投入可以产出更多的产品或服务，从而增加劳动的边际产量。技术进步还可以创造新的产业和就业机会。例如，随着信息技术的发展，出现了许多新的行业，如互联网、电子商务和软件开发等。这些新兴行业的发展增加了对技术人才和专业人士的需求，从而提高了劳动市场对劳动力的需求，进一步导致劳动需求曲线右移。

三 小结

本节主要研究生产要素的分配，也就是为谁生产的问题。和其他商品的价格决定类似，生产要素价格的决定也是由它的供给和需求均衡决定的。本节以一种重要的生产要素——劳动为例，讨论劳动的价格是如何决定的。劳动的需求曲线和供给曲线是我们研究的起点。我们通过劳动的边际产量乘以产品价格得到了劳动的边际产值，并推出了劳动的边际产值是一条向右下方倾斜的曲线，它就是劳动的需求曲线，表示劳动的价格越高，企业对劳动的需求量就越少。另外，我们还学习了整条劳动曲线的平移，可能是产品价格的变动、其他投入品的价格变动、技术等非劳动价格因素导致整条劳动需求曲线平移。至此，我们已经找到了决定劳动价格的其中一条曲线——劳动的需求曲线，另外一条劳动的供给曲线我们将在下一节学习。

---

① 王斯德：《世界通史》，华东师范大学出版社 2020 年版，第 201 页。

第二节　过劳还是闲暇？——劳动的供给

2006 年发布的《中国人才发展报告 NO. 3》指出，中国的人均劳动时间已经超越了日韩，成为世界工作时间最长的国家之一。[①] 有数据统计，中国每周工作超过 50 个小时的人超过 30%，超过 60 小时的人近 10%。将近三成人，有“过劳死”的风险。

对于高收入群体来说，一方面是高收入的刺激，另一方面是加班导致身体健康极度透支。那么，劳动的提供者应该如何平衡？本节，我们就要来看如何挣钱的问题。如何挣钱，其实就是如何工作，即时间该如何配置。工作时间越长，我们获得的收入回报就越高，可是长时间的工作会使我们和朋友约会的时间、做自己喜欢的事情甚至吃饭的时间减少，并且工作久了我们身心的负效用会递增。我们需要休息，经济学中称为闲暇。每天 24 个小时，劳动和闲暇怎么分配，这就是劳动供给问题。

一　劳动的供给曲线

（一）劳动供给曲线概念

劳动的供给曲线是在其他条件不变的情况下，劳动力的价格也就是工资与劳动供给量的关系。之前我们学过，普通商品的供给曲线向右上方倾斜，价格越高，厂商的供给量越多。因此，常规来说，劳动供给曲线是向右上方倾斜的，也就是说工资越高，工作时间越长。在图 7－2－1 中，横坐标 L 表示工作时间，纵坐标 W 表示工资的水平。我们发现，在工作时间 L_1 之前，工资水平越高，工作时间越长，供给曲线向右上方倾斜，符合供给规律；但在 L_1 之后，更高的工资引起更少的工作时间，所以有部分的劳动供给曲线向右下方倾斜。为什么人们对更高工资的反应是减少工作时间呢？

假设我们现在来考虑一个自由职业的软件设计师小明，就是我们常说的“码农”。他面临这样的选择，每天他有 24 个小时，除了工作 8 个小时以外，他可以把一些时间用于享受闲暇，比如说健身、会友。如果 8 个小时之外的 4 个小时他自行设计开发软件，他用于开发软件的每个小时可以

---

① 潘晨光、王宪磊：《中国人才发展报告 No. 3》，社会科学文献出版社 2006 年版，第 24 页。

挣400元，他把这些钱用于消费。也就是说他每放弃1个小时的闲暇，他就可以多工作1个小时，并得到400元的消费，所以闲暇和消费的决策其实就是闲暇和工作的决策，就决定了他的劳动供给。因为他享受更多闲暇的时候，剩下来用于工作的时间就少了。但是每个人一天只有24个小时，无论在业余时间能够获得多高的报酬，一个人的精力总是有限的，小明不可能为了获得工作的收入一味地延长工作时间，而不选择闲暇。

（二）替代效应与收入效应

考虑高工资的收入效应和替代效应，假设我们面临消费和闲暇两种商品。首先我们来看一下替代效应，当工资增加的时候，相对于消费而言，它的闲暇就变得更加昂贵了，这就鼓励人们用消费去代替闲暇，更勤奋地工作，劳动供给曲线向右上方倾斜。那么再来考虑一下收入效应，当工资增加的时候，人们的状况比以前变好了，只要消费和闲暇都是正常物品，消费者就倾向于用这种福利去同时增加消费和闲暇。所以工资的增加是带来更多的消费还是更多的闲暇，取决于替代效应与收入效应的大小。在低收入时，替代效应大于收入效应，工资越高，人们会更多地工作更少地闲暇，劳动供给曲线向右上方倾斜。在高收入时，替代效应小于收入效应，工资越高，人们会更少地工作更多地闲暇，劳动供给曲线向左上方倾斜。此时劳动供给曲线向后弯曲，就是图7-2-1的上半段。

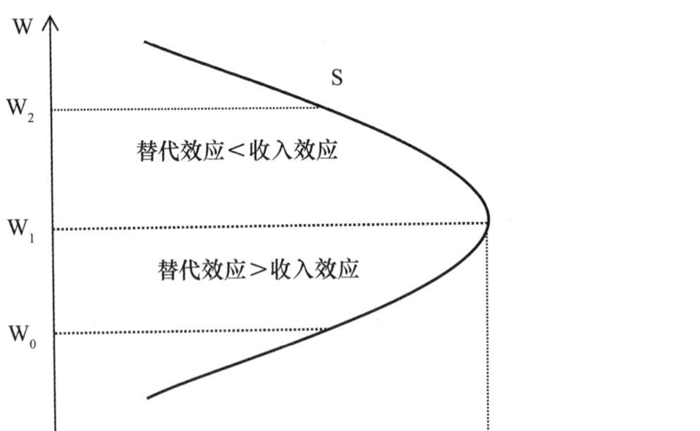

图7-2-1 劳动供给曲线

所以收入越高的人，随着收入上涨，越有可能选择更多的闲暇，而不是继续工作。现实中，大部分人的供给曲线属于下半段，就是工资增加会导致工作时间增加，劳动的供给曲线向右上方倾斜。

我给大家讲个小故事。有一次我和一位知名教授见面，他问我是否愿意参加一个经济学项目的评审会，两个小时可以得到1000元的报酬。他没有兴趣，但我选择去，为什么呢？因为1000元的收入对于我来说，是在劳动供给曲线的下半段，当工资上升的时候，工作时间就相应增加，我现在的收入水平和这位教授相比要低一些；教授不愿意参加项目评审会，是因为他的工资水平已经达到了一定的程度，这个时候他更注重的是闲暇，此时他的劳动供给曲线向后弯曲，就是上半段。

这个向后倾斜的劳动供给思想不只是个理论上的新奇想法，实际表明从长期来看，劳动供给曲线也是向后倾斜的，就像100多年前许多人一周要工作6天，而现在每周只工作5天，并且在每周工作强度减少的同时，一般工人的工资还在不断增加。现在，浙江省嵊州市、甘肃省陇南市已经宣布试行4.5天工作制了。[①]

经济学家是这样来解释这种历史趋势的，长期以来，技术进步提高了工人的生产能力，增加了劳动的需求，而劳动的需求的增加就提高了均衡工资，随着工资的增加，工人的报酬自然也就增加了，但大多数工人对这种激励提高的反应，不是更多地工作，而是以更加闲暇的形式去选择使用自己更多的收入。换句话来说，更高工资的收入效应大于替代效应。

我们发现，发达国家的人们更不愿意加班。对于他们来说，不加班的收入足以让他们过得衣食无忧，这些国家的大部分人选择更多时间闲暇的原因，仍然是收入效应大于替代效应。这就印证了前文的内容，中国作为一个发展中国家，大部分人仍然为高工资增加劳动时间，也就是劳动供给曲线的下半段。但事实上，每个人都是有生理极限的，即使你愿意为了高工资而疯狂加班，“过劳肥”“过劳死”仍然是每一个理性的人必须要面对的问题。

---

① 《三地启动试点4.5天弹性工作制能否全面开花》，2020年3月27日，搜狐网，https://www.sohu.com/a/383485575_393779。

（三）闲暇还是工作?

经济学十大原理之一：得到某种东西的成本是为此所放弃的东西。所以，当我们的财富达到一定水平之后，人们很有可能选择用闲暇代替工作。有资料显示，赢得超过 100 万美元彩票奖金的人中，有 40% 的人选择辞职，远远超过了奖金为 5 万美元的人的辞职率。大家可能听说过“拆二代”。“拆二代”一词曾出现在2010 年5 月 18 日的《北京日报》上的一篇题为“巨额拆迁款，农民该怎么花?”的报道中。该文报道了伴随北京城市化进程的加快，很多京郊的村民在获得几十万元以上的拆迁款、数套回迁房后，出现了不少的问题。该文特别关注了“拆二代”，指出这些未成年的孩子们在暴富之后，心态发生了巨大变化，过度消费、攀比、厌学的现象比比皆是。这就是收入效应大于替代效应所显示的劳动供给曲线的上半段，即随着收入的上升，工作和学习的时间反而减少了。

一项研究也得出了类似的结论，发表在 1993 年 5 月《经济学（季刊)》上的研究说明了获得遗产对个人劳动供给的影响。这项研究发现，一个遗产小于 2. 5 万美元的人工作的可能性是遗产超过 15 万美元的人的 4 倍。这种发现并不会使 19 世纪的工业家安德鲁·卡内基（Andrew Carnegie）吃惊。卡内基警告说：“给子女留下巨额财产的父母，会使子女的才能和热情很大程度地丧失，而且子女的生活不如没有得到遗产时那样有价值。”这就是说，卡内基认为，劳动供给的收入效应是相当大的。卡内基去世前，将自己的一大部分财产捐给了慈善机构。Facebook 的创始人扎克伯格（Mark Elliot Zuckerberg）在宣布女儿出生的同时，也宣布将捐出 99% 的股份给慈善机构，用来发掘人类的潜能和促进人类的平等。曾经的世界首富比尔·盖茨（Bill Gates）为了避免孩子无所事事，选择只给子女留下小额遗产。他曾经说过，富人让子女继承巨额遗产不是最好的选择。

当然，也有因精神需求而选择继续工作的人，比如钟南山教授，在退休返聘以后仍然继续从事科研、医疗工作，2020 年新冠疫情暴发的时候，年过八旬的他还选择去一线的武汉增援。同样地，袁隆平教授在耄耋之年还坚持亲自去试验田，把一生都贡献给了水稻育种事业，从杂交水稻到超级稻育种计划，让中国人不再饿肚子，吃得起粮食。对于退休以后依然坚守工作岗位的人，他们工作所能获得的价值远超过闲暇，也不再局限于财富，而是有更高层次的精神品质。

二　劳动供给曲线的移动

之前我们介绍过普通商品供给曲线上的变动与整条供给曲线移动的区别。前者是由商品价格变动导致的，而供给曲线移动是由生产成本、技术进步等非价格因素导致的。

类似地，刚刚我们介绍的劳动供给曲线上的变动是由于劳动的价格——工资引起的，接下来分析哪些因素会引起整条劳动供给曲线的移动。

第一个是偏好的变动。在1950年，34%的妇女从事有偿工作，1998年，这一数字上升到60%。1980—2010年，妇女的初婚年龄不断推迟，女性未婚比例也由1990年的3.1%增长到2010年的4.3%。[①] 对于这种趋势有很多解释，其中之一就是偏好，也就是对工作的态度的改变。由于家庭规模缩小，更多妇女选择工作，结果是劳动供给曲线右移。在2000年第五次全国人口普查中，中国就业人口总数里女性占比为45.3%；2010年第六次全国人口普查数据显示，女性在就业总数中占比为44.7%。总的来说，妇女就业率是较高的。对于这种发展，其中的一个解释就是偏好的变动，在“妇女能顶半边天”的当代，男女逐渐平等。因此，工作偏好的增加导致劳动力供给曲线向右移动。

第二个是人口结构的变化。近年来，随着老龄化的不断加剧，劳动人口在减少，劳动供给曲线会向左移动。日本的工人在20世纪90年代开始减少，导致相应的劳动供给曲线向左移动；而美国在1946—1964年经历了一次“婴儿潮”，劳动参与率大幅度提高，劳动供给曲线向右移动。关于中国的数据，2017年16—59岁的人口是9.07亿人，自2012年开始劳动力人口持续5年出现下降，劳动力人口占比由最初的67.6%直接下降到65.6%，[②] 那么劳动供给曲线正处于向左移动的过程。如何解决呢？

---

① 《女性权利实现与世界家庭变动趋势——联合国妇女署发布〈世界妇女的进步：变化世界的家庭（2019—2020）〉》，2020年7月3日，中国妇联新闻，https://www.thepaper.cn/newsDetail_forward_8110874。

② 国家统计局编：《中国统计年鉴（2018）》，中国统计出版社2018年版。

这些年国家开始放开计划生育，从实行二孩政策到鼓励大家生三孩，就是增加人口红利、改变年龄结构、增加劳动力供给的一种举措。

第三个可能是移民。工人从一个地区移动到另一个地区，或者从一个国家移民到另一个国家，会导致输入地的劳动力曲线向右移动，同时会导致输出地的劳动力曲线向左移动。比如美国的工程师移民到中国，此时中国的劳动力供给就会增加，美国的劳动力就会相应地减少。如图7－2－2所示，当本地区有新的移民时，劳动力供给曲线由 S_1 增加到 S_2，均衡工资由 W_1 下降到 W_2，此时企业会乐意聘用更多的员工，因此劳动就业数量从 L_1 增加到 L_2。工资的变动实际上反映了劳动边际产值的变动，即在工人较多的时候，工人的工资会下降。

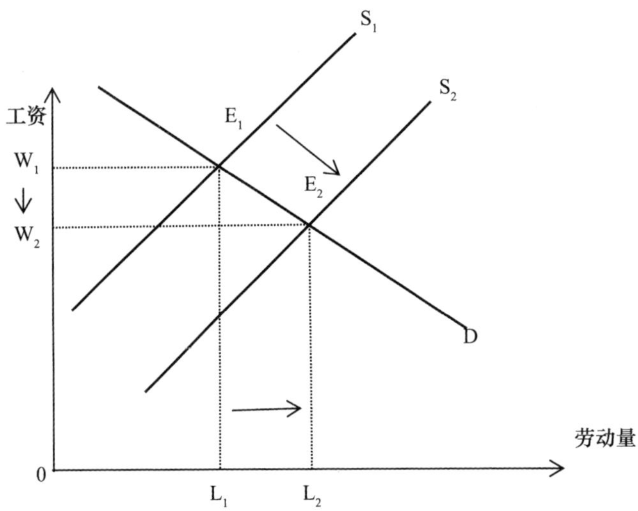

图7－2－2 劳动力供给曲线

第四个是工作机会的变化。任何特定的劳动力市场中，劳动力供给中部分取决于其他劳动市场可能提供的工作机会，比如做包子的工人工资比摘水果的工人工资高，那么一些摘水果的工人就会选择去做包子，使得摘水果的劳动力市场的劳动供给减少。比如2020年新冠疫情的流行，就减少了旅游行业的工作人员的工作机会，许多人离开这个市场就会使该行业劳动力的供给曲线向左移动，而当这些人进入其他行业重新就业时，就会使其他行业的劳动供给曲线向右移动。

有的时候这是一个比较缓慢的过程，经济社会里很难观察到这种变化。不过一些特别的事件可以为我们分析人口变化提供一个接近自然科学的实验案例。在20世纪80年代的大多数时间里，成千上万的巴勒斯坦人会定期地从他们家乡到被以色列占领了的西岸和加沙地带工作，他们主要从事的是建筑业和农业。但是1988年由于以色列政府对这些占领地区的政治动乱采取了措施，这些工人的供给也减少了，在以色列有工作的巴勒斯坦人的数量减少了一半，而那些继续在以色列工作的人的工资增加了近50%。为何工资会上涨，我们将在下一个小节进行说明。

三　小结

我们今天学习了劳动的供给曲线是在其他条件不变的情况下，劳动力的价格也就是工资与劳动供给量的关系。劳动的供给是一条向后弯曲的曲线，当替代效应大于收入效应时，劳动的供给与工资正向变动，曲线向右上方倾斜；当收入效应大于替代效应时，劳动的供给与工资负向变动，曲线向左下方倾斜，通常人们会选择更多的闲暇来代替工作，但为人类发展做出贡献的伟人们往往选择继续工作。大部分的劳动供给曲线属于前半段，向右上方倾斜。最后我们还了解了影响整条供给曲线移动的原因，可能是工作偏好、人口结构、移民等。

第三节　顶尖科技人才的收入为何低于明星的收入？——劳动的需求

开始本节内容之前，我们先来看一则消息。

2019年福布斯公布了全球最赚钱的100位明星榜单，有11位明星的年收入超过了1亿美元，而榜单中100位明星一共挣了63亿美元。其中，排名第一的女性是美国著名歌手泰勒·斯威夫特，获得收入1.86亿美元，她是历史上最受欢迎的音乐艺人之一。排名第二的是著名网红——卡戴珊家族成员中年仅21岁的凯莉·詹娜，她凭借在社交媒体的影响力和以此推动的生意，年收入达到了1.7亿美元，而大名鼎鼎的NBA球星詹姆斯的年收入只有8550万美元，仅仅达到她的一半；火箭当家球星哈登的收入只有 4640 万美元，还不及她的零头。

经济学家曼昆曾经提问：世界上最好的物理学家和最好的作家，谁的收入更高？物理学家的发明属于基础学科，对于未来世界的发展起着根本性的推动作用，作家在这方面的作用显然没那么大，但结论是作家收入更高。比如《哈利·波特》的作者 J. K. 罗琳（J. K. Rowling），仅在 5 年内就从接受政府救济的贫穷单亲妈妈变为畅销作家。她在 2019 年取得 0.92 亿美元的收入，位列全球女性收入排名第三位。然而，我们在富豪榜上几乎看不到任何科学家的名字。

为什么人们的收入差距这么大，为什么收入的大小好像不完全是他们价值的体现呢？结合前面的学习，本节就来解答这一问题。

一　均衡工资的决定

如同其他商品一样，劳动力市场的均衡来自劳动力供给曲线与需求曲线的交点 E_1。此时对应的 W_1 是均衡工资水平，L_1 为均衡劳动力数量。如图 7－3－1 所示，均衡工资调整使劳动的供求平衡。在充分竞争的劳动市场，工资决定于两个因素，第一个是工资调整使劳动的供求平衡，第二个是工资等于劳动的边际产值。在劳动市场均衡的时候，每个企业雇用了其在均衡工资时利润最大化的劳动数量，实现了雇用劳动的边际产

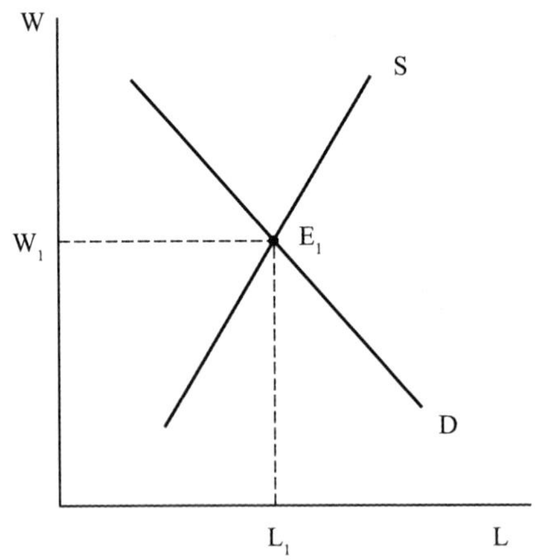

图 7－3－1　均衡工资

值刚好等于工资的情形。如果劳动的雇用达到了供求平衡，那么工资就一定会等于劳动的边际产值。

二　均衡工资的变动

改变劳动供求的任何因素都必然会使均衡工资和边际产值变动，因为这两个量总是相等的。

1. 劳动需求的变化

假设某商品的受欢迎程度上升，导致其价格上涨，边际产值 VMP_L 增加，从而导致生产该商品的劳动需求曲线向右移动，出现新的均衡点 E_2，工资上升为 W_2，均衡劳动力上升为 L_2。大家会发现，如果人们对某种商品的需求减少，其需求曲线就会向左移动，带来的结果相反。仍然以褚橙为例，如果市场上对褚橙的需求增加，就会使种植褚橙的商家增加对工人的需求，从而使得劳动需求曲线 D 右移，导致其工资上涨。

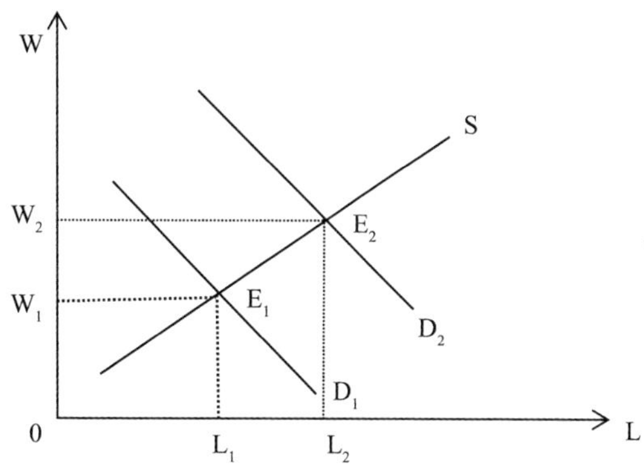

图 7－3－2　劳动力需求变化

2. 劳动供给的变化

最近两年进入劳动力市场的大多为千禧宝宝，劳动供给仍然略有增加，可能导致供给曲线向右移动，我们看到新的均衡——工资水平会下降（见图 7－3－3）。随着老龄化的加剧，人们生育率下降的情况会反映在劳动力市场，到时候劳动供给曲线向左移动，那么为了均衡劳动力，工资的水平会上升，劳动供应量将会减少。不管需求和供给因素如何变化，新的均衡都将使工资始终等于劳动的边际产值。

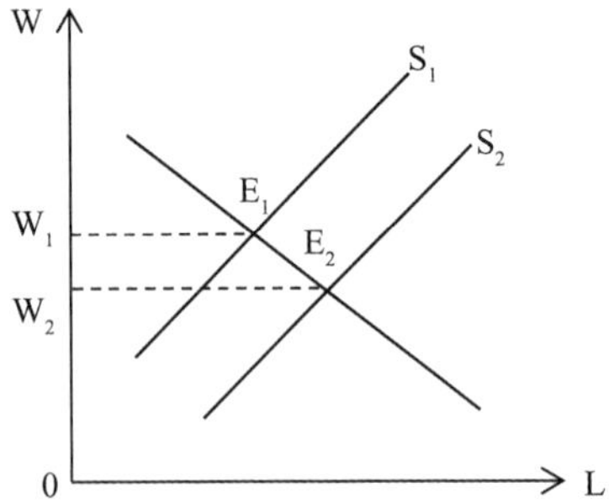

图 7－3－3　劳动力供给变化

三　工资的差异

关于工资差异的解释，我们对劳动市场的讨论所得到的一个关键结论是，工人的生产率越高，那么他所生产的产品的价格就越高，工人的工资水平也就越高。因此，我们就可以解释开始案例中收入贡献悖论的问题了，为什么明星的工资水平要远远高于普通人，甚至高于顶尖的科学家？这是因为明星劳动的边际产值较大。

明星们比如卡戴珊家族的詹娜、国内的易烊千玺，他们对应着庞大的粉丝群。在某部电影或电视剧里，明星的加入会迅速带来流量和提升关注度，而这些可以折现成巨额的票房收入或广告收入。对于环卫公司而言，多雇用一个或者少雇用一个工人，对公司的业务影响并不明显；而一个顶尖的物理学家，他的贡献很难及时兑现，他的边际产值并不高。

职业内存在收入差距也不奇怪。好的美发师赚的钱比普通理发师赚得多，好的装修工比普通的装修工赚得多，这是因为他们的能力、机遇和努力程度不同。但无论怎样，好的美发师、装修工不可能赚取演员或者运动员那么高的收入，为什么？为了说明这一点，我们需要明确超级明星产生的两个特点。

第一，市场上大部分顾客都想享受最优生产者提供的物品。比如，我们都喜欢看梅西踢球，那么看多少遍普通球员踢球都比不上看一次梅西踢球，这就导致独特产品的边际产值很高。在福布斯 2019 世界收入最高运动员排行中，梅西以 1.27 亿美元的收入位列榜首。[①]

第二，由于这些表演或者比赛可以通过电子媒体播出，满足无数粉丝同时观看的要求，以低成本向每位顾客提供物品的技术已经出现。比如，周杰伦发行歌曲《Mojito》，11 个小时就收益 800 万元；梅西的足球比赛开始的时候，球迷们可以通过网络直播或者电视转播隔空为他呐喊助威。在这种情况下，必然催生超级明星的巨额收入。

四　影响工资差异的其他因素

对工资差异的解释，除了最主要的边际产值 VMP_L，还有其他很多的因素，比如补偿性差异、歧视、工会等。

第一个是补偿性工资差异，指在实际经济活动中，即使能力和受教育程度相同的劳动者，从事不同的工作也会存在工资差异，形成这种差异往往和工作的性质和条件有关。企业为了留住工人，往往会对某种工作环境不舒适的地方提供补偿性工资。比如，同一家公司在偏远地区的业务代表比发达地区相同层级的业务代表，可能有更多的高原补贴或山区补贴；而在一家矿业公司，矿工往往会因为危险或者远离家庭等，获得额外的工资收益。十几年前笔者在澳洲念大学的时候，一个普通矿工的年薪大概是 12 万澳元，是大学里秘书工资的两三倍，和教授的收入差不多，这个高收入主要用于补偿其高风险、离家远等。

第二个是人力资本差异。人力资本是指投资对人的教育和在职培训而形成的积累，体现在生产者的知识、能力以及素质上。教育是最重要的提高人力资本积累的途径，代表着为了提高未来生产率从而对当下某一时点的资源支出。通常，人力资本较多的工人平均收入高于人力资本少的工人。例如，美国大学毕业生的收入比高中毕业生高一倍。在发展中国家这种差距更大，因为受过教育的工人供给稀缺。在中国，差距不仅表现在收入方面，还表现在求职时的差别。很多职业的最低要求就是大学毕业生，这不仅表现在收入的差距，还包含了工种地位的差距。除了求职以外，很多城市的人才落户政策也要求学历必须是本科。实际上，

---

① 《福布斯运动员收入榜：梅西 1.27 亿美元力压 C 罗登顶》，2019 年 6 月 12 日，中国新闻网，https://www.chinanews.com.cn/ty/2019/06-12/8862473.shtml。

受教育程度高低所导致的工资差别可以看作对教育成本的补偿性工资差别。目前教育的改革逐渐将重点由高学历人才向高技术人才转变，提倡培养更多的技术型人才，或许在将来，本科大学生与专科大学生毕业以后的求职待遇以及工资待遇的差异会逐渐缩小。

第三个是歧视。性别歧视常常是造成工资差异的原因之一，白人男性的平均工资普遍要高于其他的社会群体，而男性的工资可能又普遍比女性要高。当然也有一部分因素是白人男性的学历更高，与女性相比，他们更多的人会在毕业后继续深造或者是有更多的职业技能证书。从这部分来看，工资差异也是教育差异，而女性还会因为历史因素和照顾家庭、生儿育女影响工作。在很多跨国企业中，相同职级的本国员工的工资水平常常会高于他国员工。在中国很多国企或者行政事业单位里面，编制内和编制外也存在同工不同酬的身份歧视情况，甚至编制外人员会做更多的工作。同时，年龄歧视也是造成工资差异的原因之一。在中国传统的年龄歧视中，常常认为年长者比年轻人掌握更多的经验，以年龄论能力，年轻人往往因为缺少经验而获得较低的工资。由于性别、种族、身份带来的收入差异并不完全是歧视带来的，因此歧视到底在收入差距中占据多大的比值，就是劳动经济学者感兴趣的研究内容了。

第四，工会的作用主要体现在工会组织发达的国家。工人工作的差异还可能取决于他们是否为工会成员，工会成员拥有和雇主谈判工作条件的法定的权利，工会也可能号召工人罢工来对企业进行抗议。2009 年美国劳工局的统计资料显示，非工会工人的周工资仅为 691 美元，而工会工人的周工资是 886 美元。经济学家的研究表明，在其他因素不变的条件下，加入工会可以让工人的工资显著提高 10%。国内有不少学者也研究这个问题，发现工会会使企业工资率和劳动生产率显著地提升。在中国工会身份的确能够提高收入，但由于劳动生产率上升幅度更大，因此劳动收入的份额反而会降低。[①] 这个结论在现实中是否合理还有待验证。

第五，能力、努力和机遇也很重要。为什么梅西、C 罗有如此高的收入，这并非源于读过许多年书或者有经验。在很大程度上，职业运动员

① 魏下海等：《工会是否改善劳动收入份额？——理论分析与来自中国民营企业的经验证据》，《经济研究》2013 年第 8 期。

赚钱更多只是因为他们有更高的天赋能力。对所有职业的工人，天生的能力都是重要的。由于先天遗传和后天培养，人们的体力与脑力都不一样。一些人强壮，另一些人瘦弱。一些人聪明，另一些人差一点儿。一些人在社交场合中是外向的，另一些人是内向的。这些特征和能力决定了工人的生产率，因此在决定他们赚得的收入中起着作用。与能力密切相关的是努力。一些人工作勤奋，另一些人懒散。已故的 NBA 著名球星科比·布莱恩特曾经说过："你看过洛杉矶早晨 4 点的太阳吗？"工作勤奋的人生产率更高和工资更高并不奇怪。在某种程度上，企业直接按人们生产多少支付报酬。例如，销售人员通常是按他们完成的销售额百分比来取得报酬。同样，机遇也起着重要作用。如果一个人进入学校学习如何修理真空管电视机，毕业后发现真空管技术已经过时，因此他的技能也就过时了，与其他受教育年限差不多的人相比，他赚到的工资更低。能力、努力和机遇在决定工资的过程中有多重要呢？这是很难说的，因为能力、努力和机遇很难衡量。但间接的证据表明，它们是非常重要的。当劳动经济学家研究工资时，他们把工人的工资与这些可衡量的变量——年龄和工作特性、受教育年限、工作年限联系起来。虽然所有这些可衡量的变量如理论所预期的一样在影响工人的工资，但在我们的经济中它们只能解释工资差距的一小半，无法彻底解释为何工资差距如此之大。因此，一些被忽略的变量，包括能力、努力和机遇，也起着重要作用。

五　研究漂亮的利益

人与人之间在许多方面不同，一种差别是他们外表的吸引力不同。例如，彭于晏长得帅，可能由于这个原因，他的电影吸引了大量观众。对于彭于晏先生，观众多意味着流量、热度和大笔的收入。

漂亮的经济利益普遍存在吗？经济学家丹尼尔·哈莫米斯（Daniel Hamermesh）与杰夫·比德尔（Jeff Biddle）在《美国经济评论》1994 年 12 月的一项研究中试图回答这个问题。哈莫米斯和比德尔做了美国和加拿大的调查分析，要求调查者对每个受调查者的外貌进行评分。结果表明，看起来更有吸引力的人比相貌平常的人收入高 5%，相貌平常的人比吸引力更小的人收入高 5%—10%。"漂亮贴水"的原因是什么呢？

第一种解释：决定生产率和工资的内在能力之一是漂亮的外貌本身。一些人看起来就有电影明星的气质，另一些人则没有。在需要露面于公众的工作中，漂亮的外貌是有用的，如表演、推销和侍者。在这种情况下，长相有吸引力的人对企业的价值更大。企业愿意对有吸引力的工人支付更多工资，反映了其顾客的偏好。

第二种解释：报告中的漂亮是对其他类型能力的一种间接衡量。遗传之外的其他因素也会影响一个看来很有吸引力的人，如服装、发型、个人举止、气质。这就是我们常说的“三十岁以后的长相是自己给的”。那些身材健美、自信大方的人看上去更漂亮，也会显得更有能力。

第三种解释：“漂亮贴水”可能是一种对普通人的歧视。

六　小结

本节介绍了均衡工资的决定，它是由劳动的供给曲线与劳动的需求曲线的均衡点确定的；接下来分析了劳动的供给和需求的变动可能导致均衡工资上升或者下降；重点分析了巨大的收入差距主要是边际产值大小及边际成本急剧下降导致。另外，我们还了解了补偿性工资差异、人力资本差异、歧视以及个人天赋、勤奋、机遇等都可能是导致工资差距的其他因素。

第四节　收入不平等如何测量？
——洛伦兹曲线和基尼系数

大家是否注意到一个关键词——基尼系数。本节将回答和基尼系数相关的一系列问题：基尼系数是什么？基尼系数的缺点有哪些？中国的基尼系数和世界平均水平相比是什么情况？怎样改善贫富差距？

一　收入不均的后果

收入不均主要会带来什么后果呢？

第一，收人不均关系到一个社会的和谐稳定，甚至影响到政权存在的合法性问题。

在“政府＋银行＋财阀”的经济模式下，短短几十年，韩国就从一个贫穷落后的小国一跃成为发达经济体，然而作为让韩国经济飞速增长的“江汉功臣”，如今已牢牢掐住韩国经济命脉，让韩国自此陷入畸变之中。2017 年，仅三星、现代、SK、LG、韩华、乐天六大财阀的年营收占韩国年度 GDP 的比例超过 60%，排名前 30 的财阀资产总规模占 GDP 的 95% 以上。其中，仅三星集团年营收就占韩国 GDP 的 20% 以上，“对于韩国人来说，一生无法避免三样东西——死亡、税收和三星”。韩国的这种社会现象被叫作马太效应，其实在现在的大多数资本主义国家中，马太效应都日趋严重。这就引起了一些公民的不满，他们通过游行示威，甚至是暴力行为来向政府抗议，向政府索求公平。这就是我们都很熟悉的“不患寡而患不均”。

当贫富差距过大时，社会两极分化会越发严重。阶层之间的流动几乎为零，下一阶层的人很难凭借本事跨越到上一个阶层，使得富人越来越富，穷人越来越穷，并且富人占少数，穷人占多数。当两极分化到一定程度的时候，往往会引起社会的混乱。由此甚至会引起“仇富”“仇官”心理，打击那些工作时间长收入却不高的劳动者的积极性，影响社会的公平公正，不利于社会和谐稳定的发展。

第二，收入差距过大阻碍经济的发展。贫富差距过大会导致有效需求不足，从而制约经济的发展。根据边际消费倾向递减规律，贫穷的人群过大，即使整个社会的收入增加，贫穷人口的消费不足，仍然会导致整个社会消费不足，从而导致生产过剩、经济萎缩。增加相同的补助，贫穷人群也比富有人群更有可能增加消费，从而带动新一轮的经济增长。因而，给贫穷的人们减税、增加福利是缩小贫富差距、改善扩大内需，从而刺激经济发展的好方法。

因此，收入公平的缺乏对社会来说具有严重的危害性。

二　收入不均的衡量

收入的不均常规使用洛伦兹曲线和基尼系数来衡量。

（一）洛伦兹曲线（Lorenz Curve）

洛伦兹曲线是用来衡量财产分配平均程度或社会收入的曲线，描述财富或收入分配不均等程度，由美国统计学家马克斯·洛伦兹（Max Otto Lorenz）提出。

（二）图形展示

如图 7 –4 –1 所示，横坐标是人口百分比，纵坐标是收入百分比。从左到右看，如果一个社会里面有 1% 的人群的收入占所有人群收入的 1%，2% 的人群占所有人收入的 2%，以此类推，就可以得到一条 OM 的对角线，这是一种收入绝对平等的社会，OM 这条直线代表的是一个收入绝对平等或者平均的社会状况。另外一个相反的方面是社会上 1% 的人收入是 0，2% 的人群收入占 0，以此类推，只有最后 1% 的人群收入占整个社会收入的 100%。如果整个国家所有的收入都集中到 1% 的人手中，其他 99% 的人都没有任何收入，此时收入分配达到完全不平等，成为一条折线 OHM。

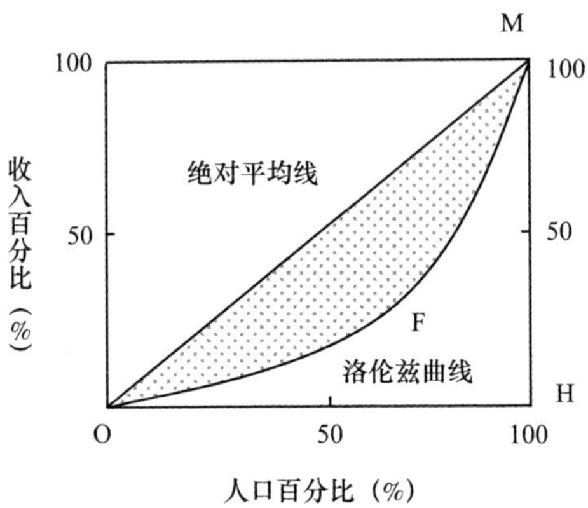

图 7 –4 –1　洛伦兹曲线

下面我们结合一个小故事来描述以上内容。假设在一个很小的社会，全社会只有 100 人。在 1 年的时间里，这 100 人赚了 100 元钱，平均每人赚了 1 元钱，接着对这 100 元钱进行分配。第一，假设这个社会是平均至上的社会，这 100 个人赚了 100 元钱，100 元钱将被平均分配给这 100 个人，此时就是图中的直线 OM，说明这个世界人人平等。第二，假设这个社会是一个奴隶社会，只有一个奴隶主，其他都是奴隶。奴隶主拥有至高无上的权利，100 个人赚到的 100 元钱全分给奴隶主，其他的 99 个奴隶完全得不到钱。这就是图 7 –4 –1 中那条折线 OHM 所描述的情况，即完全不平均。

洛伦兹曲线的弯曲程度有着极其重要的意义。一般而言，弯曲程度越大，收入分配越不平等；弯曲程度越小，收入分配越均匀。OM 这条直线不弯曲，称之为绝对平均线。OHM 弯曲程度最大，称为绝对不平均线。一般来说，一个国家的收入分配，既不是完全平均，也不是完全不平均，而是介于两者之间，如图中的曲线 OFM，这就是真实的线，称为洛伦兹曲线。这条曲线处于绝对平均线和绝对不平均的两条边线之间。这条曲线越是靠近绝对平均线，那证明这个社会越接近收入平均的状态；如果这一条线越是靠近两条边线，那说明这个社会的收入状态越不平均。

（三）基尼系数（Gini Index）

1. 基尼系数的概念

我们可以发现，洛伦兹曲线弧度越小，收入差距越小；弧度越大，收入差距越大。为了准确地衡量收入差距的大小，意大利统计学家科拉多·基尼（Corrado Gini）在 1912 年提出基尼系数。

2. 基尼系数的衡量

接下来我们看看基尼系数是如何衡量的。如图 7－4－2 所示，假设收入分配绝对平等曲线和实际收入分配曲线之间的面积为 A（图 7－4－2 中阴影部分面积），假设 B 为实际收入分配曲线右下方的面积。以 A/（A + B）的值来表示不平等程度。这个数值被称为基尼系数 G，G = A/（A + B）。如果 B =0，则 G =1，收入分配绝对不平等；如果 A =0，则 G =0，表示收入分配完全平等。洛伦兹曲线的弧度越小，A 的面积越小，说明收入分配越是趋向平等，那么基尼系数就越小；反之，洛伦兹曲线的弧度越大，A 的面积越大，说明收入分配越是趋向不平等，那么基尼系数就越大。

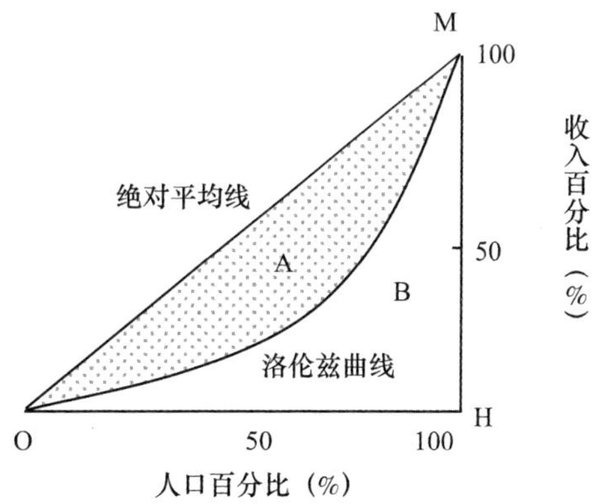

图 7－4－2　基尼系数

回到前文的小故事中，假如在那个收入分配极其均衡的社会，每个人都得到了1元钱，洛伦兹曲线是图7－4－2中的绝对平等线，此时基尼系数为0，大家一样穷，没有对比就没有伤害。反之，在那个仅有1个奴隶主的奴隶社会，收入差距无限大，一个人富得流油，剩下99个人将近饿死，贫富差距无限大，此时基尼系数为1。

3. 基尼系数的等级

联合国开发计划署（UNDP）等组织划分收入差距的情况如表7－4－1所示。

表7－4－1　　基尼系数的等级

基尼系数	指数等级	收入差距
低于0.2	极低	高度平均
0.2—0.29	低	比较平均
0.3—0.39	中	相对合理
0.4—0.59	高	差距较大
0.6以上	极高	差距悬殊

如表7－4－1所示，若基尼系数低于0.2，表示指数等级极低（高度平均）；若基尼系数为0.2—0.29，表示指数等级低（比较平均）；若基尼系数为0.3—0.39，表示指数等级中（相对合理）；若基尼系数为0.4—0.59，表示指数等级高（差距较大）；若基尼系数为0.6以上，表示指数等级极高（差距悬殊）。

国际上通常把0.4作为收入分配差距的“警戒线”。

世界银行每年都会发布各国和地区基尼系数排序，有的地区基尼系数小于0.25，主要是欧洲大部分国家、加拿大以及部分东南亚国家；而中美洲和非洲南部的基尼系数较大。全球基尼系数最高的地方是非洲的纳米比亚，大于0.6。

表 7－4－2　　　　中国 2012—2016 年基尼系数

	2012 年	2013 年	2014 年	2015 年	2016 年
基尼系数	0.474	0.473	0.469	0.462	0.465

4. 洛伦兹曲线和基尼系数的关系

在基尼系数的公式中，如果 $A=0$，则 $G=0$，表示收入分配完全平等，洛伦兹曲线就与绝对平均线重合；如果 $B=0$，则 $G=1$，收入分配绝对不平等，洛伦兹曲线就与两条边重合。收入分配越是趋向平等，洛伦兹曲线的弧度越小，基尼系数就越小；反之，收入分配越是趋向不平等，洛伦兹曲线的弧度越大，那么基尼系数就越大。

（四）基尼系数的优点与缺点

基尼系数受到经济、文化、政治制度等因素的影响，其中一个重要因素是政策制定者是希望制订一个更注重分配差异的有激励作用的收入制度，还是更注重分配政策的调节保障作用的收入制度。

1. 优点

基尼系数的第一个优点是简洁、直观，化抽象为具体。基尼系数拥有反映居民之间贫富差异程度的数量界限，可以较直观、客观地反映并监测居民之间的贫富差距，预防贫富两极分化，因此被世界各国广泛认同和采用。

基尼系数的第二个优点是可以测算各种类型的不均。比如消费的不均、教育投资的不均、财富的不均等，有利于通过不同手段促进社会的公平发展。

2. 缺点

第一，基尼系数仅仅反映了结果的不平等。基尼系数反映的结果没有考虑到收入在分配过程中各类群体所投入的劳动，也没有考虑分配的初始条件，仅是一个由指标分配的静态结果。因此基尼系数反映不了分配过程是否公平，只是指示最后的结果是否公平的工具。也就是说，基尼系数只反映不同的群体最后得到了多少收入，却不考虑这些群体为了得到这些收入所付出的劳动等。我们在追求公平的时候，不能单纯地只看结果不看过程，要更注重多维地考虑问题，强调社会整体的公平和规则的公平。

第二，基尼系数在国际很难准确比较。在国际上无制定基尼系数的准则，比如是否除税项、是否剔除非本地居民等，并没有一致性，因此缺少比较的准则。

第三，基尼系数忽视了社会不同阶层之间的流动性。很多人都说，现在富人跟穷人之间的差距，比以前富人和穷人之间的差距拉大了。当人们这么说的时候，他们忽略了一个重要的因素，那就是今天的富人不一定是昨天的富人，今天的穷人也不一定是昨天的穷人。各个收入阶层的人是在不断改变的，收入阶层之间人是不断流动的。

第四，基尼系数衡量的是短时间人与人之间收入的差距。人们的职业不同，差距也会不一样，有的人选择做体育明星、娱乐明星，那么可能会在年轻时收入特别高，之后可能不会上升，甚至会下降；有的人选择做教授、研究人员，则是随着年龄的增长，收入在稳定增加。如果以某个时间点来看，你看到的都是社会收入的不平均，但这忽视了终身收入这个维度，而终身收入才是更好地衡量人们收入差距的指标。

我们还必须注意收入不均与收入不公的差别。造成收入不均的原因有很多，其中之一就有不公。贪污腐化、违法乱纪，这叫不公。我们要对付的到底是收入的不均，还是所作所为的不公呢？当然是不公，而不是不均。所以一个社会如果仅仅看见基尼系数上升、人与人之间收入的差距增大，就简单地执行所谓的收入再分配政策，那就不仅不能够正确地打击那些不公的行为，反而会使那些本来是合理的收入受到不正确的抑制。因此，我们要更加重视社会的公平。

三　如何解决收入不均

学完基尼系数，大家试着分析一下，如今全球贫富差距如何解决？

贫困家庭的成员可能经历无家可归、健康问题、文盲、失业等情况，而且这些情况还可能造成贫困的代际传递，加大未来的收入差距。大部分人认为，政府应该提供一个“安全网”。请大家想一想，有哪些办法可以缩小贫富差距呢？经济学家一直在为政府出谋划策。

1. 最低工资法

最低工资法是各国政府保护劳动者的一项重要法律，其中心目的是以法律形式来保证工薪劳动者，通过劳动所获得的最低工资能够满足其自身及其家庭成员的基本生存需要。这个问题我们在前面讲过，属于价格管制的一种——支持价格。在中国，我们也在实行最低工资法，由各个地区根据自身经济发展水平提出符合各自情况的标准。比如，上海2023 年的最低工资是 2590 元，而安徽省的第四类地区只有 1780 元。这是因为上海作为中国的经济中心，其收入水平和生活水平远高于安徽省。

2. 其他福利

比如负的所得税，相当于对低收入人群发放补贴、消费券等。新冠疫情发生后，不同的国家采取相应的措施。比如美国对每个成年人发放1200 美元的补贴。英国在疫情期间给商家补贴，食客在店中可以领取消费券，享受半价的优惠。中国则主要是以消费券的形式发放，比如在云南就发放面额为 50 元的消费券、旅游券和体育券，在四川则是发放满减消费券或者限量的 9. 9 元抢购券，以 9. 9 元的价格享受平时几十元乃至上百元的美食套餐。发放实物券的好处就是低收入群体更容易去领取和消费，而高收入群体则可能忽略。这样一方面可以通过较低的财政支出缩小收入差距，另一方面更容易增加消费、扩大内需、刺激经济。福利也可以是实物转移支付，给低收入群体发放奶粉、生活必需品等。

3. 反贫困计划和工作激励

为了解决贫困问题，世界各国一直在不断地努力。全球的贫困率正在急剧下降，那些每天消费少于 1 美元的赤贫人口，在 1970 年占全球人口的 25%，目前已低于 5%。中国的基尼系数仍然较高，但是脱贫攻坚战已经取得全面胜利。世界银行数据显示，中国减贫人口达 7000 多万人，对世界减贫贡献率超过 70%，成为全球反贫困的火车头。2020 年全面脱贫目标完成后，中国提前 10 年实现联合国 2030 年可持续发展议程的减贫目标。这将大大有助于贫富差距的缩小，这一改变不只体现在基尼系数的逐步减小，更体现在大量的人口从温饱走向小康生活。中国在逐步实现脱贫攻坚目标进程中，不断总结形成中国经验和中国方案，向世界贡献减贫智慧，具有深远的世界意义。

四 小结

本节首先分析了过度的收入不均带来的后果；其次重点说明了衡量收入差距的两个指标——洛伦兹曲线和基尼系数，以及基尼系数的优点和局限性；最后提出了缩小收入差距的几种方法——最低工资法、负的所得税、消费券以及反贫困计划等。我们需要明白，每一种办法都需要花费成本。我们虽然需要缩小收入差距，但要考虑补助过高一方面可能导致懒惰行为泛滥，另一方面可能导致财政负担过重。政府更重要的是解决收入不公，而不是收入不均，促进社会公平、和谐发展。

思考题

1. 竞争性劳动力市场理论提出，想要吸引到符合要求的劳动力，只需要提供符合劳动力水平的工资就行。既然如此，为什么有的企业通常会提供更高的薪酬来吸引员工？

2. 为什么在公司里，同一小组的员工会出现生产效率低工资却高，生产效率高而工资低的现象呢？

3. 在机械化程度不断提高的现代社会，采用先进的机器生产来替代人力劳动会使劳动力需求曲线右移吗？

4. 科研人员和开小吃店的老板，谁的“闲暇成本”更高？请说明原因。

5. 工人移民是如何影响流出地和流入地的劳动力供给的呢？

6. 教授的工资为什么低于受教育时间大致相同的律师和医生？

7. 美貌是一种生产力吗？你知道“高跟鞋效应”吗？

8. 为什么人力资本高的工人的工资大于人力资本低的工人的工资？

9. 考虑两个社区。在一个社区中，有 10 个家庭每家有 10 万元收入，还有 10 个家庭每家有 2 万元收入。在另一个社区，有 10 个家庭每家有 20 万元收入，还有 10 个家庭每家有 2.2 万元收入。

（1）在哪个社区中收入分配更不平等？

（2）在哪个社区中贫困问题可能更严重？

（3）你更喜欢哪一种收入分配？解释原因。

10. 如果政府给每个受援助家庭部分现金，而不是把它们列入医疗援助计划。

（1）你认为大多数这种家庭会按照政府的期待用这笔钱去买医疗保险吗？为什么？

（2）那么政府应该以现金转移支付还是实物转移支付来向穷人提供帮助呢？为什么？

第八章

市场失灵及解决措施

第一节　市场能够十全十美吗？——市场失灵

通过第一章中经济学的十大原理，我们知道市场通常是组织经济活动的一种好方法。在1776年，亚当·斯密写出《国富论》之后的上百年里，毫无疑问，市场中“看不见的手”绝对是名副其实的神来之笔，它引导市场上利己的买者和卖者，使得市场上资源进行最优配置。然而，早在1929年，西方国家经历了史上最严重的一次经济危机，称为经济大萧条，生产大量萎缩，投资与金融市场严重崩溃，滞销的牛奶被倒进河里，失业的工人到街边乞讨。以美国为例，大萧条使得居民生活水平倒退了将近20年，与此同时，地球上出现了第一个计划经济体。直到1936年，凯恩斯的《就业、利息和货币通论》出版，“市场万能”的神话终究跌下神坛，它告诉我们市场也存在局限性。著名经济学家保罗·萨缪尔森指出，“市场效率的两大限制——市场失灵和不能被接受的收入分配”。本章将换个角度看问题，介绍市场失灵的几种类型，政府的政策如何潜在地改善市场的配置，以及哪种政策可以更好地发挥作用。

一　市场失灵

何为市场失灵呢？它是指市场机制不能充分地发挥作用而导致的资源配置缺乏效率或资源配置失当的情况。市场失灵的具体表现如下。

（1）市场存在着垄断或不完全竞争。

（2）市场行为的外部性可能产生的外溢效果。

（3）市场机制不能保证公共物品的供给。

（4）市场信息的不完全性或不对称性所导致的经济中的不确定性。

二　外部性

广场舞作为一种娱乐、锻炼的方式在各地兴起，尤其受到广大中老年妇女的青睐。这样的活动本来无可厚非，但是由于噪声大、占用公共休闲场所等，广场舞屡屡传出负面的消息。在现实中，由于长期受到楼下广场舞音响困扰，有人朝跳舞人群扔水弹；有人则举起猎枪，向广场舞人群“鸣枪示警”；等等。

这样的问题在生活中时有发生，但市场是没有办法解决的。这种现象就是我们今天要讲的，市场失灵的其中一种表现形式——外部性。

（一）外部性的概念

什么是外部性呢，就是指在社会经济活动中，一个经济主体的行为直接影响到另一个经济主体，却没有给予相应的支付或者得到相应的补偿。通俗地说，当你做一件事对他人不利时，你不需要为此付钱；当你做一件事对他人有利时，你没有理由要求他人为此付钱。这样的话，你的行为就具有外部性。在刚才的例子中，广场舞的舞者自己享受了跳舞的乐趣，同时给其他人带来了公共空间的占领、噪声等负面影响，但是他们并没有为此支付场地费，同时其他人也没有理由要求舞者赔偿“精神损失费”。这就是外部性的一种行为。外部性有三个特征。第一，强制性，即当事人被迫接受，不论其是否愿意。比如，广场舞的噪声其他人被迫接受。第二，分离性，外部性会造成成本和收益的分离。一般而言，正常的交易是由买卖双方共同完成的，例如买东西，我付钱，买到自己所需要的商品；同时你收钱，卖掉自己的商品，双方都消耗了自己的成本，同时也带来了收益。但是，当外部性行为产生时，一个人享受另一个人带来的成果，却不用为此消耗成本。例如你刚好路过一家酒吧，里面有驻唱歌手唱歌，但你在外面也能听到悦耳的歌声，所以你选择在外面听歌，不需要为此付费，同时酒吧里的歌声给你带来的服务也没办法为此收取费用。此时的收益和成本就是分离的。第三，第三方性，即外部性是给当事人以外的人或群体带来的影响。一般而言，一项经济活动存在于当事人也就是买卖双方之间，但是当外部性存在时，则对买卖双方以外的人产生了影响。就像广场舞让无辜的路人受苦，路人就是第三方。教育的发生本来存在于师生之间，却潜移默化地影响到整个社会，对于师生而言，整个社会就是第三方。

（二）外部性的分类

1. 正的外部性与负的外部性

根据效果不同，我们将外部性分为正外部性和负外部性，这取决于对旁观者福利的影响是有利的还是不利的。如果一个人的行为对旁观者的影响是不利的，就称为负的外部性；如果这种影响是有利的，就称为正的外部性。正的外部性产生外部收益，称为外部经济；负的外部性产生外部成本，也称外部不经济。大家应该很快就能够判断出广场舞就是一种负的外部性，因为给旁观者带来了不利的影响。

通过观察我们发现，工厂对空气的污染、邻居的狗叫声、建筑工地的噪声污染、二手烟对健康的危害均属于负的外部性；而新冠疫苗、基础研究、教育则具有正的外部性。

2. 消费的外部性与生产的外部性

根据经济活动产生领域的不同，我们将外部性分为消费的外部性和生产的外部性。消费的外部性就是指消费行为所带来的外部性，比如新冠疫情发生后，大家争先恐后地去注射新冠疫苗，不仅能使自己降低感染“新冠”的风险，同时也降低了身边人的感染率。这就是消费行为产生的外部性，而且是消费的正外部性。这种外部性不仅使消费者本身获得了最大化的利益，而且使周围人也获得了满足，从而扩大了社会效用。另外，消费的负外部性也屡见不鲜，“二手烟”便是一个典型的例子。负的外部性带来的结果是，在个别消费者追求自己的利益时，阻碍了身边人利益的满足，从而缩小了社会效用。

生产的外部性就是生产者进行生产活动时对第三者的影响，生产者的外部性也有正负之分。例如桃园边上住着养蜂人，桃子在生产的同时也给小蜜蜂提供采蜜的场所，给养蜂人带来了经济效益；蜜蜂采蜜更有助于花果成长，阳春三月，桃林正是欣赏的好时机，正的外部性不仅给自己带来了利润，也给身边人带来了利益，扩大了社会福利，这就是生产的正外部性。与此相反，生产的负外部性则是生产行为减少了旁观者的福利。例如上游的厂商排污到河里，下游的居民饮水致病，生产的负外部性虽然给自己带来了利润，但是损害了其他人的福利。

生产的外部性和消费的外部性有一个明显的区别，就是主体不同。生产的外部性的主体是生产者的经济活动，由生产者对他人造成影响。例如，一个企业对新员工进行一定的培训，后来员工培训完就跳槽了，企业却不能向员工跳槽的单位索要赔偿。消费的外部性的主体是消费者的经济活动，比如我在家里装了一个大音响每天晚上唱歌，对周围的邻居造成的噪声污染就是消费的外部性。

（三）外部性的后果

那么外部性会带来什么后果呢？当个人损失和收益没有产生任何外部性的时候，市场会实现良性的运行；当外部性存在时，个人的损失和收益并不对等，而外部性也不算在人们购买的任何商品中，比如工厂的污染，工厂在生产的时候仅仅考虑了生产本身的成本，包含原材料、固定资产的损耗等，他们并没有考虑到排出的污水会伤害多少生物，给周围居民带来多少污染。在这种情况下，对个人的影响小于对社会的影响，污染厂家就会过度生产。由于没有完全承担污染的成本，工厂就不会为了社会的整体利益而减少生产。所以，当负的外部性出现的时候，市场中企业生产的数量会大于社会合意的数量。类似广场舞、“二手烟”这类负的外部性行为，如果市场无法调节，只会越来越多，因为个人不承担相应的成本。另外，如果自己的行为不只是让自己受益，其他人能永久无偿地“搭便车”，当行为者不能从自己生产的东西中获得完全的利润，他可能会因此失去继续生产或者消费的动力。所以，如果存在正的外部性，市场中这种商品的数量会小于社会合意的数量。试想，一个街头卖唱的人如果赚不到钱，他还会继续在街头卖唱吗？如果大家都只想欣赏他优美的歌声而不愿意付钱，那么究竟能欣赏多久呢？街头艺人要么向现实低头，为一日三餐奔波劳碌；要么被现实拖垮，活在梦里。

因此，当出现外部性时，无论它是正还是负，市场都不能充分利用社会的资源。就会出现一个结果，糟糕的产品数量很多，而好的产品数量却不足，所以外部性无论如何都会降低资源配置的效率。说明这时候，市场中“看不见的手”——价格就失灵了。

（四）应对外部性的办法

那么应当如何解决外部性问题呢？总的思路应该是鼓励正的外部性行为，惩罚负的外部性行为。总的来说，分为命令与控制政策以及以市场为基础的政策。

第一种方式是命令与控制政策，其实质就是直接管制。

例如，我们发现美丽清洁的湖水被周围工厂排放的“三废”污染了，那么政府就严格限制排放的污染数量，甚至是关停工厂。这样的效果如何呢？大家可以思考一下。毫无疑问，政府限制排污数量或者关停工厂，无疑是解决外部性问题的有效方法。限制排污将企业对环境的污染内化成自己的生产成本，企业要生产，要获得利润，就必须支付一定的环境成本，采用低污染的设备，降低污染排放量，为后续的环境治理节省成本。

滇池是中国最难治理的湖泊之一。从“九五”时期开始，中国连续多次将滇池列入“三河三湖”的重点治理计划中。在习近平总书记视察并做出重要批示后，昆明市政府加大了对滇池的治理。云南省建立了统一调度和集中治理的措施，建立了一系列法律和制度。再者，政府推行了双目标责任制，将水质改善考核目标和污染负荷消减考核目标有机结合，分解到流入滇池的各个流域，改善了滇池的污染域。最后细化主体责任，将治理工作细化到乡村基层，实时检测水质，季度考核，一系列的工程让滇池的水质迅速恢复。①。

第二种方式是以市场为基础的政策。也就是设法使外部性内在化：改变激励，以使人们考虑到自己行为的外部效应，使私人激励与社会的利益结合在一起。比如，我们可以对有负外部性的物品征税，对有正外部性的物品进行补贴。这种矫正税是以最早主张采用这种税收的经济学家阿瑟·庇古（Arthur Pigou，1877—1959 年）的名字命名的，称为庇古税。该税收的目的是引导私人决策者考虑负外部性引起的社会成本。

下面我们以汽油税为例说明税收对于外部性的作用。在很多国家，汽油都是税收很重的物品，例如在美国，汽油税负占油价的一半，中国的汽油税也占到油价的四成左右。为什么？大家想一下汽油税能够消除哪些外部性问题？第一是减少拥挤。一个人驾车越多，则对拥挤的贡献越大。汽油税通过增加汽油的价格，减少驾车的机会，少开车，多使用

---

① 李佐军、俞敏：《滇池治理有哪些创新性举措?》，2020 年 10 月 9 日，中国智库网，https：//www. chinathinktanks. org. cn/content/detail/id/vi16to29。

公共交通工具，从而减少拥堵。第二是减少车祸。同样的道理，汽油税可以减少驾驶率，从而减少车祸。第三是控制污染。减少驾驶，能够减少矿物燃料的燃烧，从而减少污染。所以，汽油税意味着较少的交通拥挤、更安全的道路以及更清洁的环境。

让我们来对比一下矫正性税收与管制。比如面对二氧化碳污染的问题，假设一个经济学家把二氧化碳的排放造成的全部损失和利益都算出来了，并声称全社会必须将二氧化碳的排放减半，那么这个时候政府就可以有两种做法。第一个做法是管制，政府可以要求所有人把自己的二氧化碳排放减半，甚至是禁止烧煤，那么管制要求每个工厂减少等量的污染，但等量减少并不一定是减排最省钱的方法。第二个方法是税收，政府就能够以更低的代价达到减排的目标。这种以税收为基础的方法更便宜，因为一些人减少自己的二氧化碳排放会比其他人更容易一些。比如，假设政府对汽油征税，那么我们大部分老师就可能会搭乘校车上班，但是赶时间的人只能开车去上班，他们宁可支付汽油税。这种方式同样能够实现减少一半的二氧化碳排放的目标，因为只要税收升高，使用汽油的价格就会上升，就会有更多的人借助其他交通工具出行，减少自己开车的机会。

因此，污染税是有效率的。减排成本低的企业会减少污染，进而降低税收负担；减排成本高的企业更愿意支付税收。相对于简单的管制方法，政府能够以更低的整体成本去实现减排目标。

（五）污染许可证的转让

1. 举例说明

接下来我们讨论污染许可证的转让问题。像环境污染这种负外部性，肯定应该受到限制或消除。美国有些地方政府允许企业之间买卖排污权，这种方法得到了环保部门的许可。1992 年，设在美国加州多伦斯的美孚炼油厂从加州南门炼油厂以 300 万美元购买了一年内每天可排放 900 磅有毒瓦斯气体的排污权。美孚炼油厂排放瓦斯气体的污染行为合法化了，而加州环保部门批准了这次交易，环保主义者没有抗议反对。经济学家还把它称为治理污染的一个进步。这究竟是为什么呢？这里应该有个假设条件，每家炼油厂每天可以排放 2000 磅的有毒瓦斯气体。美孚炼油厂花 300 万美元，购买一年内每天多排放 900 磅有毒瓦斯，原因是它增加的收益大于 300 万美元；加州南门炼油厂放弃了每天排放 900 磅的有毒瓦斯，因为其炼油收益小于 300 万美元。我们看一下，总的排放增加了吗？没有，且双方都获益了。这个结论告诉我们，如果经济效率提升的话，污染许可在企业之间如何配置则无关紧要。

2. 可交易的污染许可证

现实中，美国二氧化硫的污染许可证从 1995 年开始便可以进行交易，欧洲从 2005 年开始允许碳排放量的交易。现在碳排放权已经成为国际商品了，越来越多的投资银行、对冲基金、证券公司等金融机构也参与其中。根据世界银行 2009 年公布的报告，2008 年全球碳排放市场规模扩张至 1263 亿美元。在国内，经过深圳碳排放权交易所、重庆碳排放权交易中心、天津碳排放权交易所、湖北碳排放权交易中心、上海环境能源交易所、广州碳排放权交易所、北京环境交易所、福建碳排放交易市场多个城市多年的碳排放权交易市场的试点及工作推进，2020 年 12 月，生态环境部公布《碳排放权交易管理办法（试行）》。这就是强行管制向市场化转变的进步。

三 小结

本节介绍了市场失灵的概念，并重点分析了市场失灵的其中一种形式——外部性。通过学习，大家应该掌握了外部性的概念、后果，以及通过公共政策来解决外部性的问题。我们发现，污染这类负的外部性问题可以通过管制或者税收、许可证转让的方法来解决；反过来，教育、科技发明这样正的外部性问题可以通过补贴等方式来鼓励。大家可能会问，那么广场舞能通过这些方式解决吗？答案将在下节揭晓。

第二节 私人可以协商解决外部性问题吗？——科斯定理

上一节学习了外部性的相关知识点，我们来一起回顾一下。外部性是一个人的行为对旁观者福利的影响。也就是说，当一种市场结果影响到除了买者和卖者以外的其他人，外部性就产生了。根据对旁观者造成的是积极影响还是消极影响，我们把外部性又分为正外部性和负外部性。

外部性导致市场失去效率，不能实现社会总效益的最大化。所以，为了减少负的外部性，我们通常采取三种措施来进行调节。第一种是命令与控制政策。第二种是政府借助以市场为基础的政策，主要是通过税收或者补贴来刺激企业调整自己的行为。

接下来，我们将介绍第三种方式，通过私人协商的方式来解决外部性问题。

一　导入

首先，让我们来看看薛兆丰在《经济学讲义》中举的例子。

芝加哥市中心著名的瑞格利球场（Wrigley Field）不仅座无虚席，而且体育场之外的居民楼顶上也有不少观众。这座球场周边的房子顶上全是座位，每当瑞格利球场举办比赛，周围的居民也向别人售卖门票。观众不仅可以进入瑞格利球场看球赛，还可以到周围居民区的房顶上去观看比赛。这些居民区的房顶上有座位，还能提供一些饮食服务。那么，现在我来问问大家，屋顶上的座位中是否存在外部性？谁是获益者呢？显而易见，球场带来了正的外部性，居民就是获益者。

大家想一下，这球场的总经理能同意周围的居民卖门票吗？当然不。于是球场的管理者打算安置一些遮挡的设施，阻挡居民观看比赛。居民说："我们并不想要看你们的比赛，但是遮挡设施会挡住我们的视线。"双方各执一词，斗到法院。经过协商，他们最终达成了和解，和解方案是居民向球场交纳收入的17%作为回报。然后，球场也就同意居民成规模地修建他们的座椅、看台。巧合的是，17%这个数字，跟中国的增值税税率相同。不管怎么样，球场和居民达成了合作，球场的视觉资源也得到了最佳的使用。

二　科斯定理

上述例子就是通过私人协商解决外部性问题的经典案例。本节我们的重点就是通过理论学习和案例分析，回答为什么私人市场是解决外部性问题的一种有效方法，以及这种方法的局限性。

经济学里有一个著名的故事——《蜜蜂的神话》。[①] 众所周知，蜜蜂和果树是互利互惠的一对，蜜蜂利用了果树的花蜜，而果树则利用蜜蜂来传授花粉，它们互相利用，但并不对等。诺贝尔经济学奖获得者詹姆斯·爱德华·米德（James Edward Meade）认为蜜蜂占了果树的便宜，应该给农民补贴，多种树才可以养活养蜂人。事实的确如此吗？

著名华裔经济学家张五常去做了实地考察，他发现，其实果农和养蜂人之间，早就形成了互相付费的习惯。在华盛顿州，苹果树的花蜜不足，蜜蜂传授花粉的贡献更大，这时候，当地的果农就向养蜂人交补贴；反之，在佛罗里达州，橘子的花蜜非常充分，而蜜蜂传授花粉的服务就显得不够，这时候，就是当地的养蜂人向果农支付补贴。

我们一起来思考，果农与养蜂人是如何解决正的外部性问题的？利益各方签订合同，在合约中写明树的数量、蜜蜂的数量、不同情况下的支付。这样的结果就是双方都变好，都得到了好处。

我们发现，不需要政府的管制和税收，私人也可以协商解决外部性问题。很神奇吧！这就是著名的科斯定理。科斯定理说的是只要产权是明确的，并且交易成本为零或者很小，一项有价值的资源，不论最初属于谁，最终这项资源都会流动到能使它价值最大化的人手里。从而可以得出以下结论，私人经济主体可以解决他们之间的外部性问题。无论最初的权利如何分配，私人各方可以在交易成本为零的条件下，就交易成本资源配置进行协商，从而达成一种协议。在这种协议中，每个人的状况都会变得更好，并且导致的结果是有效率的。这样的话，他们就可以自己解决外部性问题。意思就是当出现外部性问题时，受益方应该向行动者进行一定的支付，双方如果能够达成协议，就可以解决问题。

这里涉及一个重要的前提条件——交易成本，那么什么是交易成本呢？张五常有个很通俗的定义："凡是在一个人的社会里不存在，而在多个人的社会里存在的成本，就叫做交易成本。"从狭义上来看，它是指一项交易所需要耗费的时间和精力。比如，拼多多里面的"砍价免费拿"看似简单且免费，实则耗费了你大量的时间和精力以及你的人际关系。

---

① ［英］罗纳德·科斯、张五常等：《经济学的著名寓言：市场失灵的神话》，罗君丽等译，广西师范大学出版社2018年版，第36页。

当一项交易涉及各个不同参与者时，就很容易形成较高的交易成本，高的交易成本会阻碍经济市场的有效运行。从广义上来说，交易成本是指各方在协商谈判或者履行协议时所需要的各种成本，包括制定谈判方案所需的信息成本，协商时所花费的财务和时间成本，以及防止谈判各方的失约行为所形成的监督和惩罚成本。那么什么是交易成本为零或者最小呢？很简单，就是我们很容易找到最适合自己的东西，不需要耗费什么资源。

另外，交易成本的存在可能使双方无法达成对各自都有利的结果。让我们再看一个例子。1000 个居民觉得在翠湖中游泳价值 100000 元，这里假定每人均价为 100 元。一个附近的工厂污染了湖水，但只愿意花 50000 元购买无污染的设备。现在请大家解决以下问题。

第一，你认为靠私人协商解决问题的科斯定理在这里一定能够成功吗？

第二，在现实世界中这种解决办法不起作用的原因是什么？

大家找到答案了吗？对，那就是私人不一定能解决。谈判双方可能面临如下问题。第一，协商的总金额无法达成。居民的估值是 100000 元，但厂家不愿意出全款来清除污染。第二，内部协调问题，居民内部对于个人支付无法统一价格。每人的评价标准不同，喜欢游泳的人评价可能高于 100 元，不游泳的人评价可能低于 100 元，甚至为 0 元。这里还涉及一个关键问题，翠湖的产权属于谁？如果翠湖属于工厂，就应该由居民向工厂支付钱；如果翠湖属于居民，就应该由工厂向居民支付钱。

交易成本是指各方在达成协议与遵守协议过程中所发生的成本，交易成本的定义这么宽广很有必要，因为各种类型的成本经常无法区分。这样定义，交易成本就可以看作一系列制度成本，包括信息成本、谈判成本、拟定和实施契约的成本、界定和控制产权的成本、监督管理的成本和制度结构变化的成本。简而言之，交易成本包括一切不直接发生在物质生产过程中的成本。这里需要强调的是产权的成本，在现实中，很多产品其实是难以界定产权的，交易成本也不可能为零，甚至是比较大的，比如上述例子中的翠湖。

我们来看另一个例子。小明有一条狗，狗的狂吠干扰了邻居小红，产生负的外部性。社会有效率的结果就是使得小明与小红的福利最大化。

那么请大家想一想，如果小明对狗的评价是800元，小红对安静的评价是500元，小明养狗的评价高于小红对于安静的评价，应该怎么办？那么只需要小明向小红支付大于500元小于800元的费用，就能使双方都获益。如果小明对狗的评价仍然是800元，小红对安静的评价是1000元，怎么办？小红支付介于800元到1000元的费用给小明，双方都获益。

这个问题从理论上看十分容易解决。但是在现实中，养狗带来的安静、卫生问题，进而导致口角、斗殴的问题往往无法解决。为什么这类问题通过私人协商无法解决呢？因为科斯定理成立的重要前提：一是产权明晰，这里的产权不是狗的归属，而是公共空间属于谁；二是交易成本为零，现实中养狗的人不可能与需要安静的人进行协商，因为交易成本不可能为零，也不可能接近于零。

所以在现实生活中，依靠私人解决外部性问题是有一定局限的。当私人不能协商时，就需要政府出面解决问题，政府需要做什么呢？自然是明确产权，并且有效地对产权加以保护。就上述翠湖污染的例子，若政府将产权判给居民，那么厂家要在这里继续开工生产，就必须向居民支付一定的赔偿金；反之，若政府把产权判给厂商，如果居民认为给厂商支付一定的赎金使其减少污染来获得身体健康的价值大于支付的赎金，他们则会向厂商支付费用以让其减少污染。所以无论财富分配如何，公平与否，只要产权界定清晰，则另一方必须支付一定的费用给对方，资源的利用和配置达到良性循环。

《中华人民共和国动物防疫法》规定：单位和个人饲养犬只，应当按照规定定期免疫接种狂犬病疫苗，凭动物诊疗机构出具的免疫证明向所在地养犬登记机关申请登记；携带犬只出户的，应当按照规定佩戴犬牌并采取系犬绳等措施，防止犬只伤人、疫病传播。另外，《成都市养犬管理条例》规定：犬吠影响他人正常生活时，养犬人应当采取有效措施予以制止。违反该条例的，由公安机关处100元以上500元以下罚款，情节严重的强制收容犬只。除此之外，各个社区也出台了文明养犬的规定与宣传，例如倡导大家不养烈性狗，出门系牵引带，携带犬证信息，并且随时清理狗狗的粪便，给狗狗带上口罩或者止吠圈，等等，部分解决了曾经频频出现的养狗问题。

最后回到本节最初的例子，瑞格利球场的管理层为什么能与居民达成协议呢？第一，产权非常明晰。球场属于瑞格利，居民楼顶上的房屋属于居民。第二，交易成本虽然不等于零，但远远小于居民们获得的收益。所以最终以居民向球场缴纳 17% 的收益达成和解。

大家还记得我们讲外部性的例子吗？广场舞问题通过以上方法不能解决。直接管制行不通，警察一去管，大家就散了，警察一走，又继续跳起来；征税，那也完全行不通；如果私人协商管用的话，还会出现打水枪、放藏獒驱散广场舞大妈的问题吗？

三　其他私人解决方式

我们来看看有没有其他方式可以解决呢？第一种是道德规范与社会约束。比如在校园里，我们倡导轻声慢行，大家就能互不干扰。比如小区里建议人们拴住狗，避免惊吓到其他人。对于广场舞，目前有部分舞者采用戴耳机的方式来解决，其实就是一种道德规范与社会约束。

第二种是慈善行为。比如，大学的校友会或马云的“乡村教师基金”就是对具有正的外部性行为的奖励。2021 年，中国再次强调共同富裕的道路，其中的第三次分配可理解为不同于市场主导和政府主导的“第三类分配”，是指出于自愿，在习惯与道德的影响下，通过合法合规途径，将可支配收入的一部分进行捐赠，更多与公益事业相关联。当社会总体财富积累到一定水平后，公益和慈善事业发展的空间被打开，其与第一次和第二次分配互相补充，这是对社会公平和缩小贫富差距的必要支撑。

第三种也很重要，那就是风俗习惯和民族文化。比如，尊老爱幼等风俗习惯能够让具有正的外部性行为得到传承和发扬。

四　小结

通过瑞格利球场的例子，我们了解到科斯定理是解决外部性问题的私人协商手段，明确了科斯定理生效的前提是产权明晰、交易成本为零。而现实中常常由于产权不明晰、协商成本高，科斯定理无法解决外部性问题。所以道德、风俗、慈善等多种方式结合，能部分地解决外部性问题。

第三节 私人能够提供焰火表演吗？
——公共物品与公共资源

一 导入

在进入本节的正式学习之前，先给大家分享一个故事。

美国一个小镇的居民喜欢在 7 月 4 日这天看烟火。根据经验，全镇 500 个居民中的每个人对观看烟火都给予了 10 美元的估价，放烟火的成本为 1000 美元。由于 5000 美元的利益大于 1000 美元的成本，小镇居民在 7 月 4 日看烟火是有效率的。问题是私人市场能提供有效率的结果吗？如果小镇的企业家艾伦决定举行一场烟火表演，但一个人放烟火的成本太高，而且作为企业家他要赚钱，于是他就想对看烟火的居民收取 10 美元的烟火“门票”。大家想一想这会产生什么问题呢？虽然每个人只需要支付 10 美元就可以观看烟火表演，但是不付费人们也一样能够观看，那么有多少人愿意为了这项精妙绝伦的烟火表演花费原本可以避免的 10 美元呢？所以，最终艾伦很难通过收费来放烟火。

像这种得到一种物品的利益但能避免为此付费的行为称为“搭便车”。由于人们有成为“搭便车者”而非购买者的潜在激励，所以市场往往不能实现资源的有效配置，不能提供有效率的结果。尽管从整个社会福利来看，烟火表演是有效率的，但对于企业家艾伦而言，他无利可图。如果不进行烟火表演，从整个社会的角度出发，这个决策又是没有效率的，所以，类似于这样的物品，该由谁来提供呢？

这就是本节的相关问题：第一，为什么烟火表演不能由私人提供？第二，什么样的产品会出现“搭便车”现象？第三，什么是公共物品？

大家想一想，以下哪些商品不能由市场自发提供？教育、医院、国防、公园、图书馆、灯塔、你的水杯、电影院、教师的讲课。是的，教育、医院、国防、公园、图书馆、灯塔不能由市场提供，而其他的大部分商品都可以。前者是公共物品，后者是私人物品。公共物品具有两个明显的特征，非排他性和非竞争性。排他性（Exclusivity）是指一种物品具有可以阻止其他人使用该物品的特性。也就是说，只有对商品支付价格的人才能够使用该商品。简而言之，某个物品一旦被我拥有后，我可以阻止其他人使用该物品。水杯、电影票都需要付费才可以使用，而且我可以阻止别人使用它们。反之，非排他性就是不用付费就可以使用，但与此同时，我们不能阻止别人对它们的使用，如免费公园、国防。竞争性（Rivality）是指一个人使用一种物品会降低其他人使用该物品的特性。也就是说，我使用某物品后，会减少其他人对该物品的使用。比如火车上的座位，我使用了你就不能使用。反之，非竞争性是指一个人使用一种物品不会减少其他人使用该物品的特性。比如，一个科学定律，我学习、我使用，并不会影响你学习、你使用。

二　商品的分类

可以通过是否具有竞争性和是否具有排他性，把社会上大部分的商品区分为 4 种类型。

表 8－3－1　　不同类型物品的区分标准

		竞争性	
		是	否
排他性	是	私人物品 过桥米线 衣服 拥挤的收费道路	自然垄断 消防 有线电视 不拥挤的收费道路
	否	共有资源 海洋的鱼 环境 拥挤的、不收费的道路	公共物品 国防 知识 不拥挤不收费的道路

第一种是私有物品，它们同时具备竞争性和排他性。需要付费才能使用，这就是排他性；自己使用别人就不能使用，这就是竞争性。前文提到的大多数物品，比如我们给自己买的食物、衣服、理发等商品或者服务，它们都是私有物品。

第二种是准公共物品，又叫自然垄断物品。该物品具有排他性和有限的非竞争性，比如不拥挤的收费公路。因为没有支付费用的人是不能够在这个公路上行驶的，所以具备排他性。不拥堵则代表非竞争性，所以个人的使用并不影响他人的使用。比如近期比较火爆的收费网课，你不支付学费，就没法参加学习，这是排他性；但是你的观看，几乎不影响其他客户的观看和学习，这是非竞争性。

第三种是共有资源，它是有竞争性但没有排他性的商品。表8－3－1中拥挤的、不收费的道路就成了共有资源，因为拥挤代表竞争性，而不收费就代表非排他性。再比如海洋中的鱼是一种竞争性的物品，当一个人捕到鱼的时候，那么留给其他人捕的鱼就变少了；同时它没有排他性，因为不需要付费就可以使用。所以，公海里的鱼这类共有资源经常被过度使用。

第四种是公共物品，公共物品既无排他性又无竞争性。就像路灯，我们在夜晚进行路灯照明时，自己不用支付费用，那么这种收益具有非排他性。另外，我使用了路灯，不会让其他人看到灯光变暗，说明它具有非竞争性。所以我们不关心路灯的安装成本，因为无论怎么样，都可以使用路灯。经济学家就用一个词——“搭便车”来形容这种现象。

回到本节一开始的例子，由于烟火表演可以让没有支付的人也看到，大家都抱着“搭便车”的心理，所以企业家艾伦不能筹集到足够的钱来放烟火。由于每个人都可以“搭便车”，最终的结果就是谁都不支付。所以对于公共物品来说，“看不见的手”——价格失灵的时候，“看得见的手”——政府就必须要插手了。“搭便车”的行为适用于很多重要的产品和服务。比如，国防保护了所有人，所以我们并不在意谁来支付军队保护国家安全的开销；基础研究知识的创造是一种公共物品，它能极大地推动整个国家、社会的进步；数学定律可以免费为大家所使用，因为不能申请专利。类似的还有教育、扶贫计划等。

那么钱来自哪里？来自税收。

三　政府需要选择公共物品的提供

在昆明，呈贡大学城刚刚建立的时候，人烟稀少。从市里到大学城，除了校车外，其他的交通工具非常少，晚上没有路灯，老师和同学们常常抱怨不方便、不安全。政府为何视而不见呢？

由于税收是有限的，所以政府需要在诸多的公共物品中进行选择。

公共物品的一个重要特性是固定成本很高，即一次性投资很大，其使用的边际成本往往极低。所以，如果政府确信，总收益大于成本，它就可以提供公共物品。也就是说，政府可以用税收支付公共物品，使得每个人的状况变好。这里“成本—收益”分析是一个难题。比如，云南省2020年确定投资1000亿元建设一条从昆明到丽江的高铁，它的收益很难计算，即使去做市场调查，不同的人评估结果也不同，家住丽江的同学的评价肯定比其他地方的人高，旅游行业的人士的评价也会高于其他部门。所以成本和收益的计算和比较很困难。

如果我问大家，你们认为一个人的生命价值几何？大家可能会回答生命是无价的。我们来看这个实例，如果工程师估计某镇增加一个路口的红绿灯，能够使死亡率从1.6%降低到1.1%，那么这个镇是否应该在路口修建红绿灯呢？如果我们认为生命是无价的，我们的理性做法是在任何有人通行的地方都应该设置红绿灯。事实并非如此，很多人烟稀少的地方是没有红绿灯的。正确的做法是根据不同行业评估出一个人生命的价值，假定是1000万美元，红绿灯的设置使死亡率降低0.5%，那么预期收益就是1000万美元×0.5%=5万美元。如果修建红绿灯的成本小于5万美元，那么红绿灯就应该修建。现实中，因为车祸等失去生命的赔付往往达不到1000万美元，现在大家明白为什么很多地方没有安装红绿灯甚至路灯了吧。在大学城刚刚成立时，在市区和大学城通勤的人数很少，所以公交的车次就很少；现在不仅有公交车，每隔10分钟还有地铁。这都是收益大于成本的结果。

公共物品投入来自税收，它当然不是无限的。政府常常面临权衡选择，比如我们常常熟悉的问题，大炮和黄油的选择。更糟糕的是，有时候选择非常艰难。在新冠疫情期间，我们看到在意大利、法国，60岁以上的患者必须让位于年轻患者来使用呼吸机，这是多么残酷的事件。在公共资源有限的条件下，政府只能被迫做出这样的选择。

政府可以为公共品筹措资金，但需要投资的公共物品很多，怎么选择呢？生活中是否存在大家觉得政府该投资，却没有投资的公共物品呢？另外，是否存在政府已经投资，大家觉得不应该投资的物品呢？

四 共有资源

共有资源跟公共物品类似，不具有排他性，就是不用付费也可以使用；但是它具有竞争性，这意味着自己的使用会影响他人的使用。因此，共有资源就产生了一个新的问题，它可能会被过度使用。1968 年，生态学家加勒特·哈丁（Garrett Hardin）在《科学》杂志上发表的论文《公地悲剧》（“The Tragedy of the Commons”）较好地解释了这个问题。

相传有 10 个牧民一同在一块公共草场放牧。这块草场不属于任何人，也不属于政府。原本他们每人只养了一只羊，每只羊每年可以生产 100 元钱的羊毛。其中一个牧民想多养一只。凭经验他知道，草场的负担能力是有限的，羊越多越影响草的再生，羊会吃不饱。但是对于他而言，多养一只羊明显比只养一只羊收益高，于是他决定从镇上再买一只羊回来。回到草场后一看，绵羊已经多了很多。原来别人也是这么想的。

随着羊的数量越来越多，这块草地被过度啃噬。半年之后，草场变得寸草不生。羊毛的收入，已经成为集体回忆。这就是典型的公共资源，具有竞争性的特征。在现实世界中，几乎所有的自然资源都发生过“公地悲剧”，比如大气污染、臭氧空洞、土地荒漠化以及对野生动物的猎杀等。学到这里，大家想想，是什么导致了“公地悲剧”呢？又该如何减少这样的悲剧呢？

这里就需要大家回忆一下前文有关“外部性”的知识了，因为牧民们知道多放一只羊会给其他人带来不利，却不需要给予其他人补偿。然后放羊这件事就对别人产生了负的外部性。

那么解决方案有哪些呢？第一个方法就是政府对公有资源的使用施加限制，比如通过对养羊的牧民征税，把外部的问题内部化，或者可以拍卖有限量的牧羊的许可证，拍到的人才可以养羊。

还有一种办法，政府可以通过把“公地”变成“私地”来解决“公地悲剧”问题。试想一下，这个世界几乎所有的动物都可能成为人类消遣的物品，但为什么有的动物走向灭绝，而有的动物却越来越多呢？可以看到，那些越来越少的几乎是野生动物；相反，那些越来越多的动物，无一例外，几乎归私人所有。比如，这个镇可以把土地确定为家庭的，都可以把自己的一块地用栅栏圈起来使用，想一下，每个家庭肯定要保证自己的羊有草吃。这样呢，草地就变成了私有商品，而不是公共资源，那么“公地悲剧”就消失了。早期，英国的“圈地运动”就是使用这种方式。

2009 年诺贝尔经济学奖获得者、美国政治经济学家埃莉诺·奥斯特罗姆（Elinor Ostrom）认为，公共资源是可以不被破坏的，因为人们能够认同对公共资源的长期保护优于个人利益。① 人们之所以打破规则追求个人利益，是监督不够以及惩罚力度太小的缘故。她用一个案例来说明公共池塘资源及其管理模式。瑞士的阿尔卑斯山地区，超过 80% 的村落都采用农田私有而草地、森林和荒地共享的混合管理模式。托拜尔村（Törble）是这些村落中的一个典型。该村约 600 位村民共同拥有阿尔卑斯山的高山牧场，其共享模式已经成功运行了 800 多年。虽然托拜尔村的高山牧场产量相对较低，牧场的生产力却保持了多个世纪，严格的控制防止了过度放牧。埃莉诺·奥斯特罗姆在对世界各地公共池塘资源自主治理成功案例分析的基础上，总结出了公共资源自主治理的基本原则，比如清晰界定边界（哪些人可以使用公共池塘资源），规定占用的时间、地点、技术或资源数量等。日本的平野庄、良木家庄等村庄的公地都很有效地解决了“公地悲剧”问题。

但是，现实中仍然有共有资源被过度使用的现象，比如公海里的鱼类。2009 年，纪录片《海豚湾》向世人揭露了一个血腥的秘密。日本人大肆杀戮海豚，令人触目惊心。在日本一个小岛上，渔民们平均每天要捕捞近 10 头海豚或者鲸鱼等，将其卖给水族馆。据报道，日本和歌山县太地町过去每年都会出口 70—80 只海豚，用于驯养、杀戮。除了日本，曾被美国《国家地理》称赞为“世界最美的岛屿”的法罗群岛，每年也会大规模捕鲸。2021 年，世界自然保护联盟更新了“濒危物种红色名录”。有关数据显示，这份“红色名录”评估的物种达到 138374 个，其中 38543 个物种“面临不同程度的灭绝危险”，占比接近 28%。这大多数原因都与人类相关：偷猎、过度捕捞、栖息地减少、气候变化……这些行为令人费解。现在我们明白，其实质是作为共有资源的公海被过度使

---

① ［美］埃莉诺·奥斯特罗姆：《公共事物的治理之道》，余逊达、陈旭东译，上海三联书店 2000 年版，第 8 页。

用。为何这一问题无法解决？由于公海无法划分产权，所以共有资源的过度利用问题很难解决。生活中还有类似的问题，大家可以思考一下。

五 小结

本节介绍了公共物品的概念；物品在是否具有排他性和竞争性上存在差别，准确认识公共物品的特征，理解因此带来的“搭便车”问题及政府介入的必要。之后，我们学习了政府在提供公共物品时会遵循“收益—成本”原则，也进一步理解公共资源的提供必须面临选择。我们还通过“公地悲剧”认识到共有资源被过度使用的原因。

第四节 买家没有卖家精？——信息不对称带来的逆向选择

在进入正式的学习之前，我们先来看几个生活中的例子。

女客户去修车，结果被“敲竹杠”。当你去剪头发的时候，“托尼”老师循循善诱，学徒剪发 99 元，设计师剪发 199 元，首席设计师剪发 1199 元，殊不知他们技术其实差不多，但是想要变美的你总会心甘情愿地选择首席设计师为你定制造型，甚至一不小心做了个面部护理，成为他们门店的金卡会员。类似的场景很常见：配眼镜一不小心落入卖家的陷阱——“某曲面镜片可以提升视力”，某些江湖上的“神奇药丸”包治百病，各种神奇的减肥药、减肥餐，某些铺面一年四季的“亏本大甩卖”，旅游时当地居民给你介绍的“土特产”，等等。这类似被“割韭菜”的情况，相信大家都或多或少经历过。

以上吃亏的人士有何共同之处？他们不够专业，对方对这个领域了解得更多。接下来通过学习信息不对称这个概念，帮助大家深刻理解这一类行为产生的原因、后果以及解决措施。

一 信息不对称

（一）信息不对称的概念

信息不对称（Information Asymmetry）指的是两个或者更多参与者获得相关知识的差别，也就是指“一些人知道的比另外一些人多”。换句话来说，就是我知道你不知道的，或者你知道我不知道的。我们做一个简单的小测试：请指出以下情况中是否存在信息不对称，如果有，那么他们哪一方掌握的信息更多呢？

表8-4-1　　信息不对称

掌握信息较多一方	掌握信息较少一方
二手车的卖主	二手车的买主
医生	病人
投保人	保险公司

1. 二手车市场的买主和卖主

大家会很容易发现掌握信息更多的肯定是卖主。其实，不只是在二手车市场，在任何一个领域，都存在“买的没有卖的精”。为什么在二手车的市场里，卖主与买主对车的信息掌握差异程度更大呢？大家可以思考一下。

2. 医生与病人

医生是专业人士，专业知识方面知道的比病人多，所以是掌握信息更多的一方。

3. 保险公司与投保人

投保人对自己的健康状况一定比保险公司了解得更多。

（二）信息不对称的后果

结合刚才的例子，我们来思考一下在商品市场中，如果卖主比买主对商品信息了解得多，会带来卖假货、高消费、“割韭菜”等问题；而当医生比病人对病情和药品知识了解得更多，那么医生可能会开更贵的药等；投保人的健康问题越多，越有可能购买更大额度的医疗健康保险。

因此，当出现信息不对称的时候，我们可能面临以下后果。表现之一：欺骗（Cheating），这个很好理解，例如，卖假货给别人，就是明晃晃地骗人。表现之二：偷懒（Shirking），例如，两个人在搬一块石头，石头朝其中一人倾斜，说明这个人没有真的卖力。表现之三：逆向选择（Adverse Selection），例如，银行把贷款利率提高，本来是要吸引那些有还款能力的人，结果跑来借钱的可能是那些根本就不打算还钱的人。表现之四：道德风险（Moral Hazard），例如，保险公司卖保险本来是要冲抵意外所产生的成本，但人们买了保险以后，做事情掉以轻心，反而增加了发生意外的机会。在本节，我们将重点介绍逆向选择的问题。

二 逆向选择

我们先看个经典案例，“柠檬市场”[①] 模型。比如同是 5 年前购买的宝马 3 系轿车，李明的车发生过事故，所以他更想卖掉自己的车，当其他车卖价为 10 万元时，李明只卖 9 万元。买家去买车的时候如果并不清楚这辆车发生过事故，在其他条件相同的情况下，就会因为价格便宜而购买李明的车，放弃购买质量好的也就是确实价值 10 万元的车，而他买到的这辆车看上去外表无异，其实咬一口，像柠檬一样酸得不行。“柠檬”问题的实质：双方所掌握的信息不对称，使得市场优胜劣汰的机制失灵。大部分买者从过去的经验中知道市场的二手车更可能是“柠檬”（劣质品），这导致他们降低了他们的预期价格。一旦二手车的价格降低，好的二手车的车主更不愿降价来卖车。举个例子，假如你去二手车市场买二手车，你并不知道车的质量，但你掌握了二手车市场的车价分布情况。同时，该二手车市场有三辆车，他们的价格分别为 1 万元、5 万元、8 万元。首先，你愿意花的价格是 5 万元，而那个拥有汽车质量高于 5 万元的卖家当然不愿意卖自己的车，所以 8 万元价格的车退出市场；但后来你了解到市场的二手车的质量，你的期望降低了，你只愿意花 3 万元购买那个在卖家眼里价值 5 万元的车，此时价格为 5 万元的车也退出市场……一轮又一轮的博弈之后，消费者花费意愿降低了，此时市场上残留的就是质量较差的二手车，最终这个二手车市场可能一辆车也卖不出去。原因是当一次次博弈过后，只有质量差的二手车车主才会卖车，而买家也明白这一点，所以买家也会采取自己的措施一步步降价迫使质量较好的车也退出市场，这就形成了劣币驱逐良币的局面，严重的时候可能导致市场崩溃。那么市场上仅剩下我们称之为“柠檬”的劣质车，由于信息不对称，二手车市场不再是优胜劣汰，而是优汰劣胜了。经济学

---

① ［美］乔治·阿克洛夫：《柠檬市场：质量的不确定性和市场机制》，《经济导刊》2001 年第 6 期。

家给“柠檬问题”起了一个非常技术性的名称，叫作逆向选择。

总结一下，何为逆向选择呢？

（一）逆向选择的概念

在经济学中，逆向选择指的是这样一种情况，市场交易的一方如果能够利用多于另一方的信息使自己受益而对方受损时，信息劣势的一方便难以顺利地做出买卖决策，于是价格便随之扭曲，并失去了平衡供求、促成交易的作用，进而导致市场效率的降低。

在大家熟知并且充满好奇的婚恋市场中，其实也存在逆向选择的问题。试想一下，如果你想通过朋友介绍，自己去各大高校表白墙发帖，甚至去一些婚恋网站、婚介所，解决自己的恋爱相亲问题，那么就存在着严重的信息不对称问题。原因很简单，人是复杂且多变的动物，你通过长时间的互相了解都不一定能对这个人了如指掌，像这种没有时间相处更不可能对一个人了解得多么深刻或者全面了；同时，在相亲时对方也会刻意掩盖自己的缺点。如果你的相亲对象是个极其优秀的人，她身边肯定不缺各种条件的追求者，那么从这个方面出发，她是不需要来相亲的，所以从“逆向选择”这个角度思考，一般来相亲的，或者单身找不到对象的，大概率会存在一些别人难以接受的缺点。天上不会掉馅饼，一旦选择相亲，其实往往排除了优质的相亲对象。当然也存在极少数的特殊情况，如有的人确实由于工作忙碌没有时间接触异性，所以不得不相亲。

既然有逆向选择，那么正向选择是什么呢？通常来说，市场本身是有淘汰高价格、低质量商品的能力。比如在完全竞争市场中，企业如果定价高于市场价格，那么没有人会买；质量很差，也没人买。于是这类劣质企业就会被淘汰，这就是所谓的“用脚投票”。所以正向选择是符合市场规律的，优胜劣汰。

逆向选择产生的原因就是信息不对称。如果信息劣势的一方购买了质量差的商品，并且导致群体效应，这就让市场经济失灵了。

什么样的人更容易购买医疗保险？当你看到这个问题时，脑子里浮现的无非三种想法：第一，如果你自己身体健康，勤于锻炼，生活习惯良好，工作安全可靠，一年四季无痛无灾，生病的概率极小，你肯定觉得自己没有必要购买保险；第二，如果自己很中庸，生活状态一般，健康状况一般，那么其实是否购买医疗保险对你来说都没有太大关系；第三，如果你一直有某种重大疾病，随时面临手术的风险，那么你肯定会购买医疗保险。其实，无论是健康险还是意外险，购买保险的人往往比保险公司更了解自己的健康状况，比如他的工作是否有较高的危险系数，是否经常危险驾驶、通宵熬夜、嗜酒如命。往往那些有较多隐蔽性健康问题的人比其他人更可能购买保险，这就是逆向选择。而相反地，保险公司要获取投保者的真实信息所需的成本非常高，所以保险的价格反映的是病人的成本而不是普通人的成本，公司可能面临更高的赔付，所以会提高保险的价格，而高价格会进一步阻止健康的人购买医疗保险。这样保险公司就无法盈利，甚至无法生存。

生活中还有哪些关于逆向选择的情况呢?

大家最熟知的网购平台，不同的商家会用不同的价格出售相同款式的产品。比如衣服，他们往往会用同一个模特的照片，而消费者却没有办法对比不同商家的面料、质量等的区别，于是看起来一模一样但质量不同的产品同时明码标价，往往产品质量较差的商家获益更多。久而久之，淘宝、拼多多等网购平台可能成为劣质电商平台。

（二）如何解决逆向选择的问题

在我们提出解决方案之前，大家可以通过刚才的例子来想一想要如何解决逆向选择的问题。

案例：当日本汽车厂商在 20 世纪 60 年代刚刚进入美国市场时，它们面临着说服消费者认可其汽车质量的困难。许多人认为，日本产品是对西方产品的劣质仿冒。“日本制造”成为廉价和劣质的同义词。于是，20 世纪 70 年代，日本汽车厂商开始对汽车提供广泛的担保，美国汽车生产商没有提供日本厂商那样广泛的担保，结果消费者很快就发现“日本制造”意味着高质量。产品质量越高，企业提供的担保就越好。

日本汽车是通过什么方式解决逆向选择问题的？那就是发信号，有信息的一方向无信息的一方披露自己私人信息所采取的行动。这是第一种方法。

二手车怎么卖出去?

答：出售一辆好二手车的个人会提供车辆所有维修记录的收据，经销商对二手车的质量提供担保。可能有人会说我们避免买劣质车的方法很简单，那就是不买二手车。这样的答案没错，其实在过去的很多年，中国几乎没有大家认可的二手车市场。但是现在，我们有了一些正规的二手车平台，比如瓜子二手车。它拥有严选车三包服务，以及系统的售后保障等，打消了消费者的担忧，弥补了二手车行业的短板，重塑行业信任，以至于瓜子二手车平台能够迅猛地成长起来。

企业如何显示自己的高品质？

答：斥巨资在广告上，以此向买者发出产品质量好的信号。苹果公司作为科技巨头，每年的广告投入高达几十亿美元。另外，各大品牌也会请明星为其代言，现在微信、微博、各种 App 都是广告的天堂，广告对消费者有着最直观的影响，好的广告无疑能给整个企业打下坚实的基础。

求职者如何让公司了解自己呢？

答：用文凭及各种证书向他们的雇主发出他们高能力的信号。所以发信号是指有信息的一方向无信息的一方披露自己私人信息所采取的行动。

第二种方法是筛选。缺乏信息的一方要求拥有信息的一方披露信息的行动。比如，医疗保险公司要求所有投保人在购买保险前进行体检；汽车保险公司向愿意接受较大免赔额的司机收取较低的保费，因为他们更有可能是安全驾车者。再者，相亲市场可以提高相亲者的门槛，如今新闻总会报道一些相亲会，这样的相亲会的门槛是很高的，这种方式可以有效降低逆向选择。

来看一个例子，制造商 R&B 公司雇用装配工人时，希望员工具有很高的工作道德。因为不当地雇用了“偷懒者”，难管理，缺勤率高，降低工人士气会导致生产成本提高。管理者想出一个简单的办法，要求应聘者通过一个聘前程序……在一个 30 人的班中辞退 2 个没有准时上课的人。结果显示非常成功，1300 名员工中只有 10 个人表现出明显的出勤问题，不良雇用率从 8% 下降至 1% 。

第三种方法是公共政策。不对称信息可能使市场不能有效率地分配资源，公共政策有时可以有助于信息不对称的改善，政府制定相关法律法规，解决市场失灵问题。一是应该通过多渠道传播较准确且全面的信息。二是提高社会的透明度。民众有多种渠道了解各种信息，而不是单一渠道。三是制定市场规则。比如证监会要求上市公司公布每年的财务状况，以便股民做出更全面的选择。四是由政府出台这方面的法律法规来保护各方的利益。

三 小结

在许多经济交易中，信息是不对称的。当存在隐蔽性特征时，买者会关注卖者中的逆向选择问题。逆向选择，就是在信息不对称的情况下，拥有消息较多的一方在交易中做出有利于自己而不利于他人的选择。要解决由于信息不对称带来的逆向选择问题，私人市场有时用发信号和筛选的方法，政府可以应用强制公开信息的方法。

第五节 华为公司为何执行股权激励？——信息不对称所带来的道德风险

在进入今天的学习之前，我想问大家一个问题，你们对于两三年后第一份工作的薪水，期待是多少？5000 元，10000 元？来看一则来自华为总部的消息，这是关于华为公司对部分 2019 届顶尖学生实行的年薪制管理制度的通知。年薪方案显示，年薪在 180 万—200 万元的有两名，年薪在 150 万元的有两名，还有部分博士年薪在 90 万—100 万元。当我们对这样的高收入羡慕不已时，请思考一下华为公司为何采取如此高的年薪？我们再看一则关于华为公司的内部股权激励制度。过去，华为公司有个“1：1：1”的方案，即员工的收入中，工资、奖金、股票分红的收入比例是相当的。而其中股票是当员工进入公司一年以后，依据员工的职位、季度绩效等因素来进行派发，一般是用员工的年度奖金来购买。如果新员工的年度奖金还不够派发的股票额，公司会贷款给员工，而员工也乐于这种贷款。

接下来的问题：华为公司为什么不只是采用高收入来吸引人才？我们将通过信息不对称中的道德风险这个概念来帮助大家深刻理解高薪与股权激励背后的经济学理论。

一　道德风险

（一）道德风险的概念

本节我们重点学习信息不对称的表现之二——道德风险。道德风险是指一个没有受到完全监督的人从事不诚实或不合意行为的倾向，这是事后行为。简而言之，就是签约合同后，拥有信息的一方会为了自己的利益最大化，而做出有损对方的行为，同时他不必承担后果。不用承担后果的原因是具有信息优势的一方会做出对自己有利的行动，或者另一方无法根据合同观察或制约自己的行动。举个最简单的例子，假如你是我的老板，你聘用我时我承诺会努力工作，然而签订合同后，我会在你看不见的地方偷懒，或者假装自己很努力。再比如车辆保险，随着个人购买家庭轿车的数量逐渐增多，汽车保险业务增长得很快，汽车交通事故也会随之增多。保险公司卖保险本来是要冲抵掉意外所产生的成本，但人们买了保险以后，做事情掉以轻心，反而增加了意外发生的机会，致使保险公司收取的保险费不够赔付汽车修理公司的汽车修理费。从保险公司的角度看，投保人的这种“败德”行为，就是它们所面临的“道德风险”。

（二）道德风险产生的条件

道德风险产生的条件：一个是利益主体目标的不一致性，另一个是信息的非对称性。2001 年诺贝尔经济学奖得主约瑟夫·斯蒂格利茨，其主要成就在于“对非对称信息条件下的市场理论”做出了奠基性的贡献。

二　道德风险中的例子

在恋爱或者婚姻中，大多数出轨问题都可以用道德风险来解释。大多数人会先把自己隐藏好，认为在自己不会被发现的情况下才会选择出轨。如果容易被发现，就可能只有贼心没有贼胆。很简单，在双方确定关系或者结婚以后，双方都会自以为了解对方，而一方的出轨很不容易被另一方察觉。尤其是生了孩子之后，双方就会更忙碌。仔细分析一下，在恋爱关系中，双方确定关系就类似于一份合约。婚姻关系更不用说，结婚证更是铁证。在合约签订后，出轨的一方在信息上更占优势，就是“我知道你不知道的”。

生活中，由于信息不对称带来的道德风险随处可见。比如作为代理人，公司的工人按时间获得工资，作为委托人的雇主无法实时监控，雇用的员工就可能出现好逸恶劳的行为；又比如司机已经购买了车辆的全险，那他可能就不会尽最大努力来防止自己的车被损坏；再比如当父母不在家的时候，保姆可能会花更多的时间玩手机，而不是照顾小孩。

那么，我们如何解决由于信息不对称所产生的道德风险问题呢？在刚才的例子中，雇主向努力工作的工人支付高工资来反向增加对那些怠工工人的惩罚力度；企业也可以采用年终奖金等方式延期支付以增加对那些怠工工人的惩罚力度；雇用保姆的父母可以在家安装监控，以便在父母外出时录下保姆不合意的行为。

三 道德风险的解决方案

总结一下道德风险的解决方案，第一类是私人的解决方案。回到前例中华为公司的两个措施：一个是高薪吸引，其实是发信号表示公司很好，解决逆向选择的问题；另一个是股权激励，华为公司1：1：1 的股权激励，其实质是解决公司员工的道德风险问题。根本原因在于，将员工的利益和公司的发展进行绑定。任何公司好的员工都可能被竞争对手挖走，但华为公司的股权激励就使得员工的离职率相对较低。近年来，腾讯、阿里巴巴等公司也实行了股权激励。腾讯不止一次带给员工股权惊喜。2007 年，腾讯宣布进行股权激励计划，根据该计划，股份将由独立受托人购入，成本由腾讯支付，计划由采纳日期起生效，有效期为 10 年。此后每年，腾讯都会向员工授出股票进行鼓励，金额也越来越大。据统计，2008—2020 年的 13 年间，腾讯至少发布过 14 次股份奖励公示公告，累计奖励 13. 76 万人次，累计奖励股份共计 2. 27 亿股，奖励总市值达到 1263 亿港元。2020 年 7 月 10 日晚，腾讯控股在港交所发布公告称，将根据股份奖励计划发行 2664 万股新股份，拟授予不少于 29700 位受奖励人士。照此计算，人均将获得市值约 49. 02 万港元的腾讯股票。形成常态化股权激励，阿里的股权激励制度在很早之前就设立了，之后经过马云等阿里高层不断的发展和完善，在阿里内部设立了一个“受限制股份单位计划”，根据阿里提交的《招股说明书》，员工及管理层持股合计超过40%。[①]

道德风险的解决措施之二是政府政策。

（1）政府制定一些法律条款来分摊风险。比如，保险公司抑制道德风险的条款，凡事故发生时，被保人自己先承担一定数量金额之内的损失，超过部分由保险公司赔付。

（2）政府规定行为的合法性。比如，知情权。公司有权利在办公区安置监控，防止工作人员签订合同后偷懒。

（3）政府强制信息披露，比如，要求上市公司定期公开财务状况。

（4）政府明确强制性产品责任，比如，明确生产者与销售者的归责原则，权责界定清晰，买卖双方各自承担自己的权利，履行自己的义务，自然不会有人投机。

（5）构建双边预防机制。比如，构建一个当事人各方都承担一定伤害成本的制度，由于合同各方谁都不愿意承担损失，自然会履行合同，减少了道德风险的发生。

四　逆向选择与道德风险的区别

最后我们来对比一下，逆向选择和道德风险的差别和联系。二者都是由于信息不对称导致的，只不过道德风险是事后发生的，即签约以后；逆向选择是事前发生的，即签约以前。

下面来做一个小测试。

（1）小明在网上售卖手工艺品。承诺如果消费者对质量不满意，包退。

（2）公寓房东要求承租人支付押金。

大家思考一下，（1）和（2）哪一个是逆向选择，哪一个是道德风险，分别采取了什么解决措施？网上销售的行为是事前的，因此第一个问题属于逆向选择问题，为了解决这个问题，采取发信号的方法。小明用他慷慨的退货政策向消费者发出高质量的信号，以此来减少逆向选择的问题。

---

① 《股权激励哪家强？阿里累计支出超800亿奖励》，2019年7月25日，搜狐网，https：//www. sohu. com/a/329329006_492538。

问题（2）中，房东要求承租人支付押金则属于道德风险问题。房东不知道承租人在租住后会如何对待公寓，这是事后的，所以是道德风险问题。如果承租人损坏公寓而不用赔偿，他们也许不会很细心地对待公寓。解决措施是收取押金。押金会增加承租人对公寓财产的保护，这样就大大降低了道德风险发生的可能性。

五 小结

本节我们学习了道德风险的概念及原因，认识了道德风险在生活中的常见表现及解决措施，并对比分析了逆向选择和道德风险的区别和联系。道德风险和逆向选择都是经济学用来描述一方对另一方处于不利地位的情况，而且都是由于信息不对称导致的后果。两者主要从信息不对称发生的时间进行区分，不对称性可能发生在当事人签约之前，也可能发生在签约之后。一般将事前发生的信息不对称称为逆向选择，而事后发生的不对称称为道德风险。

思考题

1. 何为外部性？如何区分正外部性和负外部性？

2. 负的外部性一般有哪些解决途径？

3. 通过直接管制、税收和私人协商的方法，大部分负的外部性问题都可以解决。不过广场舞引起的噪声在生活中却没法解决，是什么原因？如何解决这一问题？

4. 关于噪声的管理，上海出台了一项政策：禁止在地铁上使用电子设备外放。你觉得这项政策会有效吗？

5. 能否举例说明什么是信息不对称？如何解决信息不对称问题？

6. 大学毕业生在找工作时，经常会碰到数学教师的岗位需要提供英语四级证书的情况。有同学会觉得很气愤，觉得自己是教数学的，英语在未来的教学中几乎用不上。那么用人单位为何要提出如此要求呢？

7. 为什么在亚洲，人们更倾向于买名包、名表、名车？

8. 测试：以下行为哪一类属于逆向选择，哪一类属于道德风险的解决措施？

（1）酒店在各个地方都印上自己的 Logo

（2）出版商与作家签订分成合同

（3）医疗保险公司要求所有投保人在购买保险之前进行体检

（4）公司给予管理层股权

（5）连锁经营店

（6）车险的赔付需要投保人事先支付门槛费

（7）请易烊千玺做手机广告

9. 逆向选择问题都能解决吗？为什么？

10. 大学对教师的科研行为有很好的监督方式吗？对于教学呢？

11. 保险中如何解决“道德风险”问题？

主要参考文献

[法] 让·梯若尔:《产业组织理论》，张维迎译，中国人民大学出版社 2018 年版。

[美] E. 曼斯菲尔德:《微观经济学——理论与应用》，钱国荣等译，中国金融出版社 1992 年版。

[美] N. 格里高利·曼昆:《经济学原理》，梁小民、梁砾译，北京大学出版社 2015 年版。

[美] 埃莉诺·奥斯特罗姆:《公共事物的治理之道》，余逊达、陈旭东译，上海三联书店 2000 年版。

[美] 保罗·萨缪尔森、[美] 威廉·诺德豪斯:《经济学》，萧琛等译，商务印书馆 2012 年版。

[美] 保罗·巴兰、[美] 保罗·斯威齐:《垄断资本：论美国的经济和社会秩序》，杨敬年等译，商务印书馆 2021 年版。

[美] 哈尔·R. 范里安:《微观经济分析》，王文举等译，中国人民大学出版社 2015 年版。

[美] 哈尔·R. 范里安:《微观经济学：现代观点》，费方域等译，格致出版社、上海三联书店、上海人民出版社 2015 年版。

[美] 蒋中一、[加] 凯尔文·温赖特:《数理经济学的基本方法》，刘学、顾佳峰译，北京大学出版社 2006 年版。

[美] 克里斯托弗·斯奈德、[美] 沃尔特·尼科尔森:《微观经济理论：基本原理与扩展》，朱幼为等译，北京大学出版社 2015 年版。

[美] 拉尔夫·戈莫里、[美] 威廉·鲍莫尔:《全球贸易和国家利益冲突》，文爽、乔羽译，中信出版社 2019 年版。

[美] 罗伯特·S. 平狄克、[美] 丹尼尔·L. 鲁宾费尔德:《微观经济

学》，李彬译，中国人民大学出版社 2020 年版。

［美］乔治·阿克洛夫：《柠檬市场：质量的不确定性和市场机制》，《经济导刊》2001 年第 6 期。

［美］萨尔维特：《微观经济理论》，李林等译，西安交通大学出版社 1988 年版。

［美］托马斯·索维尔：《实用经济学》，张磊译，中信出版社 2010 年版。

［美］威廉·J. 鲍莫尔、［美］艾伦·S. 布林德：《经济学原理与政策》，方齐云等译，北京大学出版社 2006 年版。

［美］约瑟夫·E. 斯蒂格利茨：《公共部门经济学》，郭庆旺等译，中国人民大学出版社 2013 年版。

［美］詹姆斯·M. 亨德森、［美］里查德·E. 匡特：《中级微观经济理论：数学方法》，苏通译，北京大学出版社 1988 年版。

［苏］列宁：《帝国主义是资本主义的最高阶段》，中共中央马克思恩格斯列宁斯大林著作编译局译，人民出版社 2004 年版。

［英］罗纳德·米克：《劳动价值学说的研究》，陈彪如译，商务印书馆 2014 年版。

［英］乔安·罗宾逊：《马克思、马歇尔和凯恩斯》，北京大学经济系资料室译，商务印书馆 1963 年版。

［英］伊恩·斯蒂德曼、［美］保罗·斯威齐等：《价值问题的论战》，陈东威译，商务印书馆 2016 年版。

马克思：《资本论》，郭大力、王亚南译，上海三联书店 2009 年版。

高鸿业：《西方经济学》（微观部分·第六版），中国人民大学出版社 2015 年版。

潘晨光、王宪磊：《中国人才发展报告 No. 3》，社会科学文献出版社 2006 年版。

王斯德：《世界通史》，华东师范大学出版社 2020 年版。

薛兆丰：《生活中的经济学》，中信出版社 2017 年版。

周惠中：《微观经济学》，上海人民出版社 1997 年版。

卢锋：《粮食巨额亏损的深层根源》，《调研世界》1999 年第 3 期。

魏下海等：《工会是否改善劳动收入份额？——理论分析与来自中国民营企业的经验证据》，《经济研究》2013 年第 8 期。

吴忠等:《最低工资标准因子测算模型实证研究》,《上海经济研究》2018年第10期。

Adam Smith, *An Inquiry into the Nature and Causes of Wealth of Nations*, Boston: Adamant Media Corporation, 2000.

Friedrich August von Hayek, "The Use of Knowledge in Society", *Knowledge Management and Organizational Design*, Vol. 35, No. 4, 1996.

Ronald H. Coase, "The Lighthouse in Economics", *Journal of Law & Economics*, Vol. 17, No. 2, 1974.

Steven. N. S. Cheung, "The Fable of the Bees: An Economic Investigation", *Journal of Law and Economics*, Vol. 16, No. 1, 1973.

附 录 一

专业词汇

第一章　经济学的基本问题

稀缺性（Scarcity）：指在获得人们所需要的资源方面所存在的局限性，即资源的供给相对需求在数量上的不足。资源的稀缺性可以划分为绝对稀缺和相对稀缺。绝对稀缺是指资源的总需求超过总供给，而相对稀缺是指资源的总供给能够满足总需求，但分布不均衡会造成局部的稀缺，通常我们所说的稀缺性是相对稀缺。

“经济人”（Economic Man）又称“理性—经济人”、“实利人”或“唯利人”，最早由英国经济学家亚当·斯密（Adam Smith）提出。他认为，人的行为动机根源于经济诱因，人都要争取最大的经济利益，工作就是为了取得经济报酬。这种假设起源于享乐主义，此假设认为，人的一切行为都是为了最大限度地满足自己的利益。

机会成本（Opportunity Cost）：在面临多方案择一决策时，被舍弃的选项中的最高价值则是本次决策的机会成本。机会成本又称为择一成本、替代性成本，泛指一切在做出选择后其中一个最大的损失。机会成本会随着付出的代价改变而发生改变。

生产可能性边界（Production Possibility Frontier，PPF）也称生产可能性曲线（Production Possibility Curve），或称为转换线。它用来表示经济社会在既定资源和技术条件下所能生产的各种商品最大数量的组合，即所能达到的各种产品最大产量的组合的轨迹，反映了资源稀缺性与选择性的经济学特征。生产可能性曲线涉及几个问题：经济资源是否充分利用，经济资源是否合理配置，经济资源配置和利用的方式即经济体制问题。

微观经济学（Microeconomics）又称个体经济学、小经济学，是宏观经济学的对称。微观经济学主要以单个经济单位（单个生产者、消费者、市场的经济活动）作为研究对象，分析单个生产者如何将有限的资源分配在各种商品的生产上以取得最大的利润，单个消费者如何将有限的收入分配在各种商品的消费上以获得最大的满足。同时，微观经济学还分析单个生产者的产量、成本、使用的生产要素数量和利润如何确定，生产要素供应者的收入如何决定，单个商品的效用、供给量、需求量和价格如何确定，等等。微观经济学的中心理论是价格理论，其中心思想是自由交换往往使资源得到最充分的利用。在这种情况下，资源配置被认为是帕累托（Pareto）有效的。

理性人假定（Hypothesis of Rational Man）：指作为经济决策的主体都是充满理智的，既不会感情用事，也不会盲从，而是精于判断和计算，其行为是理性的。在经济活动中，主体所追求的唯一目标是自身经济利益的最优化。如消费者追求满足程度的最大化，生产者追求利润最大化。“理性人”假设实际是对亚当·斯密“经济人”假设的延续。西方经济学家指出，在任何经济活动中，只有这样的人才是“合乎理性的人”；否则，就是非理性的人。所谓“理性人”假设，是对在经济社会中从事经济活动的所有人的基本特征的一个一般性的抽象。这个被抽象出来的基本特征就是每一个从事经济活动的人都是利己的。也可以说，每一个从事经济活动的人所采取的经济行为都是力图以自己的最小经济代价去获得自己的最大经济利益。“理性人”是对经济生活中的一般人的抽象。一是自私，即人们的行为动机是趋利避害，是利己的。二是完全理性，即每个人都能够通过成本—收益或趋利避害原则来对其所面临的一切机会和目标及实现目标的手段进行优化选择。

第二章 供求理论

需求（Demand）：指在一定的时期，在既定的价格水平下，消费者愿意并且能够购买的商品数量。需求显示了随着价格升降而其他因素不变时（Ceteris Paribus），某个体在每段时间内愿意购买的某货物的数量。

需求量（Quantity Demanded）：指消费者在某一价格下希望购买的某种商品的数量。它在需求表中是指对应于某一价格的商品数量，在需求曲线上是指某一点的横坐标。需求量的变化在需求曲线上表现为曲线上的点沿着需求曲线移动。

需求函数（Demand Function）：用来表示一种商品的需求数量和影响该需求数量的各种因素之间的相互关系。需求函数是描述商品的需求量与影响因素，例如收入、价格、其他商品的价格等之间关系的数学表达式。需求函数是单调递减函数，斜率为负。

需求规律（Law of Demand）：当影响商品需求量的其他因素不变时，商品的需求量随着商品价格的上升而减少，随着商品价格下降而增加。需求曲线一般表现为斜率为负，向右下方倾斜。

消费者偏好（Consumer Preference）：指消费者对一种商品（或者商品组合）的喜好程度。消费者根据自己的意愿对可供消费的商品或商品组合进行排序，这种排序反映了消费者个人的需要、兴趣和爱好。某种商品的需求量与消费者对该商品的偏好程度正相关：如果其他因素不变，对某种商品的偏好程度越高，消费者对该商品的需求量就越多。

吉芬物品（Giffen Goods）是指某种生活必需品，在某种特定的条件下，消费者对这种商品的需求与其价格成同方向变化。所谓吉芬商品，就是在其他因素不变的情况下，当商品价格在一定幅度内上升时，需求量增加；价格下降时，需求量减少。这是19世纪英国经济学家罗伯特·吉芬对爱尔兰的土豆销售情况进行研究时定义的。吉芬物品的特殊性就在于，它的收入效应的作用很大，以至于超过了替代效应的作用，从而使总效应与价格同方向变动。这也就是吉芬物品的需求线呈现出向右上方倾斜的特殊情况的原因。

正常商品（Normal Goods）：指随着收入增加而需求量上升或随着收入减少而需求量减少的商品。这里的收入是指实际购买力，而不是名义价格的变化。正常商品的价格与需求量成反向变动关系。

低档商品（Inferior Goods）也叫劣等商品，指收入效应为负的商品。即当消费者的实际收入上升时，对某种商品的需求反而下降。当一种商品的价格下降时，会产生两种效应，收入效应和替代效应。收入效应指价格下降时，消费者的实际收入增加，会增加对正常品的消费，反而会对劣等品的需求下降；而替代效应使消费者对劣等品的需求上升。劣等商品在经济学上不是贬义的，它仅仅意味着当收入上升时消费反而下降。

替代品（Substitutes）：指两种产品存在相互竞争的销售关系，即一种产品销售的增加会减少另一种产品的潜在销售量，反之亦然（如牛肉和猪肉）。

互补品（Complements）：指两种商品之间存在着某种消费依存关系，即一种商品的消费必须与另一种商品的消费相配套。一般而言，某种商品互补品价格的上升，将会因为互补品需求量的下降而导致该商品需求量的下降（如羽毛球和羽毛球拍）。

供给（Supply）：指特定市场上，在一定时期内，与每一销售价格相对应，生产者愿意且能够供应的商品数量。

供给量（Quantity Supplied）：生产者在某一价格下希望出售的某种商品的数量。其一，供给量是厂商希望出售的商品数量而不是实际出售的商品数量。其二，供给量是厂商能够出售的商品数量，即它是有效的供给。其三，供给量是一种流量，是以一定时期来计量的变量。

供给函数（Supply Function）：指个别厂商在一定时间内，在一定条件下，对某一商品愿意并且有商品出售的数量。需要满足两个条件：一是厂商愿意出售，二是厂商有商品出售，二者缺一不可。市场上某种商品的各种可能的供给量和决定这些供给量的诸因素之间的数量关系，供给函数斜率为正。

供给规律（Law of Supply）也称为供给定理，反映商品本身价格和商品供给量之间的关系。对于正常商品来说，在其他条件不变的情况下，商品价格与供给量之间存在着同方向的变动关系，即一种商品的价格上升时，这种商品的供给量增加；相反，价格下降时供给量减少。反映在图形上，二者的关系是一条向右上方倾斜的曲线，即供给曲线。

价格（Price）：商品同货币交换比例的指数，或者说，价格是价值的货币表现。价格是商品的交换价值在流通过程中所取得的转化形式。

均衡价格（Equilibrium Price）：商品供给曲线与需求曲线相交时的价格。也就是商品的市场供给量与市场需求量相等，商品的供给价格与需求价格相等时的价格。在市场上，由于供给和需求力量的相互作用，市场价格趋向于均衡价格。如果市场价格高于均衡价格，则市场上出现超额供给，超额供给使市场价格趋于下降；反之，如果市场价格低于均衡价格，则市场上出现超额需求，超额需求使市场价格趋于上升直至均衡价格。因此，市场竞争使市场稳定于均衡价格。在均衡价格水平下相等的供求数量被称为均衡数量。从几何意义上说，一种商品的市场均衡出现在该商品的市场需求曲线和市场供给曲线相交的点上，该交点被称为均衡点。均衡点上的价格和相等的供求量分别称为均衡价格和均衡数量。市场上需求量和供给量相等的状态。

限制价格（Price Ceiling）：指政府规定的某种商品低于市场均衡价格的最高价格，以保护消费者的利益。限制价格一般低于均衡价格，是政府为保护消费者利益而制定的最高限价。

支持价格（Price Floor）又称最低价格或价格下限，是政府为了支持某一行业而规定的该行业产品的最低价格。这一价格高于市场自发形成的均衡价格。

第三章　弹性问题

弹性（Elasticity）：在经济学上，表示因变量对自变量反应的敏感程度。即当一个经济变量发生1%的变化时，由它引起的另一经济变量变化的百分比，是指一个变量相对于另一个变量发生的一定比例的改变的属性。经济学中的弹性以需求弹性为基础，它是收入弹性和其他等一系列弹性的合集，可分为点弹性和弧弹性。

需求的价格弹性（Price Elasticity of Demand）：在经济学中一般用来衡量需求的数量随商品价格的变动而变动的情况。在一定时期内，一种商品的需求量变动对于该商品价格变动的反应程度。

需求的交叉弹性（Cross-price Elasticity of Demand）是需求交叉价格弹性的简称，是指某种其他物品的价格每变化1%，会使该物品的需求量变化百分之几。需求交叉弹性反映了相应于其他商品价格的变动，消费者对某种商品需求量变动的敏感程度，其弹性系数定义为需求量变动的百分比除以另外商品价格变动的百分比。交叉弹性系数可以大于0、等于0或小于0，它表明两种商品之间分别呈替代、不相关或互补关系。

需求的收入弹性（Income Elasticity of Demand）：需求量变动的百分比除以收入变动的百分比。表示在一定时期内，当消费者的收入变化1%时，所引起的商品需求量变化的百分比。指一种商品的需求量对消费者收入变动的反应程度。在影响需求的其他因素不变的条件下，需求的收入弹性是测定需求量的消费者收入变化反应程度的标准。

供给的价格弹性（Price Elasticity of Supply）简称供给弹性，它表示价格变动 1% 引起供给量变动的程度。供给价格弹性系数同需求的价格弹性一样，也是由供给量变动的百分比与价格变动的百分比的比值确定。

恩格尔定律（Engel's Law）是 19 世纪德国统计学家恩斯特·恩格尔根据统计资料，对消费结构的变化得出的一个规律：一个家庭收入越少，家庭收入中（或总支出中）用来购买食物的支出所占的比例就越大；随着家庭收入的增加，家庭收入中（或总支出中）用来购买食物的支出所占的比例则会下降。推而广之，一个国家越穷，每个国民的平均收入中（或平均支出中）用于购买食物的支出所占比例就越大；随着国家变富裕，这个比例呈下降趋势。

恩格尔曲线（Engel's Curve）反映的是所购买的一种商品的均衡数量与消费者收入水平之间的关系。表示在不同收入水平下，对某种商品的需求量。恩格尔曲线可以用收入弹性来表示。

恩格尔系数（Engel's Coefficient）指居民家庭中食物支出占消费总支出的比重。

第四章　消费者行为理论

效用（Utility）是经济学中最常用的概念之一。一般而言，指商品满足人们欲望的能力，即消费者在消费商品时所感受到的满足程度。

总效用（Total Utility）：指消费者在一定时期，从一定数量的商品和劳务的消费中得到的总的满足。总效用的大小取决于个人的消费水平，即消费的物品与劳动数量越多，总效用越大。函数形式可表示为：$TU=f(x)$。

边际效用（Marginal Utility）：指消费者对某种物品的消费量每增加一单位，所增加的额外满足程度。即消费者在一定时间内，增加一单位商品的消费所得到的效用量的增量，边际的含义是额外增量，用 MU 表示。边际效用是递减的。

边际量（Marginal Quantity）：指某个经济变量在一定的影响因素下发生的变动量。即一单位的自变量的变化，所引起的因变量变化的量。在经济上，边际量是指生产、交换、分配和消费在一定条件下的最后增加量。研究这个增量的性质和作用，构成了边际分析的基本内容。理性人通常通过比较边际利益与边际成本来做决策。

基数效用论（Cardinal Utility Theory）是19世纪和20世纪初期西方经济学普遍使用的概念。其基本观点：效用是可以计量并可以加总求和的，效用的大小可以用基数（1、2、3……）来表示，采用的是边际效用分析法。基数效用论认为效用大小是可以测量的，商品的边际效用是递减的。

序数效用论（Theory of Ordinal Utility）由英国经济学家约翰·希克斯提出，是为了弥补基数效用论的缺点而提出来的另一种研究消费者行为的理论。认为消费者在市场上所做的并不是权衡商品效用的大小，而只是在不同的商品之间进行排序。序数效用论为经济学提供了一种新的分析方法，即无差异曲线分析。序数效用论的基本观点：效用作为一种心理现象无法计量，也不能加总求和，只能表示出满足程度的高低与顺序。因此，效用只能用序数（第一、第二、第三……）来表示。序数效用论用消费者偏好的高低来表示满足程度的高低。该理论建立基于三点假设。完备性，即指对每一种商品都能说出偏好顺序。可传递性，即消费者对不同商品的偏好是有序的、连贯一致的。若A大于B，B大于C，则A大于C。不充分满足性，即消费者认为商品数量总是多一些好。

边际效用递减规律（Law of Diminishing Marginal Utility）：在一定时间内，在其他商品消费保持不变时，消费者从连续消费某一特定商品中所得到的边际效用，将随着该商品的消费量的增加而递减。当消费者消费某一物品的总数量越来越多时，其新增加的最后一单位物品的消费所获得的效用（即边际效用）通常会呈现越来越少的现象（递减），称之为边际效用递减。

消费者均衡（Equilibrium of the Consumer）：它是研究单个消费者在既定收入条件下实现效用最大化的均衡条件。消费者均衡是指在既定收入和各种商品价格的限制下选购一定数量的各种商品，以达到最满意的程度。消费者均衡是消费者行为理论的核心。

消费者剩余（Consumer Surplus）又称为消费者的净收益，是指买者的支付意愿减去买者的实际支付量。消费者剩余是衡量消费者福利的重要指标。一般认为，消费者剩余最大的条件是边际效用等于边际支出。简单地说，就是买者和卖者都希望从市场活动中获得收益。

边际替代率（Marginal Rate of Substitution，MRS）：在维持效用水平

或满足程度不变的前提下，消费者增加一单位的商品 X 的消费时，所需要放弃的商品 Y 的消费数量，被称为商品的边际替代率。在帕累托最优情况下，任意两种商品的边际替代率是相同的。边际替代率是递减的。

预算线（Budget Line）也称消费可能线、家庭预算线，或者等支出线，表示在消费者收入和商品价格既定的条件下，消费者的全部收入所能够买到的两种商品的不同数量的各种组合。

无差异曲线（Indifference Curve）：表示两种商品或两组商品的不同数量组合对消费者所提供的效用是相同的。无差异曲线有三大特征：假定效用函数连续，两条无差异曲线间还有无数条无差异曲线，且位置距原点越远的效用越大；任何两条无差异曲线都不相交；凸向原点。

第五章　生产者行为理论

生产（Produce）：把各种投入转换为产出的一个过程，而把投入与产出联系在一起的就是企业所使用的生产技术。例如，一个生产水稻的农场，农民使用农业机械，在土地上播种、施肥、维护、收割等，最终生产出水稻。

短期生产（Short Run）：指生产者来不及调整全部生产要素的数量，至少有一种生产要素的数量固定不变的一段时期。例如，机器设备、厂房以及具有特殊技能的工人或管理者等，企业无法进行调整，视它们为固定不变的要素，这些要素就是不变投入。

长期生产（Long Run）：生产者可以调整全部生产要素数量的时期。例如，生产者可以根据需要增加或减少厂房和机器设备的数量，甚至可以进入其他行业或退出现有行业。

边际报酬/边际产量（Marginal Reward）：指既定的技术水平下，在其他要素投入不变的情况下，增加一单位某要素投入所带来的产量的增量。

边际报酬递减规律（The Law of Diminishing Returns）：指在一定的生产技术条件下，在连续等量地把一种可变要素增加到其他一种或几种数量不变的生产要素上去的过程中，当这种可变生产要素的投入量小于某一特定的值时，增加该要素投入所带来的边际产量是递增的；当这种可变要素的投入量连续增加并超过这个特定值时，增加该要素投入所带来的边际产量是递减的，这是短期生产的一条基本规律。

会计利润（Accounting Profit）：指企业所有者在支付除资本以外的所有报酬之后剩下的利润，即指企业的总收益减去所有的显性成本或者会计成本以后的余额。

经济利润（Economic Profit）：指厂商的收益与它的成本之差，后者包括从最有利的另外一种厂商资源的使用中可以获得的收益。

显性成本（Explicit Cost）：指厂商在生产要素市场上购买或租用所需要的生产要素的实际支出，即企业支付给企业以外的经济资源所有者的货币额。例如支付的生产费用、工资费用、市场营销费用等，它是有形的成本。

隐性成本（Implicit Cost）：厂商本身所拥有的且被用于企业生产过程的那些生产要素的总价格。

绝对优势（Absolute Advantage）亦称“绝对利益”，指在某一商品的生产上，一国所耗费的劳动成本绝对低于另一国所产生的在该产品生产上的优势。由英国古典经济学家亚当·斯密在绝对优势理论中提出。

比较优势（Comparative Advantage）：指一个生产者以低于另一个生产者的机会成本生产一种物品的行为。如果一个国家在本国生产一种产品的机会成本（用其他产品来衡量）低于在其他国家生产该产品的机会成本，则这个国家在生产该种产品上就拥有比较优势。也可以说，当某一个生产者以比另一个生产者更低的机会成本来生产产品时，我们称这个生产者在这种产品和服务上具有比较优势。

贸易保护主义（Trade Protectionism）：指在对外贸易中实行限制进口以保护本国商品在国内市场免受外国商品竞争，并向本国商品提供各种优惠以增强其国际竞争力的主张和政策。贸易保护主义在限制进口方面，主要是采取关税壁垒和非关税壁垒两种措施。前者主要是通过征收高额进口关税阻止外国商品的大量进口，后者则包括采取进口许可证制、进口配额制等一系列非关税措施来限制外国商品自由进口。

贸易顺差（Trade Surplus）亦称“贸易出超”，指各国家或地区在一定时期内的出口额大于进口额的现象。一般表明一国的对外贸易处于较为有利的地位。

贸易逆差（Trade Deficits）亦称“贸易入超”，指各国家或地区在一定时期内的进口额大于出口额的现象。一般表明一国的对外贸易处于较为不利的地位。

贸易战（Trade War）又称“商战”，指的是一些国家通过高筑关税壁垒和非关税壁垒，限制别国商品进入本国市场，同时又通过倾销和外汇贬值等措施争夺国外市场，由此引起的一系列报复和反报复措施。

沉没成本（Sunk Cost）：指以往发生的，但与当前决策无关的费用。从决策的角度看，以往发生的费用只是造成当前状态的某个因素，当前决策所要考虑的是未来可能发生的费用及所带来的收益，而不考虑以往发生的费用。人们在决定是否去做一件事情的时候，不仅是看这件事对自己有没有好处，而且也看过去是不是已经在这件事情上有过投入。我们把这些已经发生不可收回的支出，如时间、金钱、精力等称为沉没成本。

支付贬值（Payment Depreciation）：指沉没成本效应会随着时间的推移不断降低。

规模报酬（Returns to Scale）：指在其他条件不变的情况下，企业内部各种生产要素按相同比例变化时所带来的产量变化。规模报酬分析的是企业的生产规模变化与所引起的产量变化之间的关系。企业只有在长期内才能变动全部生产要素，进而变动生产规模，因此企业的规模报酬分析属于长期生产理论问题。

边际报酬递减规律（Law of Diminishing Returns）又称边际产量递减规律，指在一定的技术水平条件下，在连续等量地把一种可变要素增加到其他一种或几种数量不变的生产要素上去的过程中，当这种可变生产要素的投入量小于某一特定的值时，增加该要素投入所带来的边际产量是递增的；当这种可变要素的投入量连续增加并超过这个特定值时，增加该要素投入所带来的边际产量是递减的。这就是经济学中著名的边际报酬递减规律，并且是短期生产的一条基本规律（注意：边际报酬并不是一开始就是减少的，而是先增加到一个最大值，然后才减少的）。

规模经济（Economy of Scale）又称“规模利益”（Scale Merit）：指在一定科技水平下，生产能力的扩大使长期平均成本下降的趋势，即长期费用曲线呈下降趋势。

规模不经济（Diseconomies of Scale）是规模经济的对称。因生产规模扩大而导致单位产品成本提高的现象。规模不经济一词来源于西方规模经济理论。该理论认为，当生产规模扩大时，开始为规模经济阶段，继而为规模经济不变阶段，如继续扩大生产规模，在超过一定限度之后，便会产生种种不利，使同种产品的单位成本比原来生产规模较小时提高，从而形成规模不经济。

外在经济（External Economy）：指厂商在生产规模扩大的时候，由自身以外的因素引起的产量增加、效益提高的现象。

外在不经济（External Diseconomy）：指企业的长期平均成本随着行业规模的扩大而上升的现象。它根源于行业扩张引起的企业外界环境的恶化，比如要素价格的上升、销售市场行情的下跌等。

第六章　市场结构与企业决策

市场结构（Market Structure）有狭义和广义之分，狭义指买方构成市场，卖方构成行业。广义是指一个行业内部买方和卖方的数量及其规模分布、产品差别的程度与新企业进入该行业的难易程度等综合状态，也可以说是某一市场中各种要素之间的内在联系及其特征，包括市场供给者之间（包括替代品）、需求者之间、供给和需求者之间以及市场上现有的供给者、需求者与正在进入该市场的供给者、需求者之间的关系。

利润最大化（Profit Maximization）：厂商从事生产或出售商品的目的是赚取利润，利润最大化就是厂商使用各种销售手段让利润达到最大的一种方式。如果总收益大于总成本，就会有剩余，这个剩余就是利润。值得注意的是，这里讲的利润，不包括正常利润，正常利润包括在总成本中，这里讲的利润是指超额利润。如果总收益等于总成本，厂商不亏不赚，只获得正常利润；如果总收益小于总成本，厂商便要发生亏损。

完全竞争市场（Perfect Competition）又称纯粹竞争市场，是指一种不受任何阻碍、干扰和控制的市场结构，即购买者和销售者的购买和销售决策对市场价格没有任何影响的市场结构。

短期均衡（Short-term Equilibrium）：指由市场需求和市场供给决定的均衡价格。在固定成本即生产规模不变的时期内，厂商不能对生产规模做出调整，只能通过增加或减少其可变投入的使用量来改变产量，以求利润最大或损失最小。当每个厂商都达到自己的利润最大化状态时，就都实现了短期均衡，从而整个行业也达到均衡状态。

不完全竞争（Imperfect Competition）市场也称有效竞争市场（Workable Competition）或可行竞争市场，是指这样一些市场：因为至少有一个大到足以影响市场价格的买者（或卖者），并因此面对向下倾斜的需求（或供给）曲线。包括各种不完全因素，如垄断竞争等。

垄断（Monopoly）是一种市场结构，指一个行业里有且只有一家公司（或卖方）交易产品或者服务。一般分为卖方垄断和买方垄断。卖方垄断指唯一的卖者在一个或多个市场，通过一个或多个阶段，面对竞争性的消费者；买者垄断则恰恰相反。理论推断垄断者在市场上，可以根据自己的利益需求调节价格与产量，但至今没有确切案例提供支持。按形成垄断的原因，可分为资源垄断、特许垄断、专利垄断和自然垄断。

价格歧视（Price Discrimination）：实质上是一种价格差异，通常指商品或服务的提供者在向不同的接受者提供相同等级、相同质量的商品或服务时，在接受者之间实行不同的销售价格或收费标准。经营者没有正当理由，就同一种商品或者服务，对若干买主实行不同的售价，则构成价格歧视行为。价格歧视是一种重要的垄断定价行为，是垄断企业通过差别价格来获取超额利润的一种定价策略。

垄断竞争（Monopolistic Competition）：指有许多厂商在市场上销售近似但不完全相同的产品。垄断竞争市场的定义：指一个市场中有许多厂商生产和销售有差别的同种产品的市场组织。企业垄断竞争是指许多厂商生产并出售相近但不同质商品的市场现象。

寡头（Oligopoly）：在经济学上主要指寡头市场，又称为寡头垄断市场，它是指少数几家厂商控制整个市场的产品的生产和销售的市场组织。寡头市场被认为是一种较为普遍的市场组织，西方国家中不少行业都表现出寡头垄断的特点，如美国的汽车业、电气设备业、罐头行业等，都被几家企业控制。

勾结（Collision）：指一个厂商和同业内其他的厂商签订有关价格、产量和其他事宜的协议。

卡特尔（Cartel）是一种正式的串谋行为，它能使一个竞争性市场变成一个垄断市场，属于寡头市场的一个特例。卡特尔以扩大整体利益作为它的主要目标，为了达到这一目的，在卡特尔内部将订立一系列的协议来确定整个卡特尔的产量、产品价格，指定各企业的销售额及销售区域等。

博弈（Game Theory）：在一定条件下，遵守一定的规则，个人或者团队从各自允许选择的行为或策略中进行选择并加以实施，各自从中取得相应结果或收益的过程。

第七章　生产要素的决定和收入分配

生产要素（Factors of Production）：指进行社会生产经营活动时所需要的各种社会资源，是维系国民经济运行及市场主体生产经营过程中所必须具备的基本因素。生产要素是经济学中的一个基本范畴。生产要素包括劳动力、土地、资本、企业家才能四种，随着科技的发展和知识产权制度的建立，技术、信息也作为相对独立的要素投入生产。这些生产要素进行市场交换，形成各种各样的生产要素价格及其体系。

边际生产力理论（Theory of Marginal Productivity）：边际生产力这一术语是 19 世纪末美国经济学家克拉克（John Bates Clark）首创并进一步用于其分配论分析的。它指的是在其他条件不变的前提下，每增加一个单位要素投入所增加的产量，即边际物质产品（Marginal Physical Product，有时简称边际产品 MP），而增加一个单位要素投入带来的产量所增加的收益，叫作边际收益产品（Marginal Revenue Product，MRP）。并且，如果所有市场是完全竞争的，那么资源配置就是有效率的。

要素价格（Factor Price）是指生产要素的使用费用或要素的报酬。例如，土地的租金、劳动的工资、资本的利息、管理的利润等。

边际产品价值（Value of Marginal Product，VMP）：指在其他条件不变的前提下，厂商增加一单位要素投入所增加的产品的价值。它为一种投入品的边际产品（也就是额外一单位投入品所导致的额外产出）乘以产品的价格，即 $VMP = P \times MP$。表示在完全竞争条件下，厂商增加使用一个单位要素所增加的收益。

劳动供给（Labor Supply）：指在一定的市场工资率条件下，劳动力供给的决策主体（家庭或个人）愿意并且能够提供的劳动时间。而劳动力供给者提供一定量劳动时间所愿意接受的工资率称为劳动力供给价格。

替代效应（Substitution Effect）：指在实际收入不变的情况下，某种商品价格变化对其替代品需求量的影响。例如，苹果和梨互为替代品。如果苹果的价格上涨，而梨的价格不变，那么相对于苹果而言，梨的价格在下降，消费者就会用梨来代替苹果，从而减少对苹果的需求。这种由于某种商品价格上升而引起的其他商品对这种商品的取代的现象就是替代效应。替代效应使价格上升的商品需求量减少。

收入效应（Income Effect）：指在货币收入不变的情况下，某种商品价格变化对其需求量的影响。如果某种商品价格上涨，而消费者的货币收入不变，那么就意味着消费者的实际收入相对于该种商品的价格上升在减少，购买能力下降，从而对这种商品的需求会减少。反之，如果某种商品价格下降，而消费者的货币收入不变，那么就意味着消费者的实际收入相对于该种商品的价格下降在增加，购买能力增强，从而对这种商品的需求会增加。这种当某种商品价格上升（下降），而引起实际收入减少（增加）导致需求量减少（增加）的现象就是收入效应。简单来说，就是在商品价格变化时，在其他所有商品名义价格和名义收入不变的条件下，消费者实际收入变化引起的商品消费量变化。

劳动供给曲线（Labor Supply Curve）的形状表现为一条向后弯曲的曲线。它指劳动供给曲线呈现出的劳动供给量随着工资上升先增加后逐渐减少的特征。该供给曲线分为个人劳动力供给和市场劳动力供给两种。

第八章　市场失灵及解决措施

市场失灵（Market Failure）：市场机制不能够实现资源的最优配置或者利用市场机制导致阻碍市场经济发展的结果，难以实现帕累托效率的状况。造成市场失灵的原因主要有市场的不完全性，即存在垄断因素；外部性；公共物品；信息不完全。另外，在市场经济中，市场运行结果也可能出现两极分化，即出现所谓的“富裕中的贫困”现象，这也被看成市场调节弊端意义上的市场失灵。

寻租（Rent Seeking）又称为“竞租”。所谓寻租，是指试图获得一种可以赚取经济利润的垄断的活动。经济学之所以应用寻租的概念，是因为租金（或者经济租金）是一个包含消费者剩余、生产者剩余和经济利润的一般概念。一个垄断企业可以通过占有一部分消费者剩余而获得经济利润。因此，企业便千方百计谋求和维持垄断地位，以获取经济利润，并为此花费一定的费用，这就是寻租活动。

反托拉斯法（Antitrust Law），即反垄断法，是国内外经济活动中，用以控制垄断活动的立法、行政规章、司法判例以及国际条约的总称。从广义上讲，垄断活动同限制性商业惯例（“限制”指限制竞争）、卡特尔行为以及托拉斯活动含义相当；从狭义上讲，国际间的限制性商业惯例指在经济活动中，企业为牟取高额利润而进行的合并、接管活动（狭义的垄断），或勾结起来进行串通投标、操纵价格、划分市场等不正当的经营活动（狭义的限制性商业惯例）。简单来说，反托拉斯法的目的是抑制反竞争的垄断趋势，遵循两个途径：以促进形成竞争的市场结构为目标，以管理市场传导从而减少或消除垄断行为为目标。即试图走一条促进社会满意的市场绩效的道路，形成有效率的市场结构，并对市场活动加以适当的管理。

公共物品（Public Goods）是“私人物品”的对称，全称公共物品或劳务（Public Goods or Services）。不能由私营部门通过市场提供，而必须由公共部门以非市场方式提供的物品或劳务。公共物品具有三个方面的特性。（1）效用的不可分割性。公共物品是向整个社会提供的，具有共同受益或联合消费的特点。全社会的人可以共同享用，而不能将其分割为若干部分，分别归属于某些个人、家庭或企业。（2）消费的非排他性。即某个人、家庭或企业对公共物品的享用并不影响、妨碍其他人、家庭或企业同时享用。（3）受益的不可阻止性。即在技术上没有办法将拒绝为之付款的个人、家庭或企业排除在公共物品的受益范围。

搭便车（Hitchhiking）：所谓搭便车，是指免费享用公共物品的行为。既然公共物品具有非排他性和非竞争性的特征，便为一些消费者造成了免费享用公共物品的条件。搭便车问题往往导致市场失灵，使市场无法达到效率。

公共资源（Common Resource）：在经济学上，公共资源指满足以下两个条件的自然资源：一是这些资源不为哪个人或企业组织所拥有，二是社会成员可以自由地利用这些资源。这两个条件决定了公共资源具备“竞争性”的特点，却不具备“排他性”的特点。

外部性（Externality）又称为溢出效应、外部影响、外差效应或外部效应，指一个人或一群人的行动和决策使另一个人或一群人受损或受益的情况。经济外部性是经济主体（包括厂商或个人）的经济活动对他人和社会造成的非市场化的影响。即社会成员（包括组织和个人）从事经济活动时，其成本与后果不完全由该行为人承担。分为正外部性（Positive Externality）和负外部性（Negative Externality）。正外部性是某个经济行为个体的活动使他人或社会受益，而受益者无须花费成本；负外部性是某个经济行为个体的活动使他人或社会受损，而造成负外部性的人，却没有为此承担代价。

不完全信息（Incomplete Information）是指经济活动者（消费者、企业）不掌握准确的关于市场活动的信息的情况。新凯恩斯学派认为，不完全信息经济比完全信息经济更加具有现实性，市场均衡理论必须在不完全信息条件下予以修正。

逆向选择（Adverse Selection）是信息不对称带来的问题，指市场的某一方如果能够利用多于另一方的信息，使自己受益而使另一方受损，倾向于与对方签订协议进行交易。逆向选择是保险公司面临的一大问题，它与道德风险有着密切的联系。

道德风险（Moral Hazard）是在信息不对称条件下，不确定或不完全合同使得负有责任的经济行为主体不承担其行动的全部后果，在最大化自身效用的同时，做出不利于他人行动的现象。概念起源于海上保险，1963 年美国数理经济学家阿罗（Kenneth J. Arrow）将此概念引入经济学中来，指出道德风险是个体行为由于受到保险的保障而发生变化的倾向。道德风险是一种客观存在的，相对于逆向选择的事后机会主义行为，是交易的一方由于难以观测或监督另一方的行动而导致的风险。

科斯定理（Coase Theorem）是指在某些条件下，经济的外部性或者说非效率可以通过当事人的谈判而得到纠正，从而达到社会效益最大化。关于科斯定理，比较流行的说法是，只要财产权是明确的，并且交易成本为零或者很小，那么，无论在开始时将财产权赋予谁，市场均衡的最终结果都是有效率的，实现资源配置的帕累托最优。

洛伦兹曲线（Lorenz Curve）也称为“劳伦兹曲线”，指在一个总体（国家、地区）内，以“最贫穷的人口计算起一直到最富有人口”的人口百分比对应各个人口百分比的收入百分比的点组成的曲线。

基尼系数（Gini Index/Coefficient）是国际上通用的、用以衡量一个国家或地区居民收入差距的常用指标。基尼系数最大为“1”，最小等于

“0”。基尼系数越接近 0，表明收入分配越是趋向平等。国际惯例把 0. 2 以下视为收入绝对平均；0. 2—0. 3 视为收入比较平均；0. 3—0. 4 视为收入相对合理；0. 4—0. 6 视为收入差距较大；当基尼系数达到 0. 6 以上时，则表示收入悬殊。基尼系数最早由意大利统计学家 Corrado Gini 在 1912 年提出。

附 录 二

世界上著名的经济学家

1. 亚当·斯密（Adam Smith，1723—1790）

18世纪英国古典政治经济学的杰出代表和理论体系的创立者。亚当·斯密强调自由市场、自由贸易以及劳动分工，被誉为“古典经济学之父”“现代经济学之父”。其主要著作有《国富论》《道德情感论》《论国民与国家的财富》等。他针对资本主义经济发展内在规律，提出了自由主义经济理论，反对国家干预经济，促进了资本主义发展。

2. 大卫·李嘉图（David Ricardo，1772—1823）

英国古典政治经济学的主要代表之一，也是英国古典政治经济学的完成者。李嘉图早期是交易所的证券经纪人，后受亚当·斯密《国富论》一书的影响，他对经济学研究产生了兴趣。其研究的领域主要包括货币和价格，对税收问题也有一定的研究。李嘉图的主要经济学代表作是1817年完成的《政治经济学及赋税原理》，书中阐述了他的税收理论。1819年他曾被选为上院议员，极力主张议会改革，支持自由贸易。李嘉图继承并发展了斯密的自由主义经济理论，他认为限制政府的活动范围、减轻税收负担是增长经济的最好办法。

3. 约翰·穆勒（John Stuart Mill，1806—1873）

英国著名哲学家、心理学家和经济学家，19世纪影响力很大的古典自由主义思想家，支持边沁的功利主义。约翰·穆勒是孔德的实证主义哲学的后继者，他把实证主义思想最早从欧洲大陆传播到英国，并与英国经验主义传统相结合。主要著作有《论自由》《功利主义》《政治经济学原理》等。穆勒的经典理论：否定商品供给的一般过剩、强调分配公平的重要性、国际价值法则等。

4. 阿尔弗雷德·马歇尔（Alfred Marshall，1842—1924）

近代英国最著名的经济学家，新古典学派的创始人，剑桥大学经济学教授，19 世纪末和 20 世纪初英国经济学界最重要的人物。在马歇尔的努力下，经济学从仅仅是人文科学和历史学科的一门必修课发展成为一门独立的学科，具有与物理学相似的科学性。剑桥大学在他的影响下建立了世界上第一个经济学系。马歇尔是局部均衡分析的创始者，他研究单个市场的行为而不考虑市场与市场之间的影响。他用上升的供给曲线和下降的需求曲线分析收入、成本的变化对价格的影响。马歇尔最重要的贡献之一是提出了弹性的概念和计算弹性的公式。马歇尔的最主要著作是 1890 年出版的《经济学原理》。该书在西方经济学界被公认为划时代的著作，也是继《国富论》之后最伟大的经济学著作。该书所阐述的经济学说被看作英国古典政治经济学的继续和发展。

5. 约翰·梅纳德·凯恩斯（John Maynard Keynes，1883—1946）

英国经济学家，现代经济学最有影响的经济学家之一，他创立的宏观经济学与弗洛伊德所创的精神分析法、爱因斯坦发现的相对论一起并称为 20 世纪人类知识界的三大革命。凯恩斯三大基本理论：边际消费倾向递减规律、资本边际效率递减规律、流动偏好规律。凯恩斯的代表作有《就业、利息和货币通论》《论货币改革》《货币论》等。他因开创了经济学的“凯恩斯革命”而著称于世，被后人称为“宏观经济学之父”。

6. 米尔顿·费里德曼（Milton Friedmann，1912—2006）

美国著名经济学家，以研究宏观经济学、微观经济学、经济史、统计学、主张自由放任资本主义而闻名。1976 年获诺贝尔经济学奖，以表彰他在消费分析、货币供应理论及历史和稳定政策复杂性等范畴的贡献。弗里德曼的代表作《资本主义与自由》，他在书中提倡将政府的角色最小化以让自由市场运作，以此维持政治和社会自由。他的政治哲学强调自由市场经济的优点，并反对政府的干预。他的理论成了自由意志主义的主要经济根据之一，并且对美国以及许多其他国家的经济政策都有极大的影响。

7. 保罗·萨缪尔森（Paul A. Samuelson，1915—2009）

美国著名经济学家，是第一个获得诺贝尔经济学奖的美国人。萨缪尔森的研究涉及经济理论的诸多领域，例如一般均衡论、福利经济学、国际贸易理论等。他提出了斯托尔珀—萨缪尔森定理和要素价格均等化定理，是凯恩斯主义的集大成者。其经典著作《经济学》将西方经济学理论第一次系统地带进中国，并使这种思考方式和视野在中国落地生根。

8. 艾伦·格林斯潘（Alan Greenspan，1926—）

美国第十三任联邦储备委员会主席，许多人认为他是美国国家经济政策的权威和决定性人物。在他人生的巅峰时刻，他被称为全球的“经济沙皇”“美元总统”。伊丽莎白女王授予他英国爵士称号，法国人也给予他法国荣誉勋章的荣誉。金融界评论，“格林斯潘一开口，全球投资人都要竖起耳朵”，“格林斯潘打个喷嚏，全球投资人都要伤风”。不少人认为，美国经济的长期增长在很大程度上归功于格林斯潘的利率政策，某种程度上他已超越党派，成为美国经济舵手。

9. 罗伯特·蒙代尔（Robert A. Mundell，1932—2021）

1999 年诺贝尔经济学奖获得者，“最优货币区理论”的奠基人，被誉为“欧元之父”。他提出了蒙代尔—弗莱明模型、货币动态模型、最优货币区。罗伯特·蒙代尔长期关注中国的改革，发表了《过渡经济中的货币和金融市场改革：中国个案》《体制转轨国家的通胀和增长》等论文，以及编著《中国的通胀和经济增长》等。罗伯特·蒙代尔非常关注中国经济的发展。在他的推动下，中国乃至全球第一所以诺贝尔奖获得者命名的国际企业家大学——蒙代尔国际企业家大学于 2004 年 11 月 9 日在人民大会堂成立，罗伯特·蒙代尔与第十届全国人大常委会副委员长许嘉璐先生，共同担任大学的荣誉校长。罗伯特·蒙代尔还担任北京市政府顾问，成为第一位正式取得北京“绿卡”的美国经济学家。

10. 保罗·罗宾·克鲁格曼（Paul R. Krugman，1953—）

毕业于耶鲁大学经济学专业，美国经济学家，是自由经济学派的新生代，普林斯顿大学经济系教授，理论研究领域是贸易模式和区域经济活动。1991 年获克拉克经济学奖，2008 年获诺贝尔经济学奖。克鲁格曼的主要研究领域包括国际贸易、国际金融、货币危机与汇率变化理论。他创建的新国际贸易理论，分析解释了收入增长和不完全竞争对国际贸易的影响。其著作主要有《国际经济学》《宏观经济学》《汇率的不稳定性》等。

11. N. 格里高利・曼昆（N. Gregory Mankiw，1958—）

美国著名经济学家。29 岁成为哈佛大学历史上最年轻的终身教授之一，2003 年进入政坛。经济学在 20 世纪七八十年代曾经遇到极大的挑战，资本主义世界持续停滞膨胀，使 30 年代以来的主流经济思想凯恩斯主义受到严重质疑。货币主义、供应学派、理性预期学派纷纷登场，互相争论，要夺取经济学主流的王冠。在这一百家纷争的时期，曼昆独树一帜。他不是放弃凯恩斯主义，而是通过自己在微观经济领域的研究，努力为凯恩斯主义提供一个新的、更坚实的微观基础。在这一过程中，他大量吸收倾向主义、供给学派和理性预期学派的精华，并发展自己的学说。比如使曼昆成名是他的菜单成本理论，这一理论已成为新凯恩斯主义经济学的一个组成部分，曼昆提出这一理论的论文《小菜单成本与大经济周期：一个垄断的宏观经济模型》已成为经典。其著作著《经济学原理》《宏观经济学》等已经成为经典教材。

12. 卡尔・马克思（Karl Heinrich Marx，1818—1883）

马克思主义的创始人之一，第一国际的组织者和领导者，马克思主义政党的缔造者之一，全世界无产阶级和劳动人民的革命导师，无产阶级的精神领袖，国际共产主义运动的开创者。马克思是德国的思想家、政治学家、哲学家、经济学家、革命理论家、历史学家和社会学家。马克思深入研究资本主义经济运动，写成了《资本论》，创立了完整科学的劳动价值论和剩余价值论，马克思确立他的阐述原则是“政治经济学批判”。马克思认为，这是“政治经济学原理”的东西。马克思认为，资产阶级的灭亡和无产阶级的胜利是同样不可避免的。

附 录 三

思考题参考答案

第一章

1. 参考答案

不正确。哪怕是马云、马化腾等超级富豪，他们也有稀缺的东西。就个人来讲，马云、马化腾可能不缺钱，但是就整个公司的运转来讲，如果有更多的资金，他们可以让公司发展得更好。从这个角度来说，还是存在资金的稀缺。另外，对于这些富豪来讲，他们的稀缺更在于时间。对于在单位时间内能够创造很大价值的人来说，他们的时间真是比金子还贵。所以，稀缺性并不是每个人在每个方面，都存在欲望无穷性和资源有限性的巨大矛盾。大部分人存在金钱的稀缺，有的人存在时间的稀缺，有的人存在美貌的稀缺。针对不同程度的稀缺，我们会重点解决对自己来说最重要的问题。稀缺性就是指资源有限而欲望无限之间的矛盾，经济学就是基于稀缺性这个前提产生的。

2. 参考答案

这其实就是一种稀缺问题，在稀缺状态下的思维和行为方式。你缺什么，这种所缺乏的东西就会在潜意识里牢牢俘获你的注意力，并改变你的思维方式，影响你的决策和行为方式。穷人最缺的就是钱，比如，你原本想好好挑选一份适合自己的工作，但在缺钱的压力下（比如说马上就要付房租），你可能会放弃这种想法，转而随便选择一份工作（比如电话销售）。尽管这份工作并不能长远发展，但可以解燃眉之急。由此，会导致你的眼界变窄、认知能力下降等一系列连锁反应。恶性循环，从而进入稀缺性陷阱。用这种方法管理并使用资源，会让我们感到所拥有的资源变得更少了。这种稀缺不断放大的行为，就像复利一样，会使最初的稀缺变本加厉。稀缺让我们变穷，缺钱、缺时间会导致我们往往只顾及眼前的紧急事务，让我们越来越忙。于是，穷忙由此而产生。相反，不缺钱的人，则会花时间认真挑选一份适合自己的好工作。

3. 参考答案

生产什么、如何生产、为谁生产。在市场经济中，生产什么、如何生产、为谁生产这三个问题是通过价格这只看不见的手调节的，价格能够非常有效、非常节俭、目标非常明确地传递关于稀缺的信息。“生产什么”是由消费者的货币选票决定的。疫情发生时人们亟须购买大量的口罩，市场上出现供不应求，口罩的价格会升高，几毛钱的普通口罩价格一度飙升至几十元。当生产企业扩大生产，同时疫情控制后，需求减少，口罩价格就回落到正常价，甚至更低。“如何生产”是指生产者如何组合配置资源。设想一下，企业的目的是追求利润最大化，公司员工如果抵抗用机器替代劳动力，作为公司老板肯定是不会同意的，因为机器的效率更高、成本更低。比如，京东的分拣机器人就是又快又好且成本不高。所以企业选择劳动密集型、机器密集型还是生产密集型的生产方法，主要是取决于哪一个成本更低，低成本就意味着高利润。这也是通过价格传递的。“为谁生产”，是指产品在社会成员之间如何分配的问题。它决定了市场上的家庭、个人的收入状况。也就是说谁能挣得更多。我们发现，为谁生产这个问题的解决还是由生产者提供的要素价格来决定的。拥有高技能的人、拥有土地的人、拥有原始资本的人可以通过出卖劳动力、租用土地、借出资金来获取高工资、高租金以及高利息。

4. 参考答案

这种说法忽略了一个最根本的问题，资源的有限性与欲望的无穷性。免费医疗的前提就是要有充足的医疗资源满足所有人的医疗需求，但是就全球任何一个国家而言，医疗资源都是相对稀缺的，哪怕是美国和日本等发达国家，都只能通过医疗保险来缓解公民的医疗压力，全民免费看似公平其实存在很大的问题。举个例子，一张桌子上有一群刚刚吃过饭的人和一群很饿的人，但桌子上只有一块面包，如果大家平均分，这样带来的作用有多大？但如果只分给某几个人，那么凭什么自己是享受免费面包的那一个呢？至于做面包的人，在面粉不够的情况下，得不到回报，凭什么又要辛辛苦苦把面包分给别人呢？如果国家不足够富有，实行全民免费医疗，可能带来的结果是医疗的资源越来越匮乏，大家享有的医疗水平越来越低。

5. 参考答案

仍然会存在稀缺性。因为人类的欲望是无穷的，即使一切东西都由机器人代劳，人类最基本的生存问题解决了，但是人类会追求新的东西，寻找新的价值。尤瓦尔·赫拉利在《未来简史》中说：我们现在要从智人向神演化了，为此，我们在做三件事：追求获得永生，追寻幸福，直接成神。人类探索的欲望是无止境的，机器人即使具备再多功能也永远无法满足人类无穷的欲望。

6. 参考答案

不能。即使大数据技术能够大幅提高计划的效率和处理复杂局面的能力，也还有三个问题是没有办法解决和回答的。

（1）信息的来源无法保障

任何大数据手段，首先就是要有足够多的、真实的信息能够汇聚，不能以真实的数据来进行分析处理的话，自然也不能得到正确的结论。而没有以价格和市场来衡量和参考的真实数据，其他任何数据都很难以保证其真实性。在不同的环境和条件下，人们总是有各种动机来反馈出各种不一定正确的信息。这种信息汇聚起来，再强大的数据处理手段也无法做出正确的决策。

（2）没有办法体现新的供给与需求

计划总是依据已有的供给和需求来做出，它没有办法去激励人们创造出新的供给，也没有办法根据现有的产品创造出新的需求。不管如何计划，最终是要通过调配资源来满足生产生活的需要。但数字毕竟不是人，技术可以在现有条件下最优调配资源，但是没有办法去预估还没有产生的产品和需求，所有的计划只能是一种静态的，实际上就是假定了一个社会不再进化的前提，但这并不符合社会发展的规律。就像在 iPhone 被苹果公司生产出来之前，没有人会有这样的需求，又怎么去计算和统计呢？

（3）整个计划所依据的理论并不能保证完美

虽然人们总是追求完美，但有一个常识：科学的基础是承认无知，一切理论都有其边界。比如牛顿力学就不适用于微观的世界。而我们来做计划所依据的理论本身就不可能是完美的，所以计划也不能总是达到最优，而且有可能出现最坏的情况。比如19世纪早期的时候，欧洲的医生、社会学家号召各国砍树，为了改进公共卫生。为什么呢？根据科学家的研究，好多传染疾病是由于树引起的苍蝇、蚊子传染的，把树砍了以后，苍蝇、蚊子没地方待了，卫生就可以改善了。这是科学家提的建议。

总之，市场经济所能调控的情况下，计划经济往往是多余的，就算是大数据信息时代，计划总会存在失误，计划往往赶不上变化。

第二章

1. 参考答案

新冠疫情期间部分企业转而生产口罩，会导致口罩的供给增加，也就是整条供给曲线向右边移动。如果在需求曲线保持不变的条件下，新的均衡点表示口罩的均衡价格下降，均衡数量增加。这就是口罩近期的变化，疫情发生开始导致需求增加，口罩价格上涨；当企业增加口罩供给，又会使口罩的价格回落。虽然现在市场上口罩的使用量很大，但口罩的价格基本回落到之前的水平。这就是价格自由调节的作用。

2. 参考答案

充电桩对于新能源汽车就相当于燃油车和加油站的关系。再好的车，加油如果不方便的话也是白搭。新能源汽车也是一样，没有充电桩，它就失去了快速补充动力的来源。大多数新能源车型要是没有充电桩而使用家用电进行慢充的话，要充满电需要6—8个小时，用车就不太方便了。目前新能源车型发展很快，与之配套的充电桩网络的覆盖率却非常低，这就造成了目前新能源汽车就像是被关在笼子里的鸟，只能在城市范围打转，除了城市范围和走高速路能走一段补充一下电量以外，在其他地区就很难找到充电桩了。新能源车型想要快速发展，就得先提高充电桩的数量和覆盖范围，新能源电动车的发展必须要依托充电桩的覆盖。

从经济学的角度来看，充电桩与新能源汽车的关系就是互补商品的关系。在其他情况不变的情况下，充电桩供给增加会使由于充电问题导致长期受到抑制需求的新能源汽车焕发生机。原来对于新能源汽车来说需求受到压制导致价格无法上升，需求得到解放后，需求曲线上移，与原本的供给产生新的均衡点，最终的结果是新能源汽车的价格上升。

3. 参考答案

房价租金管制可能带来以下问题。

第一，因为不能按照价格选择，所以房东可以选择租户。比如不选带孩子、不选带宠物的租客。

第二，房东可以捆绑销售。带昂贵价格家具出租，把房租价格叠加到昂贵的家具里，以弥补低廉的租金。

第三，租给自己的员工，账面是规定的房租价格，其他从工资里扣除。

第四，可能换作他用，民用变商用。

总之，价格管制越严重，人们越能够想到更多的办法去绕开政府的价格管制。

第三章

1. 参考答案

一般人会说，水当然是必需品。但是你要看，在水资源特别匮乏的地方，人们使用水的数量，跟水资源非常丰富的地方，人们使用水的数量是完全不一样的。在水资源丰富的地方，人们不仅喝水，他们还洗澡，不仅洗淋浴，他们还泡澡，不仅自己泡澡，还要浇花，还要洗车，还要做喷泉。在水资源不够的沙漠，人们当然很省了，他们不会浇花，也不会随便洗车，不能随便洗澡，人们洗完脸又洗脚，之后擦鞋、清洁环境。所以一种物品是必需品还是非必需品，与使用时的条件和使用者有关。

2. 参考答案

最基本的生活必需品的原料，比如做衣服需要用到的棉麻，盖房子用到的水泥、钢铁，我们的主食大米，无论商品价格多高，很多人都需要，这些东西可能是“刚需”。

但是，这个世界上存在绝对的刚需吗？如果一件商品价格高得离谱，人们可能很少甚至不会去买该商品，并且会找更多替代商品，即该商品需求价格弹性很大。如果水稻作为主食，在价格高到大多数人都无法承担的时候，人们就会选择购买其他的替代商品，比如玉米、土豆等。

3. 参考答案

如果商品的需求价格弹性较大，则商家少量降价会导致消费者的需求量较大地增加，也就是说总的收益会增加，所以商家应该降价；反之，如果商品的需求价格弹性较小，则商家大量降价会导致消费者的需求量较少地增加，所以商家应该提价。“薄利多销”适合需求价格弹性大的商品。所以“双十一”购物节，商家降价的商品多为需求价格弹性大的商品。

4. 参考答案

需求交叉弹性。“天下没有免费的午餐”，当周二女士免酒水费时，她们可能会消费其他的小吃。另外，酒吧还可以吸引到更多的男士。说明其他小吃和酒水是互补品，当然，女士与男士也类似互补品。

5. 参考答案

A，B，E

6. 参考答案

弹性大小决定承担税负分摊比例。比如雇员和雇主之间的关系，无论政府规定的是雇员付养老保险还是雇主付养老保险，都取决于雇主和雇员二者谁更需要这份工作，越需要这份工作的一方，其谈判能力就越低，此刻他们就会承担更多的税务负担。

再如，假如政府忽然规定学院的院长要给每一位教授再多交一份养老保险，当命令颁布的时候，我们的院长只能听从国家的政策。

这时候，支付这笔养老保险费用的人是学院，即雇主。但随着时间的变化，我们的院长会有很多其他对策，比方说他会重新调整劳动合同，重新调整给每位教授的工作量。这时候教授接受与否，取决于其对这份工作的需求程度。如果很需要这份工作，那么教授就会接受院长提出的新的条件。到最后，养老保险费用不是由学校支付，而是会落到教授的身上。

同样的，香蕉的例子也是这样。假如政府规定买香蕉的人必须支付香蕉税，你想一想香蕉税实际上是谁付的？谁更需要这份交易？买香蕉的人可以不吃香蕉，选择其他种类的水果。但是卖香蕉的人的弹性很低，香蕉当日卖不出去，隔天可能会坏掉，所以卖香蕉的人有更为迫切的需求来把香蕉卖完。此时，无论政府的规定如何，卖香蕉的人都会表示是政府规定由消费者来支付购买香蕉的税，但由于卖香蕉的人心情迫切，这笔税卖家愿意替买家支付。因此商人跟消费者之间的相对弹性决定这笔香蕉税是商人还是消费者多付，而这个相对弹性则是由谁更不在乎价格决定。

7. 参考答案

略。

8. 参考答案

这是需求缺乏弹性导致的。“谷贱伤农”是由于粮食属于生活必需品，需求量不会随价格波动而发生较大的变化。当丰收时节，粮食供给增加，但消费者需求没有随着增加，供过于求，使粮食“贱卖”，导致农民收入降低。

9. 参考答案

（1）供给增加；（2）供给减少；（3）供给增加；（4）供给减少。

第四章

1. 参考答案

没有违反。根据边际效用递减规律的条件，需要连续消费同一商品，并且到一定程度后边际效用才会递减，而不是永远递减。第 4 个轮子的边际效用也可能是递增的。只有 4 个轮子才能让车开动。但车上的第 5 个轮子就是备胎，备胎的边际效用毫无疑问大大减少。

2. 参考答案

“审美疲劳”是存在的，前提是这个“物品”一成不变。根据边际效用递减规律的条件，连续消费同一种商品，其边际效用会随着消费量的增加而递减。在现实中，夫妻双方不断地充实自己，人虽然没有变，但保持了新的状态。所以这其实并未完全遵循边际效用递减规律的条件。

3. 参考答案

C，根据边际效用递减规律，如果一种产品仅仅是数量增加，它给消费者的边际效用就在递减，消费者愿意支付的价格就在降低。因此，企业要不断创新，产品要多样化，才不会引起边际效用递减。

4. 参考答案

有的同学说我打游戏，能够一直很投入、很兴奋。其实这里没变的是游戏这个行为，变的是游戏的内容。也就是说，消费品已经发生变化了。当你打怪升级不断变化时，也就相当于消费了其他商品，你才能够保持兴奋。如果游戏一直单调地重复，比如开心消消乐，你永远打的是第一关，那么你迟早会厌倦它，此时你的边际效用就在递减。所以设计游戏的人一定要让游戏精彩纷呈，这样才可能突破边际效用递减规律的条件。

5. 参考答案

没有影响。因为预算约束线的斜率没有发生改变（由于相对价格相同，所以市场权衡取舍相同），而且预算约束线的位置也没有发生改变（能买的每种物品的最大量没有变），因此预算约束线的断点仍然相同。

6. 参考答案

由于边际效用递减规律无处不在，所以在现实生活里，我们需要用边际效用递减规律来指导我们的行为。比如家里炒菜，也不能仅仅因为喜欢吃红烧鱼，一日三餐都吃红烧鱼，而是可以采用更多的样式、更丰富的品种以实现效用的最大化；又比如学生复习功课，一天长时间复习一门功课的边际效用是越来越低的，最好的办法是复习2—3小时就换一门功课，交替复习策略的效用是最大的。俗话说的好，“过犹不及”。什么东西并不在于其拥有多少，而在于其恰到好处。

第五章

1. 参考答案

边际报酬递减规律（The Law of Diminishing Returns）也称边际产量递减规律。它是指在一定的生产技术条件下，在连续等量地把一种可变要素增加到其他一种或几种数量不变的生产要素上去的过程中，当这种可变生产要素的投入量小于某一特定的值时，增加该要素投入所带来的边际产量是递增的；当这种可变要素的投入量连续增加并超过这个特定值时，增加该要素投入所带来的边际产量是递减的，这是短期生产的一条基本规律（注意：边际报酬并不是一开始就是减少的，而是先增加到一个最大值然后才减少的）。

适用的条件：（1）生产技术水平保持不变；（2）其他要素保持不变；（3）边际产量递减在可变要素投入增加到一定程度之后才会出现；

（4）投入要素同等效率。

2. 参考答案

有些先进的工艺和技术，如电脑管理、流水作业等，只能在产量达到一定水平才能采用。也就是说，这些大批量生产的工艺和技术通常是不可分割的。在机器制造等行业，流水线作业的成本优势就十分明显。据统计，一家汽车厂商如果年产量超过 30 万辆，平均成本就能比小规模生产大大降低。

在制造型产业的生产中，在一段时间内技术水平保持不变，但是资本、劳动力的投入都在增加，并没有满足规模报酬递减规律的条件之一：其他投入要素保持不变，只有一种生产要素的投入增加。

所以高科技行业的生产并没有违背边际报酬递减规律。

3. 参考答案

a. 你租用办公室

显性成本增加了 500 元/月，会计利润与经济利润都减少了 500 元/月。

b. 你自己拥有办公室

显性成本没有变化，因此会计利润也不会变；但机会成本增加了 500 元/月，因此经济利润减少了 500 元/月。

4. 参考答案

在咖啡的生产上，法国生产 1 磅咖啡需要 2 个小时，巴西只需要 1 个小时，很明显巴西具有绝对优势；在红酒的生产上，法国生产 1 瓶红酒需要 4 个小时，巴西生产 1 瓶红酒需要 5 个小时，因此法国具有绝对优势。

法国生产 1 瓶红酒的机会成本是 2 磅咖啡，巴西生产 1 瓶红酒的机会成本是 5 磅咖啡。法国生产红酒的机会成本更低，因此，在生产红酒上法国具有比较优势。

5. 参考答案

略。

6. 参考答案

考研存在沉没成本，第二年放弃报考，其实意味着她放弃了之前的部分积累。第三年放弃，则意味着放弃了前两年的积累。沉没成本这个概念其实并不能完全帮助他决定是否应该继续报考。在第五节的内容里，我们所提到的书和食物，都是能够明确判断它是不好的，才做出新的决定——放弃。可是生活中很多事情并不能清晰地判断好或者不好、有没有发展前途等。具体到考研，他应该给自己一个时限。虽然我们都不知道未来他能否考上，但是三次都没能考上，得考虑干别的事了。即使花了五年时间考上了研究生，其实他也可能放弃了更多东西。沉没成本给我们的启示是着眼于此刻和未来的收益，不要为过去过度纠结。

7. 参考答案

谁都没有明确的把握预测股票走势，我们能够做的就是假定你并没有持有这个股票，在千万只股票中你还会选择这只股票吗？如果答案是肯定的，那就应该继续持有；如果答案是否定的，那就说明应该抛售股票，购买其他股票。

第六章

1. 参考答案

首先你需要明确的是，大数据是不可避免的事情。因为在如今的信息高度发达的社会中，你生活的每一步几乎都会留下信息足迹。无论是你的言论、消费习惯，还是你的朋友圈，其实都被记录下来了，而这些数据足迹则为别人“算计”你留下了依据。但是别人要通过你的信息足迹“算计”你，难道你就选择脱离现代化的生活方式吗？买东西用纸币、不点外卖、工资靠现金支付？当然不行。所以，你必须要接受被大数据“算计”的风险。

部分专家的观点：现实生活中，我们想要区别对待一个人的这种努力从来没有停止过。以前父母给你选对象，用的是“大数据”，用的是他们那个时候的大数据，也就是他们的经验。今天的HR选人的时候，用的是各种问卷，用的也是大数据。保险公司筛选不同的用户，确定不同的保险价格的时候，用的也是大数据。

在曾经大数据甄别与判断技术不高的情况下，我们都运用得如此广泛了，那么在判断依据更充分、判断技术更高明的当下，我们只会更多地运用它。你必须要接受，每个人都会被大数据甄别得更加清楚。

经济学原理告诉我们，不会有人因为被识别而产生贬值的。只有你被识别清楚了，在与人合作的过程当中你才能清楚自己的优势与劣势，找到自己在团队中的位置。在社会分工更加精细的当下，你和别人合作的时候，哪怕你在绝对优势上每一项都比别人差，但你仍然有比较优势。通过数据的甄别与比较以后，你只要集中精力做有比较优势的事情，集中精力做时间成本最低的事情，然后跟别人交换，你的收入就会提高，整个社会的收入也会提高。所以，被识别也许是一件好事情。当你清楚自己被关注的时候，你会改进你的行为。

另外，由于大数据“杀熟”问题加剧了企业的垄断，国家现在针对大数据“杀熟”事件也出台了相应的法律法规。2021 年 11 月 1 日正式施行的《个人信息保护法》对大数据“杀熟”等一系列问题做出了规制，给消费者保护个人隐私、维护自身权益提供了法律保障。其中，《个人信息保护法》第二十四条规定，个人信息处理者利用个人信息进行自动化决策，应当保证决策的透明度和结果公平、公正，不得对个人在交易价格等交易条件上实行不合理的差别待遇。

2. 参考答案

价格歧视的本质是消费者对于商品的需求价格弹性不同，并且他们之间不能进行商品的转移，商家就能对不同消费者实行不同的价格。

在用电高峰的时候，电价比较高；而在用电低谷的时候，电价比较低。在移动通信市场，用户的通话费或通话时间在一定范围内必须支付一个比较高的价格，超过这个范围则可以享受一定比例的折扣；如果通话费更多或通话时间更长，还可以享受更大的折扣。对于用户来讲，通话时间越长，平均价格就越低。通信运营企业按照价格歧视制定价格以增加企业利润，不但没有损害消费者的利益，反而使部分消费者享受到更加便宜的电信产品价格。其实，在生活中还有一些隐形的价格歧视。如在节假日中，很多商家实行满 200 送 100 的活动，或者买一件原价，买两件第二件半价的活动。这些都是随处可见的。商家通过这样一种手段，就可以刺激消费者的消费欲望。如果你买的商品数量多，平均下来，价格往往会比较低。对于一个计划大量购买商品的消费者，获得最后单位商品的成本也许要比平均价格低得多。

3. 参考答案

假设原油需求不变，那么原油供给就是价格的主要影响因素。这里说“主要影响因素”当原油需求增长停滞，原油生产国就只能提高产/销量来维持国内经济的增长水平。产量增加而需求不变，价格就得下降，从而导致产油国必须更进一步提高产量，才能使收益保持不变，这将不可避免地引发一轮价格下跌的恶性循环。当价格已经很低时，产油国就会发现以目前的产量只需价格反弹一点点，它们的情况就将得到很大的改善。但原油的需求不变，所以只能通过减少供给来提振油价。这时产油国将会面临多方博弈的局面，而博弈论里“以牙还牙”的解决策略便会立即捉襟见肘。因为对产油国来说，各个国家经济增长的原油依赖程度并不相同，原油产出的成本也不尽相同，所以这些产油国关于原油的“价格承受阈”是不相同的（价格承受阈：对于某一物品价格变化不做出反应的价格区间）。这一情况不可避免地会导致外部硬约束——被动合作的发生。当油价跌至某一国“价格承受阈”的边缘时，这个国家就不得不紧急张罗着召开“国际化石能源生产国峰会”以号召大伙一同减产来支持油价。但是一同减产的号召对于价格承受阈值高的国家来说可能并不会起到任何作用，他们可能表面答应减产，实际上却背后增产。博弈论里没人会主动维护整体利益，所以对于 OPEC 成员来说，合作只是短暂的。

但有一点是可以肯定的——除非原油的需求端逐渐改善，否则仅供给的变动导致的油价上升是远远不可能令产油国满意的，所以短暂的合作之后面临的必然是分崩离析。

第七章

1. 参考答案

企业提供更高薪酬的可能原因如下。

首先，这可能是补偿性工资。那些工作本身或者环境会导致劳动者在心理以及生理方面产生较高“负效用”的企业，在同等条件下必须支付员工更高的薪酬水平作为一种补偿；否则，这些企业就无法吸引到足够多的可以胜任工作的员工。比如矿工、夜班工人等。其次，这可能是效率工资。要明确，如果你的能力足够高，那么你就属于强势方，你在市场上是不缺工作的。如果某个公司只用市场标准的薪水来雇用你，那么你对公司就谈不上什么忠诚，你也不会担心自己失业，反正外面一样薪水的工作多的是。但是当一家公司用高出标准的薪水雇用你，那么你出于强烈的经济动机，也会尽其所能地保住该工作，因为这样的工作不是随随便便就能找到的。相比之下，你对工作的干劲会比那些只拿到市场标准工资的雇员充足。一方面能够缓解怠工现象，另一方面你能够创造更大的价值。所以即使雇主支付了高额薪水，对他们来说依然有利可图。

2. 参考答案

这是因为员工间负责的角色与分工不同，比如组长负责领导组员，不用自己完成很多事情；而组员需要自己完成的事情较多，效率也相对较高，但是工资没有组长高。

3. 参考答案

用先进的机器设备代替劳动，这一措施会导致劳动的需求曲线向左移动。这是因为机器如果可以代替人，那么企业对于工人的需求是减少而不是增加。

4. 参考答案

“闲暇成本”是指员工闲暇时间的机会成本。相比较而言，科研人员的闲暇成本更高，因为同样的 1 个小时，科研人员也许可以取得一个重要的科研进展，小吃店老板可能只能做好一屉包子。

5. 参考答案

人口流出对当地的影响有两点。其一是缓解了当地的就业压力，同时也失去了相应的劳动力，可以说是有利也有弊。其二是对当地的经济有一定的影响，大量的输出人员对当地的消费有一定的负面影响。

人口流入地对当地的影响有两点。其一，过多的流入给当地的就业造成一定程度的压力；同时，这些流入人口也给当地带来了丰富的劳动力，也是有利有弊。流入人口给当地带来了一些技术、管理经验等，比如广州、上海等地。其二，给当地的住房、交通、治安都带来了一定程度的压力。但总的说来，正面的影响更大。

6. 参考答案

教授的低工资由工作所带来的学术满足与个人满足补偿。强度、风险、压力都小于律师和医生，源于补偿性工资。

7. 参考答案

在相貌与收入的关系上，通常被默认或隐含为正相关关系，即“越漂亮，收入越高”。根据上海社会科学院（SASS）人口研究所1996年的调查，相貌从较差到一般，再到较好的过程中，收入都是上升的；但当相貌从较好变到非常好时，收入却出现了明显的下降趋势。相貌与收入之间呈“高跟鞋曲线”关系的假设命题：漂亮程度存在一个“度”，在达到这个“度”之前，漂亮有助于提升收入；但过了这个“度”之后，漂亮程度的提升反而会削弱漂亮溢价。这可能是因为过于出众的外表对周围的人造成了压力，不利于协作的开展。因此，相貌与收入之间形成一条类似于高跟鞋形状的曲线，先高后低，这就是“高跟鞋效应”。

8. 参考答案

大学生为私人企业或政府工作的目的是积累工作经验，并希望经过从事这类工作换取在职培训，增加自身的人力资本。

人力资本是指投资对人的教育和在职培训而形成的积累，体现在生产者的知识、能力以及素质上。教育是最重要的提高人力资本积累的途径，代表着为了提高未来生产率，当下某一时点的资源支出。例如，美国大学毕业生的收入比高中毕业生的工人高两倍。在发展中国家这种差距更大，因为受过教育的工人供给稀缺。

在工资的决定中，很难确定能力、努力和机遇等因素的重要性的大小，因为能力、努力和机遇这些因素是很难衡量的。但能够经过间接的证据——可衡量的变量——如正规教育年限、工作年限、年龄和工作特性联系起来。

工作经验多（即工龄长）的工人获得了更多的职业培训，而职业培训能够增加劳动边际产量值，而且她们会拥有更多的关于本企业工作职位的专业知识。在正规教育相同的情况下，工作经验多（即工龄长）的工人比工作经验少（即工龄短）的工人向雇主发出了他们更有生产率的信号，因而雇主也愿意对他们支付更高的工资。因此，同种工作中的经验（称为“工龄”）对工资有额外的正向影响。

9. 参考答案

（1）第二个社区的收入分配更不平等。在第二个社区，富有家庭的收入是穷人家庭收入的近十倍，而在第一个社区只有5倍。

（2）由于第一个社区穷人的收入较第二个社区穷人的收入更低，所以第一个社区的贫困问题更严重一些。

（3）我更喜欢第二个社区的收入分配，尽管在第二个社区中，收入较第一个社区更不平等，但是无论富有家庭还是穷人家庭，其收入都较第一个社区中的收入更高。也许有人更喜欢第一个社区的收入分配状况，因为此时的收入更平等。

10. 参考答案

（1）不会。如果受援助家庭得到现金而不是医疗保险，他们不可能把这些钱都花在医疗保险上，他们可能会用于其他方面。政府给每个受援助家庭一张等额支票，很难起到预期的作用。而政府的实物转移支付提高了受援助家庭的福利，尽管这些家庭的货币收入没有增加，但实际的生活水平已经提高了。有的贫困家庭在接受政府的实物转移后已经脱离了贫困，社会中的贫困率下降了。

（2）政府帮助穷人的最好方法还是实物转移支付，即直接向他们提供提高生活水平所需要的某些物品与劳务。因为如果以现金转移支付来帮助穷人，不但不会帮助他们改进生活，还很可能会助长他们的一些恶习，如赌博、吸毒。

第八章

1. 参考答案

外部性就是一项活动对别人的福利造成的影响。正负外部性的区分就在于这项活动是增加了别人的福利，还是损害了别人的福利。我们自己接受教育，会带来正的外部性，比如提高国家的人力资本，减少犯罪率。企业造成的污染和广场舞引起的噪声就是最常见的负的外部性。

2. 参考答案

直接管制、税收和私人协商。

3. 参考答案

现实中，广场舞噪声给周围的居民带来了很大的困扰。有的居民为了制止广场舞，和舞者发生了冲突，说明私人协商没法解决负的外部性问题。因为私人协商要解决外部性问题，要求交易成本很低。如果采取管制，政府管理人员可以采用说服教育等办法规劝舞者，但是，一方面收效不大，另一方面管理耗时、耗力，当他们面临更多紧急的任务时，就无法分身来管理广场舞的噪声。因此，广场舞的噪声问题仍然是城市管理中难以解决的问题。要解决这一问题可以采用道德规范和社会约束的方法。我们倡导轻声慢行，关注他人，现在有的舞者戴耳机跳舞了。

4. 参考答案

这项政策会有较大的效果。因为地铁上工作人员有直接的管辖权，而且由于地铁空间小，管理起来更容易。但要完全杜绝电子设备外放，还需要公民提高个人素质，共同维护安静的公共空间。

5. 参考答案

信息不对称是买方和卖方对于信息的了解程度不相同而导致的，买方的利益损失，买方对市场失去信任，从而降低了市场经济的效率。信息不对称的例子最为明显的就是网购中的“买家秀”和“卖家秀”。生活中解决的方法：(1) 提供质量保证。现在很多产品都实行三包政策：包修、包换、包退。当消费者对产品没信心的时候，最好的办法就是实行三包政策，让人们试用一下，亲身解决信息不对称的问题。(2) 延长保质期。卖家通过延保的选项，把那些对产品质量要求比较高的消费者筛选出来，让他们承担更高的费用，从而让产品的生产成本和收益更加接近，这就解决了卖家的信息不对称问题。(3) 第三方背书。这个办法是通过中间人的担保背书，例如淘宝卖家和买家之间的交易，通过平台来确保资金安全。(4) 重复交易。这是最常用的办法，适用于熟人圈子，与熟人做生意，往往不担心被骗，因为这不会是一锤子的买卖，大家以后还会见面、还会合作。(5) 品牌效应。著名品牌常常就是质量的信号，大的商家愿意为品牌产品支付更多的金钱。一个经典案例：如果一个饥饿的旅游者在一个完全陌生的地方发现麦当劳和另一家店，通常大家会选麦当劳，因为大品牌本身就是保障。这样的话，卖家的竞争更多取决于实力和诚信，市场就会越来越规范。

6. 参考答案

这一要求的最主要的原因是应聘者众多，数学成绩优秀的人很多。其次这个问题的产生仍然源于信息不对称，因为用人单位并不了解应聘者的真实能力。要解决这个问题的其中一个方法是筛选。如果你在数学成绩很好的情况下，能够把大家觉得难的事情——把英语学好，说明这个人本身是勤奋的、勇于接受挑战的。如果你除了英语好，其他科目也好，还有过志愿者的经历，这就说明你是全面发展的人才，而且富有爱心。这就是通过筛选解决信息不对称的问题。

7. 参考答案

使用名表、名包、名车其实质是，在信息不对称条件下发信号。其实不是在亚洲，而是在发展中国家，在完成穷人向中产甚至富人转变后，需要一种标签性的东西。一方面表示自己已经“脱贫”；另一方面基于这样的发展水平，人们是首先通过你所使用的东西来判断你是否可以作为生意上的搭档。这也导致了各类奢侈品在亚洲销量好、价格高的现象。

8. 参考答案

（1）（3）（5）（7）是解决逆向选择问题的措施，（2）（4）（6）是解决道德风险问题的措施。

9. 参考答案

不能完全解决，逆向选择指由于交易双方信息不对称与因利益或者效用最大化所导致的市场价格下降，劣质品驱逐优质品，从而使得市场交易产品平均质量下降的现象。逆向选择的根本原因是信息不对称。在信息不对称理论里，经济学家指出，在市场经济中，信息的流通是不完全且不充分的，因为市场中买卖主体基本不可能完全掌握对方的信息。这种信息不对称在利益或者效用最大化的驱使下，必定使得理智的信息拥有方为谋取自身更大的利益做出反应，而使得另一方的利益受到损害。市场中的信息存在不对称性且无法被完全消除，因而道德风险和逆向选择无法被完全避免。

10. 参考答案

学校对教师的科研行为和教学行为的监督均属于道德风险问题的解决。由于科研绩效都是硬性指标，所以监督和考核是有效的。学校建立教师监督体系，设立严格的监督和惩罚机制，提高他们的犯错成本，防止教师因追求名誉而盗用他人的科研成果进行欺骗，学校的激励政策以及严格的审核制度、较高的激励政策有利于教师形成自我约束。但是大学对教学的考核指标则不够清晰，也不够重视。大学教学的效果很难通过硬性指标进行考核，导致大学教学的质量和效果难以得到保障。

11. 参考答案

保险公司抑制道德风险发生的条款：凡事故发生时，被保人自己先承担一定金额数量之内的损失，超出部分由保险公司赔付。比如：车险。随着个人购买家庭轿车的数量逐渐增多，汽车保险业务增长得很快，汽车交通事故也随之增多。购买了汽车保险的人由于有了保险，开车便会很随意，致使保险公司收取的保险费不够赔付汽车修理公司的汽车修理费，这就是道德风险。保险公司设立了车主必须承担部分修理费的条款，车主由于不得不支付修理的“门槛费”，就会在驾驶过程中，专注谨慎，从而降低事故发生率，减少保险公司的赔付。这就减少了道德风险。

后　记

从本书的构思到书稿的完成，历时三年多。感谢我的博士生导师吴延瑞教授给予的关心和教导，并为本书作序；感谢邓博教授建议我将反复打磨的在线开放课程撰写成书；感谢王乐教授时时鼓励我，让我相信自己。感谢各位同行一直以来的关注和支持。感谢在资料整理和书籍编排中表现优异的聂娴青、曾佳欣、王淇、杨丽君和胡晓逾，感谢这些年来一直喜欢我、支持我的可爱的学生们，感谢一直催我出书的好朋友们。更要感谢无条件支持我的家人，你们的爱是我勇往直前的动力。

感谢给予立项和出版资助的云南省社会科学联合会，感谢给予出版资助的云南师范大学经济与管理学院，感谢中国社会科学出版社。当然，文责自负。